ACCESO GRATIS *a la Lectura en la Nube*

Para visualizar el libro electrónico en la nube de lectura envíe junto a su nombre y apellidos una fotografía del código de barras situado en la contraportada del libro y otra del ticket de compra a la dirección:

ebooktirant@tirant.com

En un máximo de 72 horas laborales le enviaremos el código de acceso con sus instrucciones.

LA EDUCACIÓN EN PERSPECTIVA DE DERECHOS HUMANOS Y DEMOCRACIA

TOMO IV

LA EDUCACIÓN EN PERSPECTIVA DE DERECHOS HUMANOS Y DEMOCRACIA

TOMO IV

Coordinadores

TERESA MAGNOLOLIA PRECIADO RODRÍGUEZ
MARCO ANTONIO TINOCO ÁLVAREZ
HUMBERTO PALOS DELGADILLO

tirant lo blanch
Ciudad de México, 2024

En caso de erratas y actualizaciones, la Editorial Tirant lo Blanch publicará la pertinente corrección en la página web www.tirant.com.

Este libro será publicado y distribuido internacionalmente en todos los países donde la Editorial Tirant lo Blanch esté presente.

Colección Diálogos en Derechos y Desarrollo Humano

Directores

Mtro. Itzcóatl Tonatiuh Bravo Padilla
Dr. José de Jesús Chávez Cervantes
Dr. Marco Antonio Santana Campas

© TIRANT LO BLANCH
DISTRIBUYE: TIRANT LO BLANCH MÉXICO
Av. Tamaulipas 150, Oficina 502
Hipódromo, Cuauhtémoc
06100 Ciudad de México
Telf.: +52 1 55 65502317
infomex@tirant.com
Email: tlb@tirant.com
www.tirant.com/mex/
www.tirant.es
ISBN: 978-84-1095-012-2
MAQUETA: Innovatext

Si tiene alguna queja o sugerencia, envíenos un mail a: *atencioncliente@tirant.com*. En caso de no ser atendida su sugerencia, por favor, lea en *www.tirant.net/index.php/empresa/politicas-de-empresa* nuestro procedimiento de quejas.

Responsabilidad Social Corporativa: http://www.tirant.net/Docs/RSCTirant.pdf

Itzcoátl Tonatiuh Bravo Padilla
José Guadalupe Salazar Estrada
Karla Valeria Baltazar Torres
Leny Beatriz Ble Acosta
Erika Yaneth Camacho Murillo
Margarita Cantero Ramírez
José de Jesús Chávez Cervantes
Bertha Alicia Colunga Rodríguez
Luz Elena Corona Loya
Aurelio Israel Coronado Mares
Alberto de la Rosa Olvera
Maricela Dimas Reveles
Mario Ángel González
Carlos Ignacio González Arruti
Sofía Gutiérrez Pérez
Delia Amparo Huerta Franco
José Alejandro Juárez González
Gerardo Enrique Lupián Morfín
J. Guadalupe Michel Parra
Jorge Montaño Ventura
Claudia Margarita Navarro Herrera
Victor Alejandro Nodal Silva
Karla Alejandra Obregón Avelar
Teresa Magnolia Preciado Rodríguez
Sergio Israel Quiñonez Rodríguez
José Luis Saldaña Contreras
José Guadalupe Salazar Estrada
Marco Antonio Tinoco Álvarez
Itzcoátl Tonatiuh Bravo Padilla
Andrés Valdés Zepeda
Omero Valdovinos Mercado
Julio César Vázquez Colunga

Índice

La educación en derechos humanos: una necesidad apremiante en el estado de Zacatecas

MARICELA DIMAS REVELES

Educación en y para Derechos Humanos

Sofía Gutiérrez Pérez

Fortalecimiento del Comercio Minorista Tradicional Alimentario desde la Educación en Derechos Humanos

Margarita Cantero Ramírez
José Luis Saldaña Contreras

Derecho a la educación ambiental: retos y desafíos

Carlos Ignacio González Arruti

El Contexto Político, Económico y Social Existente ante la Creación de la Red y la Autonomía de la Universidad de Guadalajara, 1988-1995

ANDRÉS VALDEZ ZEPEDA

SEGUNDA PARTE
EDUCACIÓN EN PERSPECTIVA DEMOCRÁTICA

Fortalecimiento de la Democracia mediante la Educación en Derechos Humanos

TERESA MAGNOLIA PRECIADO RODRÍGUEZ
LENY BEATRIZ BLE ACOSTA

La Escuela Pública como centro propedéutico para la democracia y la paz

Alberto de la Rosa Olvera
Karla Alejandra Obregón Avelar

La Educación Sexual Integral: Una Estrategia para la Construcción de Espacios Educativos Democráticos e Inclusivos

José Alejandro Juárez González
Claudia Margarita Navarro Herrera

Educación y Democracia en el Siglo XXI en América Latina: Nuevas Tendencias Educativas en el Nivel Superior

Andrés Valdez Zepeda
Delia Amparo Huerta Franco
Erika Yaneth Camacho Murillo

La educación en perspectiva de derechos humanos y democracia

Luz Elena Corona Loya
J. Guadalupe Michel Parra

Propuesta teórica psicoeducativa interconductual para el desarrollo de competencias en derechos humanos

Mario Ángel González
Bertha Alicia Colunga Rodríguez
Julio César Vázquez Colunga

La Tecnología Blockchain como un Mecanismo de Confianza en Pro de la Democracia

Gerardo Enrique Lupián Morfín

Democracia y proyecto de vida. Apuntes para centros educativos y de formación

Jorge Montaño Ventura

Prólogo

El derecho a la educación, ha logrado posicionarse como un derecho insoslayable para contribuir al desarrollo de la sociedad y que, de forma individual y colectiva, sea posible construir y diseñar, un proyecto de vida con mínimos estándares de dignidad. En otras palabras, nadie duda que *a priori,* el derecho humano a la educación es indispensable para materializar o potencializar otros derechos.

Ahora bien, la democracia, como precondición del propio Estado Constitucional, conlleva aspectos importantes en el cual, se da un enlace necesario con la Educación. Es decir, la Educación, como derecho, además de la perspectiva en derechos humanos, debe estar vinculada con aspectos democráticos que incidan en la mejora de toma de decisiones en un Estado. En México, desde 1993 se estableció a nivel constitucional que la democracia adquiere el principio de ser, un sistema de vida fundado en el constante mejoramiento económico, social y cultural del pueblo mexicano. Incluso, esta afirmación, se fue fortaleciendo a nivel interamericano. Es pues, la *Carta Democrática Interamericana* de 2001, que en su artículo 16, reiteró lo imperativo que es contar con una educación de calidad que sea accesible a toda la población.

La obra que aquí se prologa, se discute a partir de ambos elementos que insisto, son innegociables para un derecho humano a la educación, respetuoso de los derechos. Tanto la perspectiva de derechos humanos, así como enfatizar algunas posiciones democráticas con relación al tipo de educación en sintonía con estándares de la libertad, son el caldo de cultivo que ofrece esta obra que, desde ya, recomiendo para quienes se encuentran desarrollando algún proyecto de investigación desde estas líneas argumentativas.

En este orden de ideas, como Rector del Centro Universitario del Sur, de la Universidad de Guadalajara, me congratula que esta obra colectiva sea parte de los esfuerzos que se han venido construyendo en la Colección "*Diálogos en Derechos y Desarrollo Humano*" coordinada por el Doctorado en Desarrollo Humano, Educación e Interculturalidad y el Doctorado en Derechos Humanos. Así como el apoyo institucional y de retribución social con la Comisión Estatal de Derechos Humanos de Michoacán que siempre, ha mostrado disposición y generosidad para materializar este proyecto académico.

No me queda entonces, más que agradecer el trabajo y dedicación de todas las personas autoras por su esfuerzo, a quienes coordinan esta obra, pero, sobre todo, por pensar que por medio de la educación democrática y en perspectiva de derechos, que aún es posible un mundo respetuoso de los derechos y libertades.

DR. JOSÉ GUADALUPE SALAZAR ESTRADA
Rector del Centro Universitario del Sur, Universidad de Guadalajara

Presentación. La educación en perspectiva de derechos humanos y democracia

La educación como derecho humano, es lo que conocemos como un derecho llave, puesto que se espera que éste a su vez permita el acceso y garantía de otros derechos fundamentales, como son, trabajo, alimento, salud, cultura, desarrollo personal, entre otros, como por ejemplo los derechos de solidaridad o de los pueblos, como la paz.[1] Por ello, su acceso y garantía se han convertido en eje indispensable para disminuir las brechas sociales y grandes problemáticas que aquejan a nuestra sociedad, no sólo a nivel local, nacional sino incluso internacional.

En México, la reforma del 2011 en materia de derechos humanos como sabemos impactó significativamente en todos los ámbitos jurídicos de nuestra sociedad, pero también en los sociales, políticos, culturales y económicos; uno de ellos, el educativo, pues la reforma incorporó la perspectiva de derechos humanos, al señalar que la educación que imparta el estado, debe basarse en el respeto de la dignidad, el enfoque de los derechos humanos y la igualdad. Lo anterior obliga al Estado a impartir una educación en todos sus niveles que fomente principios y valores de libertad, igualdad, honestidad, justicia, solidaridad, paz y amor a la patria.

Posteriormente, la reforma constitucional de educación del 2019 fue más allá de la anterior declaración, al establecer en su

---

1 Bolívar O. Ligia, "El derecho a la educación", Revista del Instituto Interamericano de Derechos Humanos, Vol. 52. 2010 Recuperado de http://historico.juridicas.unam.mx/publica/librev/rev/iidh/cont/52/pr/pr10.pdf

fracción II que ésta debe orientar hacia lo democrático, lo nacional, la convivencia humana, además de ser equitativa, inclusiva, intercultural, integral y de excelencia, incluso se da a la tarea el constituyente de explicarlos, sin embargo, no es el momento oportuno para abordarlos, tan solo, conviene señalar que el criterio democrático al que se refiere, no es aquel relacionado con el régimen jurídico y político para la conformación del estado, sino más bien, con la premisa de la construcción de un sistema de vida basado en la solidaridad, el mejoramiento económico, social y cultural de todo pueblo.

En este sentido, los anteriores criterios han pretendido integrarse como una guía para la conformación de una verdadera educación basada en derechos humanos, que respondan a las nuevas realidades a través del desarrollo científico y humanístico del país. Además de cumplir con lo estipulado por la Declaración Universal de los Derechos Humanos[2], específicamente en su artículo 26, al permitir que esta educación favorezca el desarrollo de la personalidad humana, la comprensión, tolerancia, amistad entre las naciones, el respeto de grupos étnicos o religiosos, así como el mantenimiento de la paz.

Por su parte, la UNESCO reconoce la importancia de la educación como eje transformador de vidas, al declarar como su misión "consolidar la paz, erradicar la pobreza e impulsar el desarrollo sostenible"[3] Y de igual manera, la Agenda de Educación Mundial 2030 en el marco del Objetivo de Desarrollo Sostenible 4 (ODS), establece que se debe "garantizar una educación inclusiva, equitativa y de calidad y promover las oportunidades de aprendizaje durante toda la vida para todos"[4].

---

2 https://www.ohchr.org/sites/default/files/UDHR/Documents/UDHR_Translations/spn.pdf

3 https://www.unesco.org/es/brief

4 https://www.buenosaires.iiep.unesco.org/es/difusion/multimedia/la-agenda-2030-y-el-planeamiento-de-la-educacion-en-america-latina

En concordancia con lo anterior, en 2015 durante el Foro Mundial sobre la Educación, se aprobó la llamada Declaración de Incheon para la Educación 2030, que recobra los planteamientos del ODS 4 e incorpora una visión humanista de la educación, basada "…en los derechos humanos y la dignidad, la justicia social, la inclusión, la protección, la diversidad cultural, lingüística y étnica, y la responsabilidad y la rendición de cuentas compartidas"[5].

Entre las estrategias realizadas para cumplir los anteriores objetivos, fue la implementación de programas para promover la educación de desarrollo sostenible (EDS) y la educación para la ciudadanía mundial (ECM); así como incorporar temas de derechos humanos, igualdad, salud, educación sexual integral, cambio climático, vida sostenible, ciudadanía responsable y participativa; ofrecer una *educación para lo largo de la vida,* con conocimientos, aptitudes, valores y actitudes para construir sociedades pacíficas, saludables y sostenibles; reformar la cooperación y comprensión internacional; así como el compromiso con sus propias comunidades y sociedades; reconocer la cultura como clave para lograr la sostenibilidad y promover el enfoque interdisciplinario que favorezca la EDS y la ECM, a través de los derechos humanos, el fomento de una cultura de paz y no violencia[6].

Para dar mayor sustento a la importancia de la educación y los derechos humanos como ejes transformadores de vida y la consolidación de la democracia, se podría continuar desmenuzando el andamiaje sobre todo internacional, sin embargo, por razón de tiempo, me gustaría tan solo hacer referencia a la Afirmación de Amman, producto del Foro Consultivo Internacional sobre Educación Para Todos en 1996, en el cual se reconoce:

---

5 UNESCO, Educación 2030. "Declaración de Incheon y Marco de Acción para la realización del Desarrollo Sostenible 4" Naciones Unidas, 2015. Recuperado de https://unesdoc.unesco.org/ark:/48223/pf0000245656_spa

6 Ibídem, pág. 25.

> La educación da poder. Es la clave para establecer y fortalecer la democracia y el desarrollo, la cual es tanto sustentable como humana y basada en la paz hacia un respeto mutuo y justicia social. Además, en un mundo donde la creatividad y el conocimiento juegan un rol importante, el derecho a la educación no es nada menos que el derecho a participar en el mundo moderno[7].

Como vemos, los discursos oficiales reconocen la importancia de la educación en general, pero más allá, de la educación no solo como derecho humano, sino de la educación basada en los derechos humanos, ello supone en sí mismo, un avance real en la retórica y en la práctica institucional, que busca la consolidación de la protección de derechos humanos, tanto en el engranaje constitucional nacional como supranacional.

Todo lo anterior, nos obliga a repensar la educación mexicana, sus contenidos y sus formas de impartirla en todos los niveles como la constitución obliga, el currículo deberá incluir la visión de los derechos humanos. La educación básica, media superior, superior, la educación especial, e incluso la capacitación para el trabajo, debe permitir construir una ciudadanía activa, que aprenda a vivir en armonía con sus semejantes, que respete y proteja el medio ambiente, y fortalezca el desarrollo sostenible, que defienda las libertades de todo ser humano, y busque constantemente la mejora en las condiciones de vida y la preservación de ésta en todas sus formas.

En este sentido, el libro que hoy se presenta, busca precisamente repensar desde la investigación la educación en y para los derechos humanos, una educación democrática para la construcción de esta ciudadanía activa que luche, que reclame pero que también trabaje por la protección, garantía y respeto de los derechos humanos de toda nuestra sociedad. Así, las plumas que hoy escriben en este compendio buscan precisamente dar muestra de ello, con investigadores e investigadoras de diversas áreas, en distintas instituciones, desde múltiples perspectivas, muestran su

---

7 Bolívar, Ob. Cit., pág. 194.

visión de los que debe ser una educación con perspectiva en derechos humanos y democracia, tres elementos indudablemente fundamentales que permitirán hacer efectivo el derecho a vivir una vida digna.

Así, la obra que tiene a la vista el lector, alberga un total de 17 capítulos, donde los lectores podrán congeniar con los ideales, como los principios y distintos valores por lo que se apuesta en nuestro México de hoy, por el México que deseamos para mañana.

Teresa Magnolia Preciado Rodríguez
Marco Antonio Tinoco Álvarez
Humberto Palos Delgadillo
Coordinadores

PRIMERA PARTE

REFLEXIONES EN TORNO A LA EDUCACIÓN Y DERECHOS HUMANOS

El Derecho Humano a la Educación Superior como Derecho Habilitador de otros Derechos

ITZCOÁTL TONATIUH BRAVO PADILLA1
JOSÉ DE JESÚS CHÁVEZ CERVANTES[2]

SUMARIO: I. INTRODUCCIÓN. II. DERECHO HUMANO A LA EDUCACIÓN E INTERDEPENDENCIA ATENDIENDO A SU FUNCIÓN HABILITADORA. III. EL NÚCLEO ESENCIAL DEL DERECHO HUMANO A LA EDUCACIÓN. IV REFLEXIONES FINALES. V. REFERENCIAS.

I. INTRODUCCIÓN

En una sociedad global que tiende a destruir barreras, nadie duda en la creciente importancia que tiene la educación. Como derecho humano, ha logrado posicionarse como una prerrogativa indispensable para poder contribuir al desarrollo de la sociedad y de la persona para aterrizar su proyecto de vida con dignidad. Dicho de otra manera, nadie duda que *a priori,* el derecho humano a la educación ostenta de esa interdependencia para hacer viable

---

1 Maestro en administración Pública por la Universidad de Nuevo México EU y Maestro en Sociedad de la Información y el Conocimiento por la Universidad Oberta de Catalunya. Profesor Titular CUCEA-Universidad de Guadalajara.

2 Profesor Investigador del Centro Universitario de Ciencias Sociales y Humanidades, Universidad de Guadalajara. Doctor en Estudios Avanzados en Derechos Humanos, Universidad Carlos III de Madrid, España. Coordinador del Doctorado en Derechos Humanos del Centro Universitarios del Sur. Miembro del Sistema Nacional de Investigadores Nivel I.

otras prerrogativas como es la libertad, la participación en la vida democrática, etc. En la teoría de los derechos humanos, todos los derechos son igualmente importantes para lograr su finalidad, sin embargo, algunos habilitan para que las personas puedan materializar su proyecto de vida.

Esta afirmación parecería vacía, ya que no dice nada sobre cómo se ha de entender. Es obvio que es tan importante tener igualdad como acceso al agua, pero eso no significa que han de ser totalmente equivalentes en cuanto a su definición y extensión conceptual; sobre todo al momento de relacionarse en un determinado contexto, y más, cuando se tiene distinta resistencia en un sistema normativo específico; o en cuanto a su aplicación y delimitación interpretativa a través de la función que realiza tanto el operador jurisdiccional así como cuando desde una dimensión política, se determina diseñar e implementar una política pública para la realización de los derechos.

Ante esta circunstancia, este capítulo tiene por objeto el establecer en qué medida se ha de entender la interdependencia del derecho humano a la educación, en el contexto jurídico mexicano en su calidad como prerrogativa habilitadora de otras expectativas jurídicas que, al igual son derechos y libertades. Para tal efecto, se dividirá en dos partes esta temática. Por tanto, el objeto de este estudio, es clarificar en cuanto a su contenido y extensión en materia del aspecto cualitativo de referencia; tomando como referencia la interpretación e integración normativa que realizan los operadores jurisdiccionales competentes. Esto permitirá delimitar en este capítulo su posición jerárquica en el sistema normativo y su importancia.

Con esta forma de proceder, se pretende verificar si su núcleo esencial contribuye a fortalecer otros derechos fundamentales atendiendo a la finalidad última de permitir que toda persona en el país esté en aptitud de autorrealización en lo individual, como en el plano colectivo. Al respecto, se podría señalar que esta actividad que se desarrolla servirá para determinar la relevancia del derecho humano a la educación en un Estado Constitucional y Democrático de Derecho, en la medida que se garantice; lo cual contribuye a un mejor entendimiento de su funcionamiento y áreas de oportunidad en una democracia constitucional relativamente joven como lo es la mexicana.

II. DERECHO HUMANO A LA EDUCACIÓN E INTERDEPENDENCIA ATENDIENDO A SU FUNCIÓN HABILITADORA

Dilucidar la naturaleza jurídica del tipo de interdependencia del acceso a la educación como prerrogativa, consiste en ubicar su posición como libertad básica en relación dinámica con un todo entramado jurídico; en este caso, el de aquel coto vedado que más protege la dignidad humana; y, desde una pretensión de coherencia sistémica.

Esto se debe a que todo derecho, desde el momento en que es positivizado, se incursiona dentro de las reglas de un sistema, con la naturaleza que esta conlleva y desde una determinada historicidad. Tal como lo señala Thomas Da Rosa De Bustamante, desde este momento, necesariamente será objeto de interpretación (Teoría del Precedente Judicial. La Justificación y la Aplicación de las Reglas Jurisprudenciales, 2016).

La aspiración a la coherencia debe entenderse en este apartado, no como una cuestión que reduce al ordenamiento desde el sentido lógico o formal; sino como una aspiración de sentido común y de concordancia inclusive con los principios valorativos que lo integran. Es decir, en donde se cruza la razonabilidad y racionalidad tal como lo postula Chiassoni (Interpretation without Truth, 2019). Esto permite entender que esta prerrogativa desde la interdependencia necesariamente conlleva un tratamiento en donde es posible predicarse sobre su aspecto normativo o del deber ser desde un plano objetivo en cuanto a su corrección así como desde su mero aspecto formal.

En este doble aspecto de la racionalidad y razonabilidad, lo primero que se debe de realizar es un análisis del concepto aún más general de interdependencia de los derechos humanos. Esto se debe a que primero se ha de establecer con claridad el sentido de un término que como tal que se da por sentado; y el cual, como se señaló, es por demás vacío y conlleva una carga emocional que puede generar serias distorsiones para las libertades básicas de las personas. En este sentido existen dos posibilidades para entender dicho término desde dos actitudes; uno empleado por la doctrina que es el que se planea desplazar a favor de uno que cuenta con mayor solidez formal como valorativa en el contexto de una democracia constitucional. A continuación, se señalan ambos en el orden ya señalado:

A. Se considera que la interdependencia es condición necesaria entre todas las prerrogativas que existen por ser una cuestión de facto que no necesita justificación;

B. Se considera que la interdependencia entre los derechos humanos es una condición necesaria y suficiente, en la medida que está es construida y verificada vía justificación.

La primera postura, adopta una visión del significado de la interdependencia desde una visión iusnaturalista; y es la que se adopta por parte de organismos internacionales de los derechos humanos como es el caso de las Naciones Unidas. Ven los derechos en términos de dependencia mutua y de correlación de condiciones necesarias de unos y otros, pero sin que exista necesidad de justificarlos ya que éstos, empleando su lenguaje, son "inherentes". Las prerrogativas nacen de un ámbito no institucional y extrajurídico propio de la normativa ética o, desde una postura, meramente natural.

En cambio, la segunda postura parte de la base de ser condición formal de correlación entre derechos y que necesita justificarse para estar en un ordenamiento jurídico, ya que de lo contrario se incurre en una petición de principio. Esta actitud parte de la base que inclusive desde un ámbito de la ética, se requiere algún tipo de justificación en donde muestre el por qué un determinado derecho es indispensable para que una persona pueda realizar su proyecto de vida tanto en el plano individual como en lo colectivo. Se trata de una actitud propia de un realismo pragmático en donde los valores, aunque dependen de factores de decisión y discrecionalidad, aún así, es importante su justificación en términos que puedan contar con la debida solidez y racionalidad.

La primera propuesta debe desecharse porque implica una visión que incurre en una falacia naturalista consistente en suponer un ser de un deber ser, al presuponer que los derechos humanos serían equivalentes a las partículas subatómicas; o usando el lenguaje de Dworkin (Justice for Hedgehogs, 2011), como *"morons"*, que simplemente se descubren. La experiencia real muestra que esto jamás ha ocurrido, ya que toda declaración y propuesta de tratado internacional es producto de un diálogo intersubjetivo entre diversas concepciones ideológicas y éticas sobre lo que su naturaleza y finalidad que compiten entre sí, lo cual inclusive es evidente en los tratados preparatorios.

De contar con una naturaleza convincente la primera propuesta, se seguiría que no habría necesidad de debate de algo tan obvio que está implícito en las premisas que cada derecho humano sostiene para mostrar que es una condición necesaria de los demás. Empero, siguen surgiendo nuevos derechos humanos pese a lo anterior; a la vez que la doctrina se revitaliza, adoptando al grado que descubre nuevas prerrogativas, clasificando por generaciones, pese que esto se ha mostrado; tal como lo ha sostenido Peces-Barba (Curso de Derechos Fundamentales. Teoría General, 2014), que se trata de expectativas que van surgiendo, atendiendo a las necesidades de diversas latitudes. Lo que significa de otra forma, que los derechos también surgen conforme a las propias necesidades sociales. Dicho de otra forma: la necesidad es la mayor de las justificaciones.

La segunda propuesta, adopta una óptica propia de un realismo pragmático, en donde los derechos efectivamente son victorias sociales. Su interrelación es producto de un diálogo y debate entre diversas ideologías y posturas valorativas, y que han de prevalecer frente a otras. Es decir, se trata de un concepto dependiente del discurso justificativo e interpretativo que se realiza en un determinado contexto. Esto implica inclusive asumir que siempre hay cabida para nuevos derechos de conformidad con las necesidades. A su vez, existe la oportunidad de corregir el rumbo y aceptar que implícitamente alguna de estas expectativas puede no ser pertinente. Abrir así la correspondencia entre derechos es algo útil sobre todo para no pretender que se está ante una visión simplista o reduccionista y exclusiva al derecho natural.

Expuesto lo anterior, veremos cómo se desenvuelve el derecho humano a la educación en el sistema normativo. Para ello, es importante establecer cuál es su función en relación con el todo entramado de prerrogativas. En primer término, es importante destacar su núcleo esencial, así como sus características, tomando en consideración la interpretación e integración normativa que han efectuado en sede de la judicatura, ya que son los jueces, quienes han dado interpretaciones y esclarecido lo que pueden entenderse como núcleo esencial.

III. EL NÚCLEO ESENCIAL DEL DERECHO HUMANO A LA EDUCACIÓN

Ahora bien, por núcleo esencial, tal como lo señala Carlos Bernal Pulido (El principio de proporcionalidad y los derechos fundamentales, 2014)., se debe entender aquel contenido indecidible sin el cual no se puede concebir al derecho. Estas notas distintivas no pueden alterarse, ya que inclusive ello supondría el que éste sea violentado. Dichas notas son producto de la función de construcción normativa que generan los tribunales a través de la aplicación de los diversos casos concretos con la emisión de precedentes. Destacar que, en México, los derechos humanos han de irse interpretando considerando tanto la legislación nacional, así como los tratados internacionales en la materia por ser parte del bloque de constitucionalidad, lo cual es reforzado a partir de la reforma al texto fundamental del 2011.

En este orden ideas, puede surgir la interrogante, si esta cuestión debe atenerse a un núcleo esencial generado sólo por las cortes mexicanas, o si se debe contemplar al *corpus iuris interamericano*, generado por organismos internacionales gubernamentales de naturaleza jurisdiccional como es el caso de la Corte Interamericana de Derechos Humanos. La respuesta a esta cuestión la ofrece la propia jurisprudencia mexicana, ya que en la Contradicción de Tesis 293/2011 fijó el criterio que los precedentes que establezcan la Comunidad Internacional son vinculantes en la medida que no sean contrarios a la interpretación generada por la Suprema Corte de Justicia de la Nación. Es decir, cuenta ante todo con un carácter orientador, y es sólo obligatorio cuando el Estado Mexicano haya sido parte de un conflicto internacional. A continuación se cita la *ratio decidendi*, la cual se emitió con número de tesis: P./J. 21/2014 (10a.), correspondiente a la décima época:

> ***"JURISPRUDENCIA EMITIDA POR LA CORTE INTERAMERICANA DE DERECHOS HUMANOS. ES VINCULANTE PARA LOS JUECES MEXICANOS SIEMPRE QUE SEA MÁS FAVORABLE A LA PERSONA.*** *Los criterios jurisprudenciales de la Corte Interamericana de Derechos Humanos, con independencia de que el Estado Mexicano haya sido parte en el litigio ante dicho tribunal, resultan vinculantes para los Jueces nacionales al constituir una extensión de la Convención Americana sobre Derechos Humanos, toda vez que en dichos criterios se determina el contenido de los derechos humanos establecidos en ese tratado. La fuerza vinculante de la jurisprudencia interamericana se desprende del propio mandato establecido en el artículo 1o. constitucional, pues el principio pro persona obliga a los Jueces nacionales a resolver cada caso atendiendo a la interpretación más favorable a la persona. En cumplimiento de este mandato constitucional, los operadores jurídicos deben atender a lo siguiente: (i) cuando el criterio se haya emitido en un caso en el que el Estado Mexicano no haya sido parte, la aplicabilidad del precedente al caso específico debe determinarse con base en la verificación de la existencia de las mismas razones que motivaron el pronunciamiento; (ii) en todos los casos en que sea posible, debe armonizarse la jurisprudencia interamericana con la nacional; y (iii) de ser imposible la armonización, debe aplicarse el criterio que resulte más favorecedor para la protección de los derechos humanos.* (2014)"

En cuanto al núcleo esencial del derecho a la educación, de los precedentes que se han emitido trasciende el que fue producto del amparo en revisión 306/2015 emitido por la Primera Sala del tribunal constitucional en cuestión. Este caso, surge a raíz del hecho que una persona demandó vía amparo a la Universidad Michoacana de San Nicolás Hidalgo. La razón de esto se debió a que hubo una reforma en el 2010 en dicha entidad que establecía la gratuidad en su carta magna en cuanto a la educación superior al adicionar los artículos 138 y 139 de dicho ordenamiento. Para lograr su adecuada implementación se realizó un convenio entre este organismo público descentralizado y en la administración pública de ese entonces a efecto que las cuotas de esta casa de estudio fueran subsidiadas por la esta última. Ocurrió que el Gobierno del Estado de Michoacán atravesó una situación económica difícil por la cual ya no pudo seguir sosteniendo sus compromisos contractuales con la universidad pública, por tanto, tampoco pudo ésta seguir garantizando un lugar gratuito a la comunidad estudiantil.

Fue entonces que un estudiante se inconformó frente a esta medida a través del amparo en cuestión, y se le otorgó con justa razón al considerar que debía de prevalecer este derecho ante un mandato constitucional en la materia, lo cual no podía ser excusado por cuestiones meramente contractuales. A raíz de esto la universidad entabló el recurso de revisión por el cual fue de gran trascendencia para establecer el núcleo esencial de la prerrogativa en cuestión, así como sus características para ser empleada en casos similares a futuro. Cabe resaltar que su importancia también radica en el hecho que en sus criterios se consideró como referencia la propia doctrina internacional como regional, emitida por la Corte Interamericana de Derechos Humanos, así como por las Naciones Unidas, a través de su Comité de Derechos Económicos, Sociales y Culturales.

A través de este precedente se fija que el núcleo esencial del derecho a la educación consiste en debe ser un vehículo habilitador a efecto que se pueda proveer "... *del entrenamiento intelec-*

tual necesario para dotar de autonomía a las personas y habilitarlas como miembros de una sociedad democrática... (JURISPRUDENCIA EMITIDA POR LA CORTE INTERAMERICANA DE DERECHOS HUMANOS. ES VINCULANTE PARA LOS JUECES MEXICANOS SIEMPRE QUE SEA MÁS FAVORABLE A LA PERSONA., 2014)". A su vez esto debe de realizarse respetándose los siguientes aspectos correlativos de disponibilidad, accesibilidad, aceptabilidad y adaptabilidad que, si bien se ilustran en la sentencia de referencia, a continuación, se hace énfasis al criterio internacional que hace mención Ligia Bolívar O citando a su vez a las Naciones Unidas:

> *"En lo que respecta al párrafo 2 del artículo 13, los Estados tienen las obligaciones de respetar, proteger y llevar a efecto cada una de las "características fundamentales" (disponibilidad, accesibilidad, aceptabilidad y adaptabilidad) del derecho a la educación. Por ejemplo, la obligación del Estado de respetar la disponibilidad de la educación se demuestra no cerrando escuelas privadas; la de proteger la accesibilidad de la educación, velando por que terceros, incluidos padres y empleadores, no impidan que las niñas asistan a la escuela; la de llevar a efecto (facilitar) la aceptabilidad de la educación, adoptando medidas positivas para que la educación sea culturalmente aceptable para las minorías y las poblaciones indígenas, y de buena calidad para todos; la obligación de llevar a efecto (facilitar) la adaptabilidad de la educación, formulando planes de estudio y dotándolos de recursos que reflejen las necesidades contemporáneas de los estudiantes en un mundo en transformación; y la de llevar a efecto (facilitar) la disponibilidad de la educación, implantando un sistema de escuelas, entre otras cosas construyendo aulas, estableciendo programas, suministrando materiales de estudio, formando maestros y abonándoles sueldos competitivos a nivel nacional* (El derecho a la educación, 2010)."

De lo anterior se desprenden que el núcleo esencial apunta a una función consistente en los siguientes aspectos:

a. De empoderar al particular para que sea autónomo; y

b. Generar las condiciones para que sea una persona útil como ciudadano en la democracia.

Es de resaltar que, si bien existe una diferencia entre la educación básica, media, media superior y superior en el Estado Mexicano, estos atributos son propios para cualquier tipo de formación de estas categorías. La diferencia entre los aspectos iniciales de toda ilustración de las personas y de aquella que se da en las universidades, concuerda con la Corte que consiste en que en los primeros niveles se otorgan herramientas para ser autónomo a la persona, en tanto que en los niveles de grado y posgrado se busca que la persona desarrolle su propio proyecto de vida:

> *"En lo tocante a la educación superior, su contenido no está centrado en la formación de autonomía personal (la distribución de un bien básico), sino en la materialización de un plan de vida libremente elegido, por lo que este tipo de educación tiene como finalidad la provisión de herramientas necesarias para concretarlo.* (JURISPRUDENCIA EMITIDA POR LA CORTE INTERAMERICANA DE DERECHOS HUMANOS. ES VINCULANTE PARA LOS JUECES MEXICANOS SIEMPRE QUE SEA MÁS FAVORABLE A LA PERSONA., 2014)"

Los dos aspectos señalados del núcleo esencial sólo funcionan en un aspecto de condición: que se desarrollen dentro de un régimen democrático. A su vez, está ajustado a que esté provisto de un alto grado de lineamientos de racionalidad y razonabilidad productos del quehacer científico y ético propios de esta forma de gobierno:

> *"...de principios de racionalidad y del conocimiento científico disponible socialmente, la exposición a una pluralidad de planes de vida e ideales de excelencia humana (incluido el conocimiento, desde un punto de vista crítico, de distintos modelos de vida y de virtud personal, ideas religiosas, no religiosas y antirreligiosas, etc.), la discusión crítica de la moral social vigente, el fomento de los valores inherentes a una sociedad democrática como los derechos humanos, la tolerancia, la responsabilidad y la solidaridad, y la construcción de las capacidades requeridas para ser miembro activo de una sociedad democrática, como la de discusión racional sobre las cuestiones públicas.* (JURISPRUDENCIA EMITIDA POR LA CORTE INTERAMERICANA DE DERECHOS HUMANOS. ES VINCULANTE PARA LOS JUECES MEXICANOS SIEMPRE QUE SEA MÁS FAVORABLE A LA PERSONA., 2014)"

Por lo tanto, se puede aseverar de lo anterior que, en su esencia, el derecho humano a la educación, tal como lo configura el

Estado Mexicano a través de la Suprema Corte de Justicia de la Nación, está hecho al servicio de la persona para que a su vez pueda servir a su comunidad política. Con ello da pauta a que se pueda entender su función en su interdependencia con otros derechos.

En un primer aspecto, se trata de una prerrogativa que viene a modular en cuestión de calidad instrumental, aunque de manera formal necesaria y suficiente el pleno goce de las demás expectativas jurídicas iusfundamentales. En un segundo término, cuenta con una prioridad tal, que puede imponerse con facilidad en un ejercicio de ponderación sobre las demás, con lo cual se encuentra en un plano *a priori,* superior precisamente porque sin su presencia el riesgo de perder el régimen de libertades básicas y de igualdad se tiene el riesgo de perder con facilidad, por no decir que inclusive puede ser inexistente.

Ciertamente, la educación como derecho humano goza de una naturaleza en grado superlativo en cuanto a su instrumentalidad. No es que las demás prerrogativas no interesen a la persona; si no que éste viene a ser un engrane para acceder y disfrutar los demás derechos en mayor o menor medida. Para mayor claridad al argumento, se requiere comprender que los derechos son principios tal como nos explican Manuel Atienza y Ruiz Manero (La dimensión institucional del derecho y la justificación jurídica, 2011) que tratan sobre la naturaleza de los principios jurídicos. Efectivamente, a comparación de las reglas cuentan con un antecedente y consecuente bastante claro; estos se tratan de normas con un alto nivel axiológico con textura abierta, incondicionada o categórica. Dentro de este género existen principios en sentido estricto, que no admiten ningún tipo de graduación como lo es la vida, la dignidad, el honor o la libertad, y por otro se encuentran las ya señaladas directrices, que buscan ser cumplidas en un mayor grado como ocurre en el caso del derecho a la vivienda, a un nivel de vida adecuado, así como el derecho humano a la educación.

En este sentido, los derechos sociales por lo general, vienen a propiciar las condiciones fácticas en cuanto a equidad o igualdad sustantiva, para que las personas puedan efectivamente vivir en dignidad más allá de un mero plano de sobrevivencia. Por otro lado, la instrumentalidad del derecho, se debe a su función primordial, como la gran ecualizadora: es habilitadora en tanto permite que la persona pueda desarrollarse en todos los sentidos. Dicha aseveración debe tomarse con cierta precaución, ya que no implica que sin educación no hay derechos; si no que contribuye a ejercerlos. A la vez que permite diversos niveles de graduación para poderse garantizar y se puede extraer la siguiente premisa: ***a mayor nivel de garantía del derecho humano a la educación, mayor será el nivel de disfrute de los diversos derechos humanos positivizados en el contexto de la democracia constitucional mexicana***[3].

Es importante dilucidar algunas cuestiones que se desprenden de esta norma con respecto a su ambigüedad y vaguedad. La primera tiene que ver con lo que se ha de entender por calidad en la educación; en tanto que la segunda hace referencia con el mandato de progresividad y no regresividad. Esto permitirá ver que efectivamente se está en condiciones de alcanzar sus fines por parte de los operadores jurisdiccionales como de las autoridades administrativas.

Por calidad en la educación se propone que se entienda el que se deba emplear el máximo de los esfuerzos y recursos a las finalidades normativas que persigue la educación de conformidad con el sistema jurídico vigente. La justificación de ello recae a que no se puede gozar un ámbito de excesiva discrecionalidad para poder determinar que cuenta o no como una instrucción adecuada. Para ello debe quedar claro que ante la función de adjudicación normativa así como en el diseño, implementación y evaluación de las políticas públicas se debe atender a lo que el derecho establezca. En este caso, es el propio artículo 3° de la Constitución Política de los Estados Unidos Mexicanos (H. Congreso de la Unión,

---

3 El subrayado y las letras itálicas son propias para poder resaltar la premisa normativa que se está proponiendo dada su importancia para el presente capítulo.

2023) a partir de su segundo párrafo, los cuáles señalan que se ha de entender por esta calidad en la medida que se puedan optimizar recursos para lograr diversos objetivos.

IV. REFLEXIONES FINALES

Si bien es cierto, que el derecho a la educación como un derecho que habilita derechos, puede ser controvertido y muy difícilmente de ajustar a criterios económicos. Lo cierto es, que de éste derecho depende algunas de las virtudes más poderosas del Estado, que es precisamente, el desarrollo de una educación con vísperas democráticas y respetuosa de los derechos.

Lo anterior, no es cosa menor. El repensar los ajustes económicos para materializar los derechos, que, en nuestro caso, pugnamos por el derecho a la educación, revitaliza los demás derechos y permite dignificar los proyectos de vida de las personas. Será en otro estudio, donde se aborde la propuesta económica, o el desarrollo del costo de los derechos. Simplemente, queremos terminar este capítulo, aludiendo a una conclusión que Bobbio, en su momento en *De Senectute* señalaba como definición de su persona:

> "De la observancia de la irreductibilidad de las creencias últimas he sacado la mayor lección de mi vida. Aprendí a respetar las ideas ajenas, a detenerme ante el secreto de las confesiones, a entender antes de discutir, a discutir antes de condenar. Y como estoy en vena de confesiones, hago un más, quizás superflua: detesto con toda mi alma a los fanáticos".

V. REFERENCIAS

Chiassoni, P. (2019). *Interpretation without Truth.* Genova: Springer.

Consejo Nacional de Evaluación de la Política de Desarrollo Social. (2020). *Medición de la Pobreza en México 2016-2020.* Obtenido de CONEVAL: https://www.coneval.org.mx/Medicion/MP/Paginas/Pobreza_2020.aspx

Alexy, R. (2009). Los principales elementos de mi filosofía del derecho. *Doxa*, 68-84.

Bustamante, R. C. (2021). La educación: hacia un derecho humano . *Cuestiones constitucionales*, 91-114.

Dworkin, R. (2011). *Justice for Hedgehogs.* London: Belknap Press.

Galeana, P. (2003). *México y sus constituciones.* Ciudad de México: Fondo de Cultura Económico.

H. Congreso de la Unión. (30 de septiembre de 2019). *Ley General de Educación.* Obtenido de Leyes Federales Vigentes: https://www.diputados.gob.mx/LeyesBiblio/pdf/LGE.pdf

H. Congreso de la Unión. (27 de febrero de 2022). *Ley Federal de Presupuesto y Responsabilidad Hacendaria.* Obtenido de Leyes Federales Vigentes: https://www.diputados.gob.mx/LeyesBiblio/pdf/LFPRH.pdf

H. Congreso de la Unión. (6 de junio de 2023). *Constitución Política de los Estados Unidos Mexicanos.* Obtenido de Leyes Federales Vigentes: https://www.diputados.gob.mx/LeyesBiblio/index.htm

H. Congreso de la Unión. (6 de junio de 2023). *Reformas Constitucionales por Artículo.* Obtenido de Leyes Federales Vigentes: https://www.diputados.gob.mx/LeyesBiblio/ref/cpeum_art.htm

JURISPRUDENCIA EMITIDA POR LA CORTE INTERAMERICANA DE DERECHOS HUMANOS. ES VINCULANTE PARA LOS JUECES MEXICANOS SIEMPRE QUE SEA MÁS FAVORABLE A LA PERSONA., P./J. 21/2014 (10a.) (Pleno de la Suprema Corte de Justicia de la Nación 25 de abril de 2014).

Manero, R., & Atienza, M. (2011). La dimensión institucional del derecho y la justificación jurídica. *Doxa*, 115-129.

Martínez, G. P.-B. (2014). *Curso de Derechos Fundamentales. Teoría General.* Madrid: Universidad Carlos III de Madrid. Boletín Oficial del Estado.

Naciones Unidas. (3 de enero de 1976). *Pacto Internacional de Derechos Económicos, Sociales y Culturales.* Obtenido de Instrumentos de Derechos Humanos: https://www.ohchr.org/es/instruments-mechanisms/instruments/international-covenant-economic-social-and-cultural-rights

O, L. B. (2010). El derecho a la educación. *Revista IIDH*, 192-2012.

Pulido, C. B. (2014). *El principio de proporcionalidad y los derechos fundamentales.* Bogotá: Universidad Externado de Colombia.

Secretaría de Hacienda y Crédito Público. (3 de diciembre de 2014). *Presupuesto de Egresos de la Federación para el Ejercicio Fiscal 2015.* Obtenido de Transparencia Presupuestaria: https://www.transparenciapresupuestaria.gob.mx/work/models/PTP/Presupuesto/DecretosPEF/Decreto_PEF_2015.pdf

Secretaría de Hacienda y Crédito Público. (diciembre de 2015). *Presupuesto de Egresos de la Federación 2016. Guía Rápida.* Obtenido de Transparencia Presupuestaria: https://www.transparenciapresupuestaria.gob.mx/work/models/PTP/Home/PEF2016/images/PEF_2016%20_ONLINE.pdf

Secretaría de Hacienda y Crédito Público. (diciembre de 2016). *Presupuesto de Egresos de la Federación 2017.* Obtenido de Transparencia Presupuestaria: https://www.transparenciapresupuestaria.gob.mx/work/models/PTP/Home/PEF2017/PEF_2017.pdf

Secretaría de Hacienda y Crédito Público. (diciembre de 2017). *Presupuesto de Egresos de la Federación 2018. Guía Rápida.* Obtenido de Transparencia Presupuestaria: https://www.transparenciapresupuestaria.gob.mx/work/models/PTP/Home/PEF2018/PEF_2018.pdf

Secretaría de Hacienda y Crédito Público. (diciembre de 2018). *Presupuesto de Egresos de la Federación 2019. Guía Rápida.* Obtenido de Transparencia Presupuestaria: https://www.transparenciapresupuestaria.gob.mx/work/models/PTP/Home/PEF2019/PEF_2019.pdf

Secretaría de Hacienda y Crédito Público. (diciembre de 2019). *Presupuesto de Egresos de la Federación 2020.* Obtenido de Secretaría de Hacienda y Credito Público: https://www.pef.hacienda.gob.mx/es/PEF2020

Secretaría de Hacienda y Crédito Público. (diciembre de 2021). *Presupuesto de Egresos de la Federación 2022.* Obtenido de Transparencia Presupuestaria: https://www.transparenciapresupuestaria.gob.mx/es/PTP/Infografia_PEF_2022

Secretaría de Hacienda y Crédito Públicos. (diciembre de 2020). *Presupuesto de Egresos de la Federación 2021.* Obtenido de Transparencia Presupuestaria: https://www.transparenciapresupuestaria.gob.mx/es/PTP/infografia_PEF_2021

STATISTA. (31 de mayo de 2023). *Producto interno bruto (PIB) anual a precios constantes en México de 2009 a 2022.* Obtenido de Statista: https://es.statista.com/estadisticas/608278/producto-interno-bruto-pib-a-precios-corrientes-mexico/

Thomás Da Rosa de Bustamante Perú, L. E.-2. (2016). *Teoría del Precedente Judicial. La Justificación y la Aplicación de las Reglas Jurisprudenciales.* Lima: Legales Ediciones.

World Justice Project. (2015). *World Justice Project Rule of Law Index 2015.* Obtenido de World Justice Project: https://worldjusticeproject.org/sites/default/files/roli_2015_0.pdf

World Justice Project. (2016). *World Justice Project Rule of Law Index Report 2016.* Obtenido de World Justice Project: https://worldjusticeproject.org/our-work/publications/rule-law-index-reports/wjp-rule-law-index®-2016-report

World Justice Project. (2018). *World Justice Project Rule of Law Index 2017-2018.* Obtenido de World Justice Project: https://worldjusticeproject.org/our-work/publications/rule-law-index-reports/wjp-rule-law-index-2017-2018-report

World Justice Project. (2019). *World Justice Project Rule of Law Index 2019.* Obtenido de World Justice Project: https://worldjusticeproject.org/sites/default/files/documents/WJP-ROLI-2019-Single%20Page%20View-Reduced_0.pdf

World Justice Project. (2020). *World Justice Project Rule of Law Index 2020.* Obtenido de World Justice Project: https://worldjusticeproject.org/our-work/publications/rule-law-index-reports/wjp-rule-law-index-2020

World Justice Project. (2021). *World Justice Project Rule of Law Index 2021.* Obtenido de World Justice Project: https://worldjusticeproject.org/sites/default/files/documents/Index-2021.pdf

World Justice Project. (2022). *World Justice Project Rule of Law Index 2022.* Obtenido de World Justice Project: https://worldjusticeproject.org/rule-of-law-index/

Agenda de Derechos Humanos. Repercusiones y paradigmas en el sistema educativo mexicano. Algunas ideas para formadores y docentes en México

Marco Antonio Tinoco Álvarez[1]
Omero Valdovinos Mercado[2]

1 Licenciado en Derecho por la Universidad Michoacana de San Nicolás de Hidalgo (UMSNH), Maestro en Ciencias con especialidad en Administración Pública por el Instituto Politécnico Nacional, Doctor en Ciencias y Doctor en Derecho con mención honorífica, por el Centro de Investigación y Desarrollo del Estado de Michoacán. Fue miembro del Sistema nacional de Investigadores SIN-I, Secretario del Instituto Mexicano de Amparo, Secretario de la Ilustre Academia Iberoamericana de Doctores, Miembro del Instituto Balear de la Historia, España, Miembro del Consejo Superior Europeo de Doctores y Doctores Honoris Causa, España, Profesor Investigador de tiempo completo Titular "A" de la Universidad Michoacana de San Nicolás de Hidalgo, adscrito a la Facultad de Derecho y Ciencias Sociales, actual Presidente de la Comisión Estatal de los Derechos Humanos de Michoacán, correo de contacto: marco_milenio@hotmail.com

2 Licenciado en Derecho por la Universidad Michoacana de San Nicolás de Hidalgo; Maestro en Administración con especialidad en Factor Humano, por la Universidad del Valle de México, Campus Mexicali, Baja California; Maestro en Gobierno y Asuntos Públicos y Doctor en Derecho por el Centro de Investigación y Desarrollo del Estado de Michoacán. Se ha desempeñado como Secretario de Estudio y Cuenta en diversos órganos jurisdiccionales del Poder Judicial de la Federación; Magistrado del Tribunal Electoral del Estado de Michoacán; Fiscal Especializado para la Atención de Delitos Electorales en el Estado de Michoacán.

SUMARIO: I. AGENDA 2030. II. OBJETIVOS DE DESARROLLO SOSTENIBLE. III. CÍRCULOS DE PAZ Y SOLUCIÓN AMISTOSA DE CONFLICTOS EN CENTROS ESCOLARES. IV. EL SISTEMA EDUCATIVO MEXICANO, PARTICULARIDADES Y DATOS. V. EDUCACIÓN BASADA EN DERECHOS HUMANOS. VI. ¿QUÉ ES UN DOCENTE, FORMADOR, CONDUCTOR O FACILITADOR?. VII. NUEVA ESCUELA MEXICANA (ACCIÓN DE INCONSTITUCIONALIDAD DE LA LEY DE EDUCACIÓN EN MICHOACÁN SOBRE PERSONAS CON DISCAPACIDAD, INDÍGENAS Y OTROS GRUPOS DE ATENCIÓN PRIORITARIA, ETARIOS O VULNERABLES). VIII. DEBER DE CUIDADO Y ATENCIÓN. IX. CÓMO IMPLEMENTAR UNA AGENDA EDUCATIVA EN DERECHOS HUMANOS EN TODAS LAS ÁREAS DEL CONOCIMIENTO EN LOS CENTROS EDUCATIVOS Y DE FORMACIÓN. X. CONCLUSIONES. XI. REFERENCIAS.

I. AGENDA 2030

La Agenda 2030 es un plan de acción en favor de las personas, el planeta y la prosperidad, que tiene por objetivo fortalecer la paz universal[3], aprobado por la Asamblea General de la Organización de las Naciones Unidas mediante resolución **A/70/L.I.** el 18 de septiembre de 2015.

Su finalidad es implementar dicho plan por todos los países y partes interesadas, mediante una alianza de colaboración para reconducir al mundo por el camino de la sostenibilidad y la resiliencia[4].

Dicha Agenda se conforma de 17 Objetivos de Desarrollo Sostenible (ODS) y 169 metas, con los que se pretende hacer realidad los derechos humanos de todas las personas y alcanzar la

---

3 Naciones Unidas, *Resolución A/70/L.I.* que contiene el *Proyecto de resolución remitido a la cumbre de las Naciones Unidas para la aprobación de la agenda para el desarrollo después de 2015 por la Asamblea General en su sexagésimo noveno período de sesiones. Transformar nuestro mundo: la Agendas 2030 para el Desarrollo Sostenible,* 18 de septiembre de 2015, disponible para consulta en https://www.fundacioncarolina.es/wp-content/uploads/2019/06/ONU-Agenda-2030.pdf

4 Ídem.

igualdad entre los géneros y el empoderamiento de todas las mujeres y niñas[5].

II. OBJETIVOS DE DESARROLLO SOSTENIBLE (ODS)

El reconocimiento de los 17 Objetivos de Desarrollo Sostenible (ODS) ayuda a evaluar el punto de partida de los países de la región, así como analizar y formular los medios para alcanzar esta nueva visión de desarrollo sostenible[6]. Estos Objetivos, así como las metas planteadas se diseñaron para estimular la acción en las siguientes esferas:

Figura 1. Esferas prioritarias para los Objetivos de Desarrollo Sostenible (ODS)

Fuente: Elaboración propia a partir de la Organización de las Naciones Unidas, *Resolución A/70/L.I., Óp. Cit.*, (2024).

En lo referente a las *personas*, los Objetivos de Desarrollo Sostenible (ODS) se enfocan en poner fin a la pobreza y al hambre en todas sus formas y dimensiones, para que todos los seres humanos

---

5 Ídem.

6 Naciones Unidas, *La Agenda 2030 y los Objetivos de Desarrollo Sostenible: una oportunidad para América Latina y el Caribe* (LC/G.2681-P/Rev.3), Santiago, 2018, disponible para consulta en https://repositorio.cepal.org/server/api/core/bitstreams/cb30a4de-7d87-4e79-8e7a-ad5279038718/content

puedan realizar su potencial con dignidad e igualdad y en un medio ambiente saludable[7].

Respecto al *planeta*, el documento menciona la necesidad de protegerlo contra la degradación, mediante el consumo y la producción sostenible a través de la gestión sostenible de recursos, así como la implementación de medidas urgentes para hacer frente al cambio climático, procurando satisfacer las necesidades de las generaciones presentes y futuras[8].

En cuanto a la *prosperidad*, busca velar porque todos los seres humanos puedan disfrutar de una vida próspera y plena, para que el progreso económico, social y tecnológico se produzca en armonía con la naturaleza[9].

En el caso de la *paz*, la Agenda tiene como finalidad propiciar sociedades pacíficas, justas e inclusivas que estén libres de temor y de violencia —vista la paz como convivencia, no sólo como ausencia de violencia—.

Respecto de las *alianzas*, este documento, establece la intención de movilizar los medios necesarios para implementar la agenda mediante una Alianza Mundial basada en la solidaridad y colaboración de todos los países, partes interesadas y personas[10]. Para lograr todo lo anterior, se plantearon los siguientes 17 Objetivos de Desarrollo Sostenible[11]:

> "**Objetivo 1.** Poner fin a la pobreza en todas sus formas y en todo el mundo.
>
> **Objetivo 2.** Poner fin al hambre, lograr la seguridad alimentaria y la mejora de la nutrición y promover la agricultura sostenible.

---

7 Organización de las Naciones Unidas, *Resolución A/70/L.I.*, Óp. Cit., p. 15.

8 Ídem.

9 Ídem.

10 Ídem.

11 Ibidem., p. 16

Objetivo 3. Garantizar una vida sana y promover el bienestar de todos a todas las edades.

Objetivo 4. Garantizar una educación inclusiva y equitativa de calidad y promover oportunidades de aprendizaje permanente para todos.

Objetivo 5. Lograr la igualdad de género y empoderar a todas las mujeres y las niñas.

Objetivo 6. Garantizar la disponibilidad y la gestión sostenible del agua y el saneamiento para todos.

Objetivo 7. Garantizar el acceso a una energía asequible, fiable, sostenible y moderna para todos.

Objetivo 8. Promover el crecimiento económico sostenido, inclusivo y sostenible, el empleo pleno y productivo y el trabajo decente para todos.

Objetivo 9. Construir infraestructuras resilientes, promover la industrialización inclusiva y sostenible y fomentar la innovación.

Objetivo 10. Reducir la desigualdad en los países y entre ellos.

Objetivo 11. Lograr que las ciudades y los asentamientos humanos sean inclusivos, seguros, resilientes y sostenibles.

Objetivo 12. Garantizar modalidades de consumo y producción sostenibles.

Objetivo 13. Adoptar medidas urgentes para combatir el cambio climático y sus efectos.

Objetivo 14. Conservar y utilizar sosteniblemente los océanos, los mares y los recursos marinos para el desarrollo sostenible.

Objetivo 15. Proteger, restablecer y promover el uso sostenible de los ecosistemas terrestres, gestionar sosteniblemente los bosques, luchar contra la desertificación, detener e invertir la degradación de las tierras y detener la pérdida de la biodiversidad.

Objetivo 16. Promover sociedades pacíficas e inclusivas para el desarrollo sostenible, facilitar el acceso a la justicia para todos y construir a todos los niveles instituciones eficaces e inclusivas que rindan cuentas.

Objetivo 17. Fortalecer los medios de implementación y revitalizar la Alianza Mundial para el Desarrollo Sostenible"[12].

---

12 Ídem.

En este sentido, los Objetivos y metas son el resultado de más de dos años de un proceso de consultas públicas y de interacción con la sociedad civil y otras partes interesadas en todo el mundo, durante el cual, se tuvo en cuenta la opinión de los más pobres y vulnerables a través de la labor del Grupo de Trabajo Abierto de la Asamblea General[13].

III. CÍRCULOS DE PAZ Y SOLUCIÓN AMISTOSA DE CONFLICTOS EN CENTROS ESCOLARES

En 2019 la Organización para la Cooperación y el Desarrollo Económicos (OCDE), reveló que México ocupa el primer lugar en *bullying* escolar en educación básica a nivel internacional, lo que se traduce en más de 18 millones de estudiantes de nivel primaria y secundaria que sufren violencia escolar[14].

Por ello, la *Nueva Escuela Mexicana* tiene como función, buscar la equidad, la excelencia y la mejora continua en la educación, colocando al centro de la acción pública el máximo logro de aprendizaje de niñas, niños, adolescentes y jóvenes[15]. Con ello busca combatir las causas de discriminación y violencia en las diferentes regiones del país, especialmente la que se ejerce contra la niñez y las mujeres[16].

La Ley General de Educación[17] contempla dentro de sus fines:

> "Formar a los educandos en la cultura de *la paz,* el respeto, la tolerancia, los valores democráticos que favorezcan *el diálogo constructivo,* la solidaridad y la búsqueda de acuerdos que permitan la

---

[13] Ibidem., p. 3

[14] Comisión Nacional de Derechos Humanos, *Día Escolar de la No Violencia y la Paz,* consultado en junio de 2024, desde https://www.cndh.org.mx/noticia/dia-escolar-de-la-no-violencia-y-la-paz-0#_ftn%202

[15] Artículo 11 de la Ley General de Educación.

[16] Artículo 12, fracción IV, de la Ley General de Educación.

[17] Artículo 15, fracción V, de la Ley General de Educación.

> *solución no violenta de conflictos* y la convivencia en un marco de respeto a las diferencias"[18].

Además, dicha norma establece[19] que dentro del contenido de los planes y programas de estudio de educación se deberá incluir la promoción del valor de la justicia, de la observancia de la ley y de la igualdad de las personas ante ésta, la cultura de la legalidad, de la inclusión y la no discriminación, *de la paz y la no violencia* en cualquier tipo de sus manifestaciones.

Al respecto, una de las acciones contempladas para las autoridades educativas es diseñar y aplicar estrategias educativas que generen ambientes *basados en una cultura de la paz*, para fortalecer la cohesión comunitaria y una convivencia democrática[20]. Además de incluir en la formación docente, contenidos y prácticas relacionadas con la cultura de la paz y la resolución pacífica de conflictos[21].

Así, resulta necesario desarrollar estrategias para alcanzar dichos objetivos que no sólo eliminen los casos de violencia, sino que prevengan su manifestación y fomenten la convivencia de manera armónica entre todos los integrantes de la comunidad educativa.

Una de estas estrategias son los *círculos de paz*, entendidos como una herramienta pedagógica flexible que se adapta a las necesidades de los grupos y temas a abordar[22].

---

18 El resaltado es propio del autor.

19 Artículo 30, fracción XXI, de la Ley General de Educación.

20 Artículo 74, fracción I, de la Ley General de Educación.

21 Artículo 74, fracción II, de la Ley General de Educación.

22 Martínez Moncada, Zoila & Bernal Acebedo, Fabiola, "Círculos de paz y convivencia en los centros educativos", en *Integración Académica en Psicología*, vol. 5, núm. 13, 2017, p. 59-69, p. 64, disponible en https://integracion-academica.org/attachments/article/153/05%20Circulos%20de%20Paz%20-%20ZMartinez%20FBernal.pdf

Es un espacio estructurado que requiere de la planificación de quienes acompañan el proceso con apoyo de los siguientes *elementos estructurales*[23]:

- **a.** Uso de un objeto que funja como pieza de diálogo, es decir, algo que permita a quien lo tiene en ese momento, ser la única persona en hacer uso de la voz por ese instante;
- **b.** Acuerdo de valores que se convierten en guías para el comportamiento y las actitudes de los participantes;
- **c.** Promoción del consenso en la toma de decisiones;
- **d.** Compartir anécdotas personales para enriquecer y profundizar el tema;
- **e.** Uso de ceremonias de apertura y cierre del círculo; y,
- **f.** La participación de dos personas que acompañen el proceso de diálogo.

En este sentido, se abordan 4 ejes:

Figura 2. Ejes de los círculos de paz

Fuente: Elaboración propia a partir de Martínez Moncada, Zoila & Bernal Acebedo, Fabiola (2017).

El conjunto de estos elementos permite promover una visión de espiritualidad y dimensión de la vida. Con ello, el círculo constituye una herramienta para aprender a dialogar, escuchar al otro y el logro del autoconocimiento emocional, autogestión y autocontrol, así como expresar sentimientos, pensamientos y opiniones de manera adecuada. Esto abre un espacio para que las personas reflexionen acerca de los valores que son importantes para su vida[24].

---

23 Ídem.

24 Ibidem., p. 66

La flexibilidad de esta metodología hace posible que los círculos se realicen con los distintos grupos de la comunidad educativa[25], así como que se pueda retomar situaciones cotidianas y generar reflexiones a partir de ellas[26].

En este sentido, es conveniente preguntarse si ¿Es necesario que la persona que conduzca los círculos de paz esté capacitada?

La respuesta es: sí, ya que su labor como conductor de esta metodología debe basarse en conocimientos específicos sobre la materia, así como en su adecuada estructura, así como en las herramientas implementadas para su desarrollo, que permita explorar los intereses y necesidades de las personas que participan en ellos.

IV. EL SISTEMA EDUCATIVO MEXICANO, PARTICULARIDADES Y DATOS

La Constitución Política de los Estados Unidos Mexicanos, reconoce el derecho a la educación en su artículo 3º[27], en él se

---

25 "Una escuela abierta a comunidad implica una redefinición del concepto de comunidad educativa, que no lo restringe al escenario de la escuela, sus docentes, alumnos y padres, sino que se abre al espacio público local, incluyendo como agentes de enseñanza y aprendizaje a las familias, iglesias, clubes, organizaciones de vecinos, bibliotecas y organizaciones productivas", extraído de Krischensky, Marcelo, *Escuela y comunidad: desafíos para la inclusión educativa*, Ministerio de Educación, Ciencia y Tecnología de la Nación, Buenos Aires, 2006, p. 16.

26 Ídem.

27 Para ahondar en la materia, pueden consultarse los siguientes criterios pronunciados por la Suprema Corte de Justicia de la Nación:
Suprema Corte de Justicia de la Nación. Registro digital: 2015303, Instancia: Primera Sala, Décima Época, Materias(s): Constitucional, Tesis: 1a./J. 80/2017 (10a.).— **EDUCACIÓN. ES UN DERECHO FUNDAMENTAL INDISPENSABLE PARA LA FORMACIÓN DE LA AUTONOMÍA PERSONAL Y EL FUNCIONAMIENTO DE UNA SOCIEDAD DEMOCRÁTICA, ASÍ COMO PARA LA REALIZACIÓN DE OTROS VALORES CONSTITUCIONALES.**

establece que corresponde al Estado su rectoría, la cual será impartida por éste y además será de carácter obligatorio, universal, inclusivo, público, gratuito y laico.

También contempla que la educación se basará en:

a. El respeto irrestricto de la dignidad de las personas; y,

b. Un enfoque de derechos humanos y de igualdad sustantiva.

Lo anterior para desarrollar todas las facultades del ser humano y:

a. Fomentar el amor a la Patria;

b. Fomentar el respeto a todos los derechos, las libertades, la cultura de paz y la conciencia de la solidaridad internacional, en la independencia y en la justicia; y,

---

Suprema Corte de Justicia de la Nación, Registro digital: 2015300, Instancia: Primera Sala, Décima Época, Materias(s): Constitucional, Tesis: 1a./J. 78/2017 (10a.).— **DERECHO FUNDAMENTAL A LA EDUCACIÓN. SU REFERENTE NORMATIVO EN EL SISTEMA JURÍDICO MEXICANO.**
Suprema Corte de Justicia de la Nación, Registro digital: 2015299, Instancia: Primera Sala, Décima Época, Materias(s): Constitucional, Tesis: 1a./J. 81/2017 (10a.).— **DERECHO FUNDAMENTAL A LA EDUCACIÓN BÁSICA. TIENE UNA DIMENSIÓN SUBJETIVA COMO DERECHO INDIVIDUAL Y UNA DIMENSIÓN SOCIAL O INSTITUCIONAL, POR SU CONEXIÓN CON LA AUTONOMÍA PERSONAL Y EL FUNCIONAMIENTO DE UNA SOCIEDAD DEMOCRÁTICA.**
Suprema Corte de Justicia de la Nación, Registro digital: 2015297, Instancia: Primera Sala, Décima Época, Materias(s): Constitucional, Tesis: 1a./J. 79/2017 (10a.).— **DERECHO A LA EDUCACIÓN. SU CONFIGURACIÓN MÍNIMA ES LA PREVISTA EN EL ARTÍCULO 3o. CONSTITUCIONAL.**
Suprema Corte de Justicia de la Nación, Registro digital: 2015295, Instancia: Primera Sala, Décima Época, Materias(s): Constitucional, Tesis: 1a./J. 82/2017 (10a.).— **DERECHO A LA EDUCACIÓN BÁSICA. SU CONTENIDO Y CARACTERÍSTICAS.**

c. Promover la honestidad, los valores y la mejora continua del proceso de enseñanza-aprendizaje.

Esto, se llevará a cabo en los *planteles educativos*, que constituyen un espacio fundamental para el proceso de enseñanza-aprendizaje[28], por lo que el Estado garantizará que los materiales didácticos, la infraestructura educativa, su mantenimiento y las condiciones del entorno, sean idóneos y contribuyan a los fines de la educación.

En específico, el Ejecutivo Federal determinará los principios rectores y objetivos de la educación inicial (preescolar, primaria, secundaria, media superior y superior), así como los planes y programas de estudio de la educación básica (preescolar, primaria y secundaria) y normal[29] en toda la República.

Para esto, considerará la opinión de los gobiernos de las Entidades Federativas, así como de actores sociales involucrados en la educación, el contenido de los proyectos y programas educativos que contemplen las realidades y contextos tanto regionales como locales.

Dichos planes, deberán estar creados con perspectiva de género y una orientación integral, que incluya:

a. Conocimiento de las ciencias y humanidades;

b. Enseñanza de las matemáticas;

c. Lectura y escritura;

d. Historia, geografía, civismo, filosofía, tecnología, innovación, lenguas indígenas de México, lenguas extranjeras;

---

[28] Artículo 98 de la Ley General de Educación.

[29] Las escuelas normales, son las encargadas de la formación de los maestros de educación básica; regulada por el Estado, de acuerdo con el artículo 3° de la Constitución Política de los Estados Unidos Mexicanos. Información extraída de Dirección General de Acreditación, Incorporación y Revalidación, *Educación Normal*, consultada desde https://dgair.sep.gob.mx/educacion_normal

e. Educación física, deporte, artes (en especial la música);

f. Promoción de estilos de vida saludables;

g. Educación sexual y reproductiva (cultura física y deporte); y,

h. El cuidado del medio ambiente, entre otras.

En este sentido, el sistema educativo mexicano se basará en los resultados del progreso científico, que luche contra la ignorancia y sus efectos, las servidumbres, los fanatismos y los prejuicios. Caracterizándose por ser *democrático*, con base en el constante mejoramiento económico, social y cultural del pueblo.

Será *Nacional*, pues atenderá la comprensión de los problemas de quienes conforman los Estados Unidos Mexicanos, el aprovechamiento de sus recursos, así como la defensa de su independencia política y el acrecentamiento de su cultura[30]. Con ello, el sistema educativo contribuirá a la mejor convivencia humana, con la finalidad de fortalecer el aprecio y respeto por la naturaleza, la diversidad cultural, la dignidad de las personas, la integridad de las familias, la convicción del interés general de la sociedad, los ideales de fraternidad e igualdad de derechos, con la intención de evitar los privilegios de razas, religión de grupos, sexo o de individuos.

Además, será *equitativo* para combatir las desigualdades socioeconómicas, regionales y de género en el acceso, tránsito y permanencia de los servicios económicos. También será *inclusivo*, al

---

[30] El artículo 2°, apartado B, fracción II, de la Constitución Política de los Estados Unidos Mexicanos se menciona que para abatir las carencias y rezagos que afectan a los pueblos y comunidades indígenas, las autoridades de los tres órdenes de gobierno deberán garantizar e incrementar los niveles de escolaridad, favoreciendo la educación bilingüe e *intercultural*, la alfabetización, la conclusión de la educación básica, la capacitación productiva y la educación media superior y superior; lo que ha sido tratado por la Corte Interamericana de Derechos Humanos en el *Caso Comunidades Indígenas miembros de la Asociación Lhaka Honhat (nuestra tierra) vs. Argentina*, Sentencia es del 6 de febrero de 2020, disponible en https://www.corteidh.or.cr/docs/casos/articulos/seriec_400_esp.pdf

tomar las capacidades, circunstancias y necesidades del alumnado con base en el principio de accesibilidad.

Además, será *intercultural*, porque buscará promover la convivencia armónica entre personas y comunidades. Así como *integral* pues educará para la vida en todos los aspectos de la persona (cognitivos, socioemocionales y físicos). También será de *excelencia*, entendida como el mejoramiento integral constante que promueve el máximo logro de aprendizaje de los educandos para fomentar el desarrollo de su pensamiento crítico y el fortalecimiento de los lazos entre la escuela y la comunidad.

Por su parte, la Ley General de Educación, en su artículo 31, establece que el Sistema Educativo Nacional es el conjunto de actores, instituciones y procesos para la prestación del servicio público de la educación que imparte el Estado. Con base en esta norma, se plantea que la educación que responda a la diversidad lingüística, regional y sociocultural del país, así como de la población rural dispersa y grupos migratorios, con características y necesidades de los diversos sectores de la población se organice de la siguiente manera:

Figura 3. Organización del Sistema Educativo Nacional

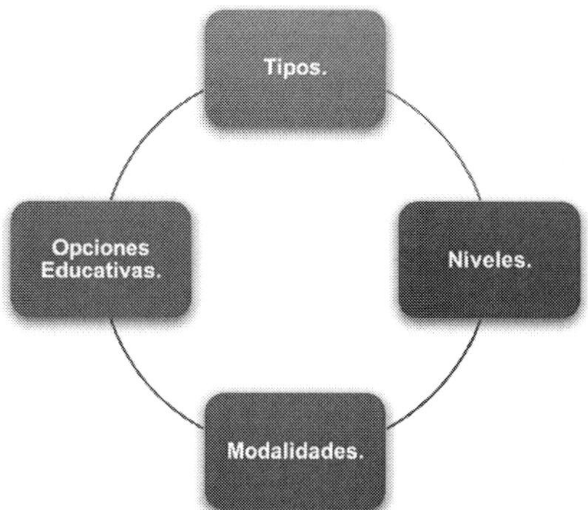

Fuente: Elaboración propia a partir del artículo 35 de la Ley General de Educación (2024).

V. EDUCACIÓN BASADA EN DERECHOS HUMANOS

Como parte de su contenido la Ley General de Educación[31], establece como fin de la educación, el inculcar el enfoque de *derechos humanos* y de igualdad sustantiva, para promover su conocimiento, respeto, disfrute y ejercicio. Siendo estos, un elemento para la conformación de los planes y programas de estudio de la educación que imparte el Estado.

Además de la formación, capacitación y profesionalización de los docentes, sus organismos descentralizados y los particulares con autorización o reconocimiento de validez oficial de estudios[32]. Esta educación en derechos humanos es el conjunto de actividades de educación, formación y difusión de información orientadas a crear una cultura universal de estos, que proporcione a las *personas alumnas,* pero primero de sus docentes, padres de alumnxs o tutores y de la comunidad educativa, además de conocimientos sobre sus derechos, también el desarrollo de competencias y aptitudes necesarias para promover, defender y aplicarlos en la vida cotidiana[33].

VI. ¿QUÉ ES UN DOCENTE, FORMADOR, CONDUCTOR O FACILITADOR?

El artículo 3° de la Constitución Federal, establece que las maestras y maestros son *agentes fundamentales* del proceso educativo, con lo que se reconoce su contribución a la transformación social.

Menciona también que tendrán *maestras, maestros y maestres,* el derecho de acceder a un sistema integral de *formación*, de capaci-

---

[31] Artículo 15 de la Ley General de Educación.

[32] Artículo 30 de la Ley General de Educación.

[33] Naciones Unidas, P*rograma Mundial para el Educación en Derechos Humanos. Tercera Etapa. Plan de acción,* Geneva, 2017, p. 2, disponible para consulta en el siguiente enlace https://www.ohchr.org/sites/default/files/Documents/Publications/ThirdPhaseWPHREducation_SP.pdf

tación y de actualización retroalimentado por evaluaciones diagnósticas que permitan cumplir con los objetivos y propósitos del Sistema Educativo Nacional.

De ahí surge la necesidad de establecer diferencias entre dos conceptos que aparecen reconocidos en la Carta Magna, como lo es el *docente* y el *formador*.

6.1. Docente

La Real Academia Española (RAE), define al *docente* como el que enseña, el que es perteneciente o relativo a la enseñanza[34]. Desde la práctica, es necesario resaltar las consideraciones de Paulo Freire pedagogo del siglo XX, para quien la labor del docente implica una responsabilidad ética en el ejercicio de su tarea que se extiende para aquellos que se están formando[35]. Freire, insiste que un saber fundamental para la práctica educativa es que enseñar no es transferir conocimiento, sino crear las posibilidades para su propia producción o construcción[36].

Por tanto, el *docente* se presenta como un guía, orientador, acompañante, mentor, tutor, gestor del aprendizaje, facilitador, dinamizador o asesor, que asume diferentes roles en una misma labor profesional. En este sentido ya no sólo es un transmisor de conocimiento y dominio del tema, sino que su tarea consiste en crear entornos de aprendizaje activo, basado en problemas, contextos que potencien el interés, la capacidad autónoma, inventiva

---

34 Real Academia Española, *Docente,* disponible para su consulta en https://dle.rae.es/docente

35 Angulo Calzadilla, Gabriela, "Las concepciones sobre el docente o diferentes maneras de concebir el ejercicio de la docencia", en *Revista de Investigación,* vol. 36, núm. 75, enero-abril 2012, p. 11-31, p. 14, disponible para consulta en https://www.redalyc.org/pdf/3761/376140390001.pdf

36 Ibidem, p.15

y creativa de los educandos, para desarrollar habilidades, actitudes, destrezas y aptitudes[37].

Como parte de las actividades del docente, éste deberá procurar promover el aprendizaje significativo, la investigación y la acción en el aula.

6.2. *Formador*

En lo que respecta al *formador*, el Fondo de las Naciones Unidas para la Infancia (UNICEF), lo define como como el personal encargado de capacitar a instructores, cuidadores y profesores[38].

Por su parte, la Ley General de Educación en su artículo 95, es específica sobre este tema cuando establece el deber del Estado para fortalecer a las instituciones públicas de formación docente, las cuales tendrán a su cargo, entre otras cosas, propiciar la participación de la comunidad de las instituciones formadoras de docentes para la construcción colectiva de sus planes y programas de estudio.

En este sentido, la *formación docente* es aquella que posibilita el desarrollo de competencias propias del ejercicio profesional docente de enseñanza en el campo educativo en diferentes niveles, considerando las funciones y tareas que debe realizar un docente en su centro de trabajo[39]. Para lograr su objetivo, el *formador* debe cumplir con competencias dentro de cuatro dimensiones:

---

37 Rico-Gómez, María Luisa & Ponce-Gea, Ana Isabel, "El docente del siglo XXI. Perspectivas según el rol formativo y profesional", en *Revista Mexicana de Investigación Educativa*, vol. 27, núm. 92, abril 2021, p. 77-101, p. 80, disponible para consulta en https://www.scielo.org.mx/pdf/rmie/v27n92/1405-6666-rmie-27-92-77.pdf

38 Fondo de las Naciones Unidas para la Infancia (UNICEF), *Guía para la formación de formadores*, Manual del kit de Educación, p. VI, Copenhague, 2013, disponible para consulta en https://www.unicef.org/supply/media/2986/file/trainer-of-trainers-ES.pdf

39 Helena Gómez, Rosa & Suárez Bejarano, Martha Mireya, "¿Formador de formadores? Conocimientos para la vida" en *Boletín virtual*, vol. 7-1, enero de 2018, p. 75.

a. *Dimensión Pedagógica.* Experiencia en el sistema escolar, así como comunidades de aprendizaje, identidad profesional y manejo didáctico y disciplinar;

b. *Dimensión Investigativa.* La persona formadora, debe ser investigadora activa, con reflexión continua de sus prácticas y actualizada de manera permanente;

c. *Dimensión Transversal.* A través del uso de las tecnologías de la información y comunicación (TICs), competencias interpersonales y atención a la diversidad[40]; y,

d. *Dimensión de aplicación (acción).* Dirigida a aplicar el conocimiento a la vida cotidiana y la actividad diaria.

Figura 4. Dimensiones del perfil del formador

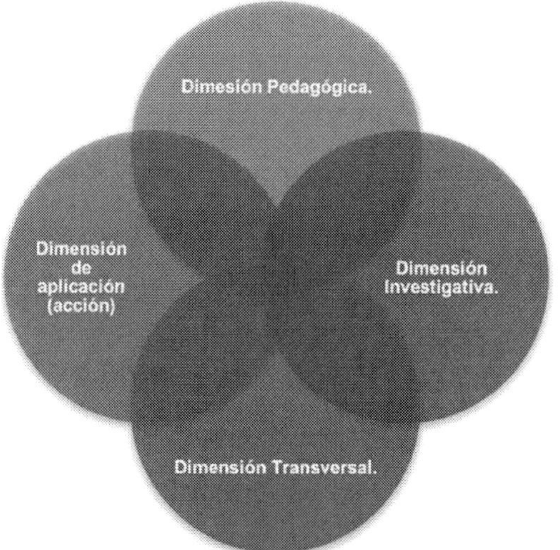

Fuente: Elaboración propia a partir de Castro, L., Fonseca, G., Herrera, O., Cid, J., Aillon, M. (2022).

---

40 Castro, L., Fonseca, G., Herrera, O., Cid, J., Aillon, M., "Perfil del formador de formadores: una revisión sistemática de literatura" en Educación y Educadores, 25(1), p. 13, e2514. DOI: https://doi.org/10.5294/edu.2022.25.1.4

De esta manera, la persona formadora, será aquella profesional que se dedica a organizar la formación a través de actividades y procesos de formación encaminados a capacitar a los formadores en el conocimiento y competencia pedagógica y especializada[41].

6.3. Conductor

Hablar de la conducción del aprendizaje, implica un proceso de interacción entre la persona educadora y el educando, en el que la enseñanza se realiza en forma socializada y tanto docentes como alumnos se interrelacionan constituyendo un grupo de aprendizaje[42]. Para Susana Avolio[43] este proceso se lleva a cabo mediante el *diálogo* o interrogatorio para conseguir que las y los alumnos puedan recordar conocimientos previos que se consideran necesarios para el nuevo aprendizaje.

También intenta que los alumnos se interesen en el tema que se desea sea aprendido o comprendido, e identificar las posibles deficiencias en el aprendizaje para recapitular el tema enseñado, así como estimular a las y los alumnos para que fijen su atención sobre los puntos más importantes y contribuyan al espíritu cooperativo dentro de la clase. Esto con el objetivo de generar una atmósfera de participación y colaboración entre la persona docente, las y los alumnos[44]. Con la intención de alcanzar estos objetivos, Avolio, menciona que es necesario que se cumplan determinadas condiciones:

a. Cuanto menor sea el número de alumnos, mayor posibilidad existirá de producir interacción;

---

41 Vaillant, Denise & Marcelo, Carlos, *Las tareas del formador*, Ediciones Aljibe, Málaga, 2001, p. 32.

42 Avolio de Cols, Susana, *Conducción del aprendizaje*, Editorial Marymar, Buenos Aires, 1977, p. 59.

43 Ibidem., p. 60.

44 Ibidem., p. 61.

b. Debe motivarse a cada alumno y alumna para que exprese con claridad en sus conceptos e ideas; y,

c. Que el conductor, sea quien dirija las respuestas de las personas alumnas, transmitiendo con ello, respeto por sus opiniones y su persona.

Esta forma de enseñanza[45] se realiza a través de la comunicación directa con cada alumno en lo individual, variando y diferenciando el tipo de estímulo que se emplea, ya que puede realizarse en forma de interrogatorio, es decir, a través de preguntas o mediante el diálogo adoptando la forma de conversación[46].

6.4. Facilitador

La evolución del docente como figura de transmisión de conocimientos ha evolucionado hasta llegar a considerarse en la actualidad al *facilitador*, como una modalidad pedagógica. En tal sentido, el *facilitador* además de contar con los conocimientos necesarios para transmitir la información a los educandos involucra técnicas y metodologías específicas para ello, creando el clima psicológico adecuado en su aula para que este aprendizaje sea más efectivo y de calidad[47].

---

45 Esta forma de enseñanza encuadra dentro de la *mayéutica*, método aplicado por Sócrates a través del cual, el maestro hace que el alumno por medio de preguntas descubra conocimientos mediante sus propias conclusiones a través del establecimiento de conceptos generales, extraído de De la Fuente Morales, Enrique, "Enseñanza de la matemática por la mayéutica", en *Praxis Investigativa ReDIE*, Vol. 9, No. 17, julio-diciembre de 2017, pp. 53-60, p. 54.

46 Ibidem., p. 77.

47 Marrero Romero, Beatriz, "El rol actual del profesor en el contexto de la clase como facilitador, motivador y negociador" en *La formación y competencias del profesorado de ELE: XXVI Congreso Internacional ASELE*, 2016, pp. 597-606, p. 599, disponible para consulta en https://dialnet.unirioja.es/servlet/articulo?codigo=7438701

El facilitador entonces deberá tener en cuenta el ambiente de la clase y los procesos interiores en donde entran en juego las relaciones interpersonales, su relación con el grupo y la afectividad de todos los implicados en el proceso con el fin de que los educandos controlen su aprendizaje y, además, sean conscientes de ello para convertirse en seres autónomos[48].

Entre otras de sus actividades, se encuentra la de confiar en los aprendices para que estos se involucren en el proceso de aprendizaje y tomen las decisiones relevantes que pueden ser negociadas con ellos, de tal forma que adquieran los mecanismos suficientes para aprender cuando el facilitador no se encuentre con ellos[49].

Así, la faceta del facilitador está intrínsecamente vinculada con una función motivadora *para aprender* y negociadora, sobre las actividades y tareas desarrolladas dentro del aula y su seguimiento para alcanzar los objetivos que se plantean con base en los intereses, gustos y actividades de los educandos[50].

La Comisión de Derechos Humanos del Estado de México (CDHEM)[51], incluso se ha pronunciado, en el sentido de que el docente, debe ser un facilitador que domine su disciplina y ofrezca herramientas para que los estudiantes potencialicen su desarrollo.

Para la Comisión de Derechos Humanos del Estado de México, la tarea de la persona docente le lleva a actuar con responsabilidad, compromiso y desafío constante al formar al alumnado, por

48 Underhill, A., "La facilitación en la enseñanza de idiomas" en *La dimensión afectiva en el aprendizaje de idiomas*, en J. Arnold (editor), Cambridge, 2000, citado por Marrero Romero, Beatriz, Óp. Cit., p. 599

49 Ídem.

50 Ídem.

51 Comisión de Derechos Humanos del Estado de México, "Recomendación 18/2015" en *Directrices para la prevención de casos de riesgo en materia educativa*, Instituto de Investigaciones Jurídicas de la UNAM, México, 2017, p. 25, disponible para consulta en el siguiente enlace digital https://archivos.juridicas.unam.mx/www/bjv/libros/10/4975/4.pdf

lo que, cualquier acción u omisión que transgrede los derechos humanos de niñas y niños, resulta inadmisible[52].

Tabla 1. Cuadro comparativo entre docente, formador y conductor

Características	Docente	Formador	Conductor	Facilitador
Rol	Enseña en las instituciones educativas formales (Escuelas, colegios y universidades).	Capacita y desarrolla habilidades en contextos que no necesariamente son académicos (Empresas y organizaciones).	Guía un proceso de aprendizaje (Talleres, seminarios o programas de desarrollo personal)	Genera espacios de aprendizaje en donde el conocimiento se adquiere por interés del educando.
Responsabilidad	Diseña y ejecuta planes de estudios, evalúa el progreso de los estudiantes y se asegura de alcanzar los objetivos.	Diseña programas de formación y evalúa el desempeño y adquisición de competencias.	Facilita el aprendizaje mediante orientación, apoyo, reflexión y el intercambio de ideas.	Provee herramientas para que los educandos puedan aprender de manera autónoma.
Métodos	Estrategias pedagógicas.	Métodos prácticos y basados en competencias.	Técnicas de facilitación (Interrogatorio y diálogo)	Involucra técnicas y metodologías basados en los intereses, gustos y actividades de los educandos.
Importancia	Formación académica, cognitiva, emocional y social.	Desarrollo continuo de las competencias profesionales.	Fomento del aprendizaje autodirigido y colaborativo.	Conciencia sobre lo aprendido y autogestión del conocimiento.

Fuente: Elaboración propia (2024).

[52] Ídem.

VII. NUEVA ESCUELA MEXICANA (ACCIÓN DE INCONSTITUCIONALIDAD DE LA LEY DE EDUCACIÓN EN MICHOACÁN SOBRE PERSONAS CON DISCAPACIDAD, INDÍGENAS Y OTROS GRUPOS DE ATENCIÓN PRIORITARIA, ETARIOS O VULNERABLES)

El 3 de agosto de 2020, la Comisión Estatal de los Derechos Humanos de Michoacán de Ocampo y la Comisión Nacional de Derechos Humanos, promovieron acción de inconstitucionalidad en contra de la Ley de Educación del Estado de Michoacán, a las que le fueron asignados los números de expediente **168/2020** y **177/2020**, respectivamente.

Siguiendo el cauce procesal de la acción de inconstitucionalidad, en sesión del 31 de mayo de 2022, el Pleno de la Suprema Corte de Justicia de la Nación (SCJN), resolvió la Acción de Inconstitucionalidad **168/2020 y su acumulada 177/2020**, en el que determinó que se declaraba la *invalidez* de los artículos 19, párrafo segundo en su porción normativa *"igualmente queda prohibida la implantación de programas que estimulen el reparto desigual de recursos económicos y materiales, entre escuelas de un mismo nivel"*, así como de los numerales 84 a 87 —de la educación indígena— y 94 a 102 —de la educación inclusiva y educación especial— de la Ley de Educación en el Estado de Michoacán.

Lo anterior, derivado de la falta de consulta a pueblos y comunidades indígenas y afromexicanas, así como a personas con discapacidad, lo que ameritó la anulación de todas las disposiciones normativas de la ley cuestionada que afectaran a dichos grupos y una vinculación a la legislatura local para generar nuevos contenidos al respecto[53].

---

[53] *Véase,* Sentencia dictada por el Tribunal Pleno de la Suprema Corte de Justicia de la Nación en la Acción de Inconstitucionalidad 168/2020 y su acumulada 177/2020, disponible para consulta en https://www.dof.gob.mx/nota_detalle_popup.php?codigo=5677575

VIII. DEBER DE CUIDADO Y ATENCIÓN

El deber de cuidado se entiende como la obligación que tienen los Estados de velar por la protección de la vida e integridad de las personas, sobre todo cuando estas se encuentran bajo su tutela o resguardo, en este caso particular, en los centros educativos, por lo que este adquiere una posición especial de garante[54].

El deber de cuidado es un derecho autónomo e independiente de otros derechos y se posiciona frente a otras prerrogativas, como un potenciador o reforzador de la demás batería de derechos, en la cual el Estado tiene una carga en grado predominante, superior o preponderante respecto de la o el ciudadano, para que el Estado se sustituya a la voluntad de la gobernada o gobernado con la finalidad de procurarle el nivel más alto posible de protección y tutela, es decir, obrar como buen padre de familia. Por este motivo, los Estados, tienen la obligación de diseñar y aplicar las políticas que sean necesarias para la prevención de situaciones críticas, entre ellas las de salud y vida, para garantizarles las condiciones necesarias y contribuir al goce efectivo de aquellos derechos.

En el caso de los centros educativos, el *deber de cuidado* surge de la relación de subordinación que existe entre el docente y el alumno. En el caso del primero, debido a la posición que tiene

---

[54] Esta protección se extiende a personas adultas mayores, así como a personas con algún tipo de discapacidad, por la condición de vulnerabilidad bajo la que se encuentran. La Primera Sala de la Suprema Corte de Justicia de la Nación, reconoció por primera vez el derecho humano al cuidado, especialmente, de las personas con discapacidad, mayores y con enfermedades crónicas, cuando determinó que, conforme al texto de la Constitución General, tratados internacionales de los que México es parte, así como otros instrumentos de *soft law*, todas las personas tienen el derecho humano a cuidar, a ser cuidadas y al autocuidado, y el Estado tiene un papel prioritario en su protección y garantía. Información extraída de la Suprema Corte de Justicia de la Nación, *Comunicado de Prensa no. 378/2023*, en relación a la resolución del Amparo Directo 6/2023, Ciudad de México, 18 de octubre de 2023, disponible para su consulta en https://www.internet2.scjn.gob.mx/red2/comunicados/comunicado.asp?id=7568

debido a su autoridad adquiere la responsabilidad de impedir que el segundo, es decir el alumno, actúe de forma "imprudente"[55].

Esta situación particular, ha sido abordada por la Corte Interamericana de Derechos Humanos (CIDH) a través de la Opinión Consultiva **OC-17/2022** en relación con el artículo 3 de la Convención sobre los Derechos del Niño, al establecer que:

"Los Estados Partes se comprometen a asegurar al niño la protección y el *cuidado* que sean necesarios para su bienestar, teniendo en cuenta los derechos y deberes de sus padres, tutores u otras personas responsables de él ante la ley"[56].

Con ello se refiere que, en cuanto a la protección de los intereses de la niña o niño se debe garantizar la intervención de instituciones debidamente calificadas para ello, que dispongan de[57]:

a. Personal adecuado;

b. Instalaciones suficientes;

c. Medios idóneos; y,

d. Experiencia probada en estas tareas.

Como ejemplo, la Comisión de Derechos Humanos del Estado de México emitió la **Recomendación 18/2015** derivado de la muerte de un niño en un plantel educativo de dicha Entidad Federativa. En esta recomendación, se expresa que la educación engloba un espectro de experiencias vitales y procesos de apren-

---

55 Organización Educativa "Tenorio Herrera S.A.S.", *Qué, es el deber de cuidado de los docentes hacia los educandos,* disponible en https://colegiomayoralferezreal.edu.co/documents/comunicados/deber-cuidado-docentes-hacia-estudiantes-29ene21.pdf

56 Corte Interamericana de Derechos Humanos, Opinión Consultiva OC-17/2002 de 28 de agosto de 2002 solicitada por la Comisión Interamericana de Derechos Humanos, disponible para su consulta en https://www.acnur.org/fileadmin/Documentos/BDL/2002/1687.pdf

57 Ibidem., p. 58

dizaje que permiten al niño desarrollar su personalidad y crear una vida plena y satisfactoria en el seno de la sociedad[58].

De esta manera, el Estado, al establecer instituciones educativas adquiere la obligación de impartir educación de calidad y en armonía con el interés superior de las infancias en concordancia con el artículo 19 de la Convención Americana sobre Derechos Humanos, en donde intervienen tres figuras elementales: Familia, Sociedad y Estado[59].

Por lo que la escuela, como agente potenciador del proyecto de vida en formación; influye en este periodo de vida ya que, ante la situación de vulnerabilidad de niñeces, la instrucción escolar es un medio idóneo para el pleno desarrollo de la infancia y, en consecuencia, su protección es una responsabilidad compartida[60].

Así, el eje central del proceso de enseñanza-aprendizaje es el desarrollo completo en todos los aspectos de las niñas, niños y adolescentes hasta el máximo de sus posibilidades y la necesidad de que dicho proceso encuentre su sustento en el desarrollo de aptitudes, aprendizaje, capacidades, autoestima y confianza en sí mismo.

La debida diligencia por parte de los agentes educativos se traduce en *toda acción de vigilancia* tanto en el salón de clases como fuera de éste durante la jornada escolar[61].

IX. CÓMO IMPLEMENTAR UNA AGENDA EDUCATIVA EN DERECHOS HUMANOS EN TODAS LAS ÁREAS DEL CONOCIMIENTO EN LOS CENTROS EDUCATIVOS Y DE FORMACIÓN

La Agenda 2030 de las Naciones Unidas, establece un compromiso para proporcionar educación de calidad, inclusiva e

---

58 Comisión de Derechos Humanos del Estado de México, Óp. Cit., p. 23.
59 Ídem.
60 Ibidem., p. 24.
61 Ibidem., p. 25.

igualitaria en todos sus niveles, especialmente si se encuentran en situaciones de vulnerabilidad, con el objetivo de tener acceso a posibilidades de aprendizaje permanente que les ayuden a adquirir conocimiento y aptitudes necesarios para aprovechar las oportunidades que se les presenten y participar plenamente en la sociedad[62].

Según las Naciones Unidas, las estrategias necesarias para la implementación de la agenda educativa en las áreas del conocimiento deben centrarse en[63]:

a. Promover la aplicación y consolidación de la enseñanza de derechos humanos;

b. Impartir educación y formación en derechos humanos a las y los educadores;

c. Realizar investigaciones en derechos humanos, recopilar y compartir buenas prácticas y enseñanzas;

d. Aplicar y reforzar metodologías educativas sólidas basadas en buenas prácticas y evaluación continua; y,

e. Alentar el diálogo, la cooperación, el establecimiento de redes y el intercambio de información.

1. Sistema integral de apoyos para personas con discapacidad en materia de educación

Existen 3 barreras para que las personas con discapacidad puedan desarrollar su vida cotidiana sin problemas:

a. *Barreras físicas, arquitectónicas y de movilidad.* Son los obstáculos que las personas con discapacidad encuentran en la *infraestructura* del lugar en el que se encuentran, ya sea la

---

62 Naciones Unidas, Resolución A/70/L.I., Óp. Cit., p. 8.

63 Naciones Unidas, P*rograma Mundial para el Educación en Derechos Humanos. Tercera Etapa. Plan de acción*, Óp. Cit., p. 4.

urbana, es decir, la forma en que están diseñados los espacios públicos, incluyendo los edificios a los cuales deben acudir, como las oficinas de la administración pública donde se prestan los servicios que necesitan, o bien, de corte privado, es decir, las empresas o espacios de administración particular.

Son los obstáculos que las personas con discapacidad encuentran cuando deben movilizarse a través de su fuerza motriz (es decir, caminando por la calle o queriendo acceder a un edificio, por ejemplo), mediante cualquier clase de transporte (cobra especial relevancia el transporte público)[64];

b. *Barreras en la comunicación y/o lenguaje.* Las personas con discapacidad pueden verse limitadas o impedidas para transmitir lo que desean comunicar, o para recibir lo que se les comunica; y,

c. *Barreras de actitud,* que se traducen en actitudes discriminatorias y las percepciones negativas que pueden arraigarse o disminuir la participación de las personas con discapacidad, lo que normaliza conductas como el *bullying,* o la exclusión de las personas para ascensos a puestos gerenciales. Esta consecuencia, deriva en una desigual participación laboral y deserción escolar, sin contar que generan sentimientos de evasión en espacios públicos por la violencia emocional y física.[65]

La *Convención sobre los derechos de las personas con discapacidad,* refiere en su contenido un apartado específico sobre la accesibi-

---

64 Suprema Corte de Justicia de la Nación, *Protocolo para Juzgar con Perspectiva de Discapacidad,* Suprema Corte de Justicia de la Nación, México, 2022, p. 31, disponible para su consulta en www.scjn.gob.mx/derechos-humanos/sites/default/files/protocolos/archivos/2022-04/Protocolo%20para%20Juzgar%20con%20Perspectiva%20de%20Discapacidad.pdf

65 Ídem.

lidad, y reconoce la necesidad de medidas que deben adoptar los Estados Parte, para asegurar el acceso de las personas con discapacidad al entorno físico, el transporte, la información y las comunicaciones, así como a otros servicios e instalaciones abiertos al público o de uso público.

Dichas medidas, deben incluir la identificación y eliminación de obstáculos y barreras de acceso.

Por lo que ve a la educación, dicho instrumento internacional establece en su artículo 24, apartado 2, inciso d), que, en materia de educación, los Estados Parte, al hacer efectivo este derecho, asegurarán que se preste el *apoyo* necesario a las personas con discapacidad, en el marco del sistema general de educación, para facilitar su formación efectiva.

Aunado a ello, los Estados, deberán brindar a las personas con discapacidad la posibilidad de aprender habilidades para la vida y desarrollo social, a fin de propiciar su participación plena y en igualdad de condiciones en la educación y como miembros de la comunidad, para lo cual, deberán adoptar las siguientes medidas:

- **a.** Facilitar el aprendizaje en braille, la escritura alternativa y otros modos, medios y formatos de comunicación aumentativos o alternativos, así como habilidades de orientación y de movilidad;
- **b.** Facilitar el aprendizaje de Lengua de Señas y la promoción de la identidad lingüística de las personas sordas;
- **c.** Asegurar que la educación de las personas, en particular de niñeces ciegas, sordas o sordociegas, se imparta en los lenguajes, modos y medios de comunicación más apropiados para cada persona y en entornos que permitan alcanzar su máximo desarrollo *académico* y *social*; y,
- **d.** Las medidas que resulten necesarias para eliminar cualquier tipo de barrera u obstáculo para que las personas con discapacidad lleven a cabo sus actividades cotidianas sin problemas.

Situación que se extiende al personal docente, ya que se establece además en el numeral 4, del artículo de referencia, que los Estados, deberán emplear a maestros, incluyendo a aquellos que tengan discapacidad, que estén *cualificados*:

a. En lengua de señas o Braille; y,

b. Para formar a profesionales y personal que trabajen en todos los niveles educativos.

Merece especial mención el sistema de apoyos para personas con discapacidad como el síndrome de Down, Asperger, espectro autista o cualquiera otro de esta naturaleza, o bien, con discapacidades de índole emocionales o afectivas, cuya necesidad resulta indispensable por los Estados y desde luego por los centros educativos.

Esta formación deberá incluir la toma de conciencia sobre la discapacidad y el uso de medios de comunicación apropiados; así como técnicas y materiales educativos para *apoyar* a las personas con discapacidad, así como cualquier ajuste razonable necesario para superar las barreras y obstáculos que representen la discapacidad (físicas, de comunicación o de actitud).

Lo anterior, con la finalidad de que las personas con discapacidad tengan acceso general a la educación superior, la formación profesional, la educación para adultos y el aprendizaje durante toda su vida sin discriminación y en igualdad de condiciones con las demás, por lo que los Estados, deberán en todo momento, realizar los *ajustes razonables* para este sector de la población.

Sin embargo, es necesario que, en todos estos procesos, así como en las políticas públicas implementadas para alcanzar dichos objetivos, se respete el derecho de opinión de las personas con discapacidad, en especial, cuando se refiera a niñeces y adolescencias, tal como lo establece el numeral 7, apartado 3, de la Convención sobre los derechos de las personas con discapacidad, en el que se establece como obligación para los Estados, el derecho a que se respete el derecho de niñas, niños y adolescentes con discapacidad a expresar su opinión libre sobre todas las cuestiones que les afecten, tomando en cuenta su edad y madurez.

La Comisión de Derechos Humanos de la Ciudad de México, expuso que las personas con discapacidad requieren de diversas formas de asistencia y apoyo para el ejercicio pleno y autónomo de sus derechos, mismos que deben ser incorporados a un sistema integral de cuidados[66].

Dicho sistema debe asegurar la incorporación y el acceso a formas de asistencia humana o animal, tecnologías de apoyo, dispositivos técnicos y ayudas para la movilidad de calidad que fomenten una vida independiente, la participación de la comunidad y la movilidad personal, así como proveer diversos tipos de apoyo para el acceso a la información sin discriminación y para la toma de decisiones en los casos que se requiere que salvaguarden el respeto y el reconocimiento de la capacidad jurídica de las personas con discapacidad[67].

X. CONCLUSIONES

En conclusión:

I. La Organización de las Naciones Unidas y la Constitución Política de los Estados Unidos Mexicanos establecen como principios rectores de la educación en México:

- **a.** El respeto irrestricto de la dignidad de las personas;
- **b.** El enfoque de derechos humanos y de igualdad sustantiva; y,

66 Comisión de Derechos Humanos de la Ciudad de México, *Boletín de Prensa 53/2024*, Ciudad de México, 3 de mayo de 2024, disponible para su consulta en https://cdhcm.org.mx/wp-content/uploads/2024/05/Boletin_5324_Derechos_PcD.pdf

67 Ídem.

   c. La implementación de un sistema integral de apoyo a las personas con algún tipo de discapacidad.

II. Los docentes deben basar su práctica educativa en el respeto a los derechos humanos.

III. El Programa Nacional de Actualización docente, debe implementar un programa para capacitarlos en derechos humanos y en justicia de paz.

IV. La Nueva Escuela Mexicana debe establecer programas de educación basados en derechos humanos y la Agenda 2030 para fomentar una ciudadanía informada, equitativa y sostenible. Al integrar estos principios se garantiza una formación integral que prepara a los estudiantes para enfrentar los desafíos globales y contribuir activamente al desarrollo social y ambiental de su comunidad y el mundo, tomando en consideración a las personas con discapacidad y el respeto a sus derechos humanos a través de los *ajustes razonables* que sean necesarios para ello.

V. Los educandos requieren programas de educación basados en derechos humanos y la Agenda 2030 para desarrollar una conciencia crítica y un compromiso activo con el desarrollo sostenible. Estos programas son esenciales para formar ciudadanos responsables y empoderados, capaces de contribuir significativamente a la construcción de sociedades justas, inclusivas y respetuosas del medio ambiente.

XI. REFERENCIAS

Bibliográficas

Avolio de Cols, Susana, Conducción del aprendizaje, Editorial Marymar, Buenos Aires, 1977.

Helena Gómez, Rosa & Suárez Bejarano, Martha Mireya, "¿Formador de formadores? Conocimientos para la vida" en Boletín virtual, vol. 7-1, enero de 2018.

Krischensky, Marcelo, Escuela y comunidad: desafíos para la inclusión educativa, Ministerio de Educación, Ciencia y Tecnología de la Nación, Buenos Aires, 2006, p. 16.

Underhill, A., "La facilitación en la enseñanza de idiomas" en La dimensión afectiva en el aprendizaje de idiomas, en J. Arnold (editor), Cambridge, 2000.

Vaillant, Denise & Marcelo, Carlos, Las tareas del formador, Ediciones Aljibe, Málaga, 2001.

Electrónicas

Angulo Calzadilla, Gabriela, "Las concepciones sobre el docente o diferentes maneras de concebir el ejercicio de la docencia", en Revista de Investigación, vol. 36, núm. 75, enero-abril 2012, p. 11-31, disponible para consulta en https://www.redalyc.org/pdf/3761/376140390001.pdf

Castro, L., Fonseca, G., Herrera, O., Cid, J., Aillon, M., "Perfil del formador de formadores: una revisión sistemática de literatura" en Educación y Educadores, 25(1), p. 13, e2514. DOI: https://doi.org/10.5294/edu.2022.25.1.4

Comisión de Derechos Humanos de la Ciudad de México, Boletín de Prensa 53/2024, Ciudad de México, 3 de mayo de 2024, disponible para su consulta en https://cdhcm.org.mx/wp-content/uploads/2024/05/Boletin_5324_Derechos_PcD.pdf

Comisión Nacional de Derechos Humanos, Día Escolar de la No Violencia y la Paz, consultado en junio de 2024, desde https://www.cndh.org.mx/noticia/dia-escolar-de-la-no-violencia-y-la-paz-0#_ftn%202

Dirección General de Acreditación, Incorporación y Revalidación, Educación Normal, consultada desde https://dgair.sep.gob.mx/educacion_normal

Marrero Romero, Beatriz, "El rol actual del profesor en el contexto de la clase como facilitador, motivador y negociador" en La formación y competencias del profesorado de ELE: XXVI Congreso Internacional ASELE, 2016, pp. 597-606, disponible para consulta en https://dialnet.unirioja.es/servlet/articulo?codigo=7438701

Martínez Moncada, Zoila & Bernal Acebedo, Fabiola, "Círculos de paz y convivencia en los centros educativos", en Integración Académica en Psicología, vol. 5, núm. 13, 2017, p. 59-69, disponible en https://integracion-academica.org/attachments/article/153/05%20Circulos%20de%20Paz%20-%20ZMartinez%20FBernal.pdf

Naciones Unidas, La Agenda 2030 y los Objetivos de Desarrollo Sostenible: una oportunidad para América Latina y el Caribe (LC/G.2681-P/Rev.3), Santiago, 2018, disponible para consulta en https://repositorio.cepal.org/server/api/core/bitstreams/cb30a4de-7d87-4e79-8e7a-ad5279038718/content

Naciones Unidas, Programa Mundial para el Educación en Derechos Humanos. Tercera Etapa. Plan de acción, Geneva, 2017, p. 2, disponible para consulta en el siguiente enlace https://www.ohchr.org/sites/default/files/Documents/Publications/ThirdPhaseWPHREducation_SP.pdf

Naciones Unidas, Resolución A/70/L.I. que contiene el Proyecto de resolución remitido a la cumbre de las Naciones Unidas para la aprobación de la agenda para el desarrollo después de 2015 por la Asamblea General en su sexagésimo noveno período de sesiones. Transformar nuestro mundo: la Agendas 2030 para el Desarrollo Sostenible, 18 de septiembre de 2015, disponible para consulta en https://www.fundacioncarolina.es/wp-content/uploads/2019/06/ONU-Agenda-2030.pdf

Organización Educativa "Tenorio Herrera S.A.S.", Qué, es el deber de cuidado de los docentes hacia los educandos, disponible en https://colegiomayoralferezreal.edu.co/documents/comunicados/deber-cuidado-docentes-hacia-estudiantes-29ene21.pdf

Real Academia Española, Docente, disponible para su consulta en https://dle.rae.es/docente

Rico-Gómez, María Luisa & Ponce-Gea, Ana Isabel, "El docente del siglo XXI. Perspectivas según el rol formativo y profesional", en Revista Mexicana de Investigación Educativa, vol. 27, núm. 92, abril 2021, p. 77-101, p. 80, disponible para consulta en https://www.scielo.org.mx/pdf/rmie/v27n92/1405-6666-rmie-27-92-77.pdf

Suprema Corte de Justicia de la Nación, Comunicado de Prensa no. 378/2023, en relación a la resolución del Amparo Directo 6/2023, Ciudad de México, 18 de octubre de 2023, disponible en https://www.internet2.scjn.gob.mx/red2/comunicados/comunicado.asp?id=7568

Suprema Corte de Justicia de la Nación, Protocolo para Juzgar con Perspectiva de Discapacidad, Suprema Corte de Justicia de la Nación, México, 2022, disponible en www.scjn.gob.mx/derechos-humanos/sites/default/files/protocolos/archivos/2022-04/Protocolo%20para%20Juzgar%20con%20Perspectiva%20de%20Discapacidad.pdf

UNICEF, Guía para la formación de formadores, Manual del kit de Educación, p. VI, Copenhague, 2013, disponible para consulta en https://www.unicef.org/supply/media/2986/file/trainer-of-trainers-ES.pdf

Casos y criterios

Caso Comunidades Indígenas miembros de la Asociación Lhaka Honhat (nuestra tierra) vs. Argentina, Sentencia es del 6 de febrero de 2020, disponible en https://www.corteidh.or.cr/docs/casos/articulos/seriec_400_esp.pdf

Comisión de Derechos Humanos del Estado de México, "Recomendación 18/2015" en Directrices para la prevención de casos de riesgo en materia educativa, Instituto de Investigaciones Jurídicas de la UNAM, México, 2017, p. 25, disponible para consulta en el siguiente enlace digital https://archivos.juridicas.unam.mx/www/bjv/libros/10/4975/4.pdf

Corte Interamericana de Derechos Humanos, Opinión Consultiva OC-17/2002 de 28 de agosto de 2002 solicitada por la Comisión Interamericana de Derechos Humanos, disponible en https://www.acnur.org/fileadmin/Documentos/BDL/2002/1687.pdf

Sentencia dictada por el Tribunal Pleno de la Suprema Corte de Justicia de la Nación en la Acción de Inconstitucionalidad 168/2020 y su acumulada 177/2020, disponible para consulta en https://www.dof.gob.mx/nota_detalle_popup.php?codigo=5677575

Suprema Corte de Justicia de la Nación, Registro digital: 2015295, Instancia: Primera Sala, Décima Época, Materias(s): Constitucional, Tesis: 1a./J. 82/2017 (10a.).— **DERECHO A LA EDUCACIÓN BÁSICA. SU CONTENIDO Y CARACTERÍSTICAS.**

Suprema Corte de Justicia de la Nación, Registro digital: 2015297, Instancia: Primera Sala, Décima Época, Materias(s): Constitucional, Tesis: 1a./J. 79/2017 (10a.).— **DERECHO A LA EDUCACIÓN. SU CONFIGURACIÓN MÍNIMA ES LA PREVISTA EN EL ARTÍCULO 3o. CONSTITUCIONAL.**

Suprema Corte de Justicia de la Nación, Registro digital: 2015299, Instancia: Primera Sala, Décima Época, Materias(s): Constitucional, Tesis: 1a./J. 81/2017 (10a.).— **DERECHO FUNDAMENTAL A LA EDUCACIÓN BÁSICA. TIENE UNA DIMENSIÓN SUBJETIVA COMO DERECHO INDIVIDUAL Y UNA DIMENSIÓN SOCIAL O INSTITUCIONAL, POR SU CONEXIÓN CON LA AUTONOMÍA PERSONAL Y EL FUNCIONAMIENTO DE UNA SOCIEDAD DEMOCRÁTICA.**

Suprema Corte de Justicia de la Nación, Registro digital: 2015300, Instancia: Primera Sala, Décima Época, Materias(s): Constitucional, Tesis: 1a./J. 78/2017 (10a.).— **DERECHO FUNDAMENTAL A LA EDUCACIÓN. SU REFERENTE NORMATIVO EN EL SISTEMA JURÍDICO MEXICANO.**

Suprema Corte de Justicia de la Nación. Registro digital: 2015303, Instancia: Primera Sala, Décima Época, Materias(s): Constitucional, Tesis: 1a./J. 80/2017 (10a.).— **EDUCACIÓN. ES UN DERECHO FUNDAMENTAL INDISPENSABLE PARA LA FORMACIÓN DE LA AUTONOMÍA PERSONAL Y EL FUNCIONAMIENTO DE UNA SOCIEDAD DEMOCRÁTICA, ASÍ COMO PARA LA REALIZACIÓN DE OTROS VALORES CONSTITUCIONALES.**

La educación en derechos humanos: una necesidad apremiante en el estado de Zacatecas

MARICELA DIMAS REVELES[1]

"Educad a los niños y no será necesario castigar a los hombres".
Pitágoras

SUMARIO: I. INTRODUCCIÓN. II. ¿QUÉ SE CONSIDERA COMO DERECHOS HUMANOS?. III. NARCOCULTURA, UN PROBLEMA DE DERECHOS HUMANOS. IV. LA EDUCACIÓN COMO SOLUCIÓN. V. ¿CÓMO EDUCAR EN DERECHOS HUMANOS? VI. CONCLUSIONES. VII. REFERENCIAS.

I. INTRODUCCIÓN

La actualidad demanda una serie de retos con respecto a los derechos humanos en cualquier ámbito de la sociedad, no sólo por el avance natural del tiempo que, a través de luchas sociales, ha buscado incansablemente y que, cada vez más frecuentemente, se hacen valer.

No se puede dejar de lado la facilidad de la denuncia, no sólo porque con las facilidades que brinda la tecnología la información se vuelve más y más accesible, sino también por la practicidad que ha adquirido la oportunidad de denunciar cualquier inconformidad, en especial las violaciones a los derechos humanos.

1 Doctora en Derecho por el Instituto Internacional del Derecho y el Estado. Presidenta de la Comisión de Derechos Humanos del Estado de Zacatecas (CDHEZ).

Las redes sociales se han convertido en herramientas para lograr muchos fines, cuya capacidad de comunicación de cualquier tema en cualquier parte del mundo han contribuido a que la justicia social se encuentre en un proceso de transformación y resignificación, pues basta con la cantidad de reproducciones o impresiones de material, ya sea escrito o audiovisual, y el impacto de ésta para que se genere una reacción en la sociedad y por lo menos una consecuencia al respecto.

La educación debe ser uno de los ámbitos más importantes en los que la correcta validación de los derechos humanos debe estar presente en todo momento para todos y todas. Además de que se trata de derechos humanos de niños, niñas, adolescentes y personas con discapacidad, la educación, ya sea en casa o en una escuela, significa vulnerabilidad, lo cual puede traducirse a un ambiente propicio para que se dé o no una violación a los derechos humanos de las personas.

El sentido proteccionista es solamente uno de tantos matices en los que los derechos humanos resultan fundamentales en la educación y viceversa, también se puede observar desde la perspectiva pedagógica: la importancia de enseñar la sustancia y lo fundamental de los derechos humanos, mientras que el momento pedagógico suceda respetando éstos.

¿Qué se entenderá como educación? Debido a que la educación se puede analizar y observar como un concepto bastante amplio y complejo, en este artículo se tomará la acepción de la educación formal y escolarizada, es decir, la que lleva un proceso definido y que está inmerso en un sistema establecido en las normas sociales, de ahí su importancia, pues su alcance exponencial alcanza niveles catatónicos, convenciones que perdurarán en la sociedad por años, incluso décadas y, por tanto, en el imaginario colectivo e historia de las comunidades.

Se mencionarán y considerarán artículos y autores que reiteran la importancia de educar en derechos humanos, no sólo por el reciente y moderno enfoque de dignidad de las personas que se ha implantado en la juventud, sino porque existe un programa mundial al respecto bien definido y acorde a la Agenda 2030.

La educación es, pues, dependiente de los derechos humanos y, a su vez, los derechos humanos dependen de la educación. Siendo éstos completamente imprescindibles uno del otro, es pertinente que se adentre en el tema, pues es un asunto que los organismos de derechos humanos alrededor del mundo y, desde luego, del país, deben entender y atender de manera urgente y prioritaria.

La educación puede verse como la herramienta más poderosa para el fomento y aplicación de los derechos humanos, ya que informar y brindar conocimiento sobre éstos es el primer paso para que los habitantes de un lugar hagan valer sus derechos y no violenten los de los demás. En un país como México y en un estado como Zacatecas, donde la violencia está impregnada en cada aspecto de la sociedad y en la cotidianeidad, educar en materia de derechos humanos cobra una importancia aún mayor y un carácter todavía más urgente con el fin de evitar la normalización de la violencia en ningún ciudadano, especialmente en jóvenes, adolescentes y niños.

Según el Instituto Nacional de Estadística y Geografía (INEGI), Zacatecas cerró el año de 2022 con mil 459 defunciones por homicidio, lo que se traduce a 4 asesinatos diarios, de los cuales, por lo menos 486 fueron personas menores de 24 años[2]. En cuanto a percepción de inseguridad, la institución reportó en la Encuesta Nacional de Seguridad Pública Urbana (ENSU) del cuarto trimestre de 2023, es decir, hasta diciembre de 2023 que el lugar que presentó el mayor porcentaje a nivel nacional fue Fresnillo, municipio zacatecano, con 96.4%, mientras que el municipio de Zacatecas obtuvo el quinto lugar, con 87.6% (p. 5). A partir de los datos referidos se puede observar que los zacatecanos se sienten

---

[2] Consultado en https://www.inegi.org.mx/sistemas/olap/consulta/general_ver4/MDXQueryDatos.asp?#Regreso&c=

inseguros, es decir, perciben que sus derechos humanos pueden verse violados en cualquier momento y lugar.

Los espacios de los jóvenes son las calles, los espacios públicos de recreación, o lo que se ha podido rescatar de éstos a pesar de los hechos violentos que acontecen tan frecuentemente y que han mermado el desarrollo de adolescentes e infancias, han resultado en una realidad diferente. Uno de los pocos espacios seguros que quedan para los jóvenes adultos, adolescentes, niñas y niños son las aulas, lo que debe aprovecharse para transformar la realidad de todas y todos.

II. ¿QUÉ SE CONSIDERA COMO DERECHOS HUMANOS?

Ahora bien, ¿qué se entenderá por educación en derechos humanos? Según la Organización de las Naciones Unidas para la Educación la Ciencia y la Cultura [UNESCO] (2017) "la Declaración afirma que la educación en derechos humanos proporciona a las personas conocimientos y capacidades y desarrolla sus actitudes y comportamientos para que disfruten de sus derechos y los ejerzan y respeten y defiendan los de los demás (art. 2)" (p. 16). Más específicamente:

a. Conocimientos y técnicas: aprender acerca de los derechos humanos y los mecanismos para su protección, así como adquirir la capacidad de aplicarlos en la vida cotidiana.

b. Valores, actitudes y comportamientos: promover los valores y afianzar las actitudes y comportamientos que respeten los derechos humanos.

c. Adopción de medidas: fomentar la adopción de medidas para defender y promover los derechos humanos. (UNESCO, 2017, p. 17)

Para poder contribuir a los derechos humanos en materia de educación, sobre todo si lo que se busca es una cultura de paz y una alternativa para las víctimas directas e indirectas de la violencia, es de vital importancia que se atiendan primero a los formadores o educadores que tendrán esta delicada responsabilidad en sus manos, respecto a esto la UNESCO sugiere:

> I. Unos objetivos de aprendizaje que abarquen los conocimientos, las competencias, las actitudes y las conductas en relación con los derechos humanos y la educación en derechos humanos;
> II. Los principios y las normas de derechos humanos, así como los mecanismos de protección existentes tanto en las comunidades donde trabajan los educadores como en otros lugares;
> III. La consideración de los derechos y la aportación de los educadores y los alumnos al abordar los problemas de derechos humanos en la comunidad donde viven, incluidos los problemas de seguridad;
> IV. Los principios rectores de las actividades de educación en derechos humanos enumerados en la sección I.C supra;
> V. Una metodología apropiada para la educación en derechos humanos que sea participativa y experimental, se centre en el alumno, esté orientada a la acción y tenga en cuenta los aspectos culturales;
> VI. Aptitudes sociales y estilos de liderazgo de los educadores que sean democráticos y coherentes con los principios de derechos humanos;
> VII. Información sobre los recursos pedagógicos y de aprendizaje existentes para la educación en derechos humanos, incluidas las tecnologías de la información y las comunicaciones, para fomentar la capacidad de examinarlos y elegir entre ellos, así como de desarrollar otros nuevos;
> VIII. La evaluación periódica y motivadora del alumno, tanto formal como informal. (2017, p. 25-26)

Dicho lo cual, debe encontrarse el o los problemas respecto a la educación en los derechos humanos, ya que este tema es, sin duda, bastante complejo y puede presentar distintos conflictos como se ha visto en diferentes momentos de la historia de la humanidad. Como dice Magendzo (s.f.) en el artículo "La educación en derechos humanos: diseño problematizador":

> Las situaciones vinculadas a los derechos humanos, se hacen conflictivas, porque están en juego intereses distintos. Pensemos en las tensiones que surgen entre la libertad y la igualdad, entre los inte-

> reses públicos y privados, entre el bien común y el bien individual, entre la libertad y el orden, entre la justicia y la misericordia, entre la vida y el sufrimiento, entre la libre expresión y la seguridad, entre lo deseable y lo factible (p.65).

Entonces, en un estado en el que los intereses de los grupos delictivos parecen no cambiar y se consiguen cada vez con más atropello a los derechos humanos de la sociedad civil, la educación debe pensarse y considerarse como un catalizador que, desde el origen, atacará el problema. Y en el futuro más inmediato evitará que los jóvenes consideren la delincuencia organizada como una opción de forma de vida, no sólo por el respeto a los derechos humanos inapelables de los demás, sino porque una educación con perspectiva de derechos humanos, como efecto colateral, inculca e impulsa proyectos de vida personales que, a su vez, contribuyen al desarrollo y bienestar social del entorno de quien lo planifica como consecuencia natural.

III. NARCOCULTURA, UN PROBLEMA DE DERECHOS HUMANOS

Los problemas en cuanto a educación y derechos humanos, afirma Magendzo (s f.), surgen desde lo más próximo, es decir, de la cotidianidad, en la familia, en la escuela, en las calles, en el trabajo, en la comunidad, en la cultura en la que se encuentra inmerso cualquier ser humano:

> Pensemos, para citar algunos ejemplos, en las contradicciones que se producen entre un discurso que afirma y ratifica universalmente el derecho que el niño tiene a recibir educación y la situación de millones de niños que trabajan tempranamente en labores duras e insanas que cierran el camino a la escuela. De igual forma los alumnos enfrentan contradicciones que se generan como resultado de las evidentes violaciones que se producen a la libertad de opinión y expresión en el ámbito familiar y social (p. 66).

El autor también menciona que tienen vasta incidencia los contenidos no sólo escolares, sino también en la cultura, lo que se consume en música, películas, literatura.

> Las situaciones problemáticas que derivan en contradicciones valórico-cognitivas y que pueden conflictuar a los alumnos no se ubican sólo en la realidad cotidiana y social en que viven, sino que también en los contenidos temáticos y en la cultura de la escuela. En la literatura, en el teatro, en las artes, en la historia, en la biología, en la física, en definitiva, en sectores importantes del currículum escolar es posible identificar situaciones problemáticas que comprometen a los derechos humanos (Magendzo, s. f., p. 66).

En la actualidad y en el caso específico de los zacatecanos, no se puede ignorar la incidencia e impacto que tienen las redes sociales en las y los jóvenes, pues es a través de éstas que se hallan expuestos a todo tipo de contenido, incluyendo el que hace apología de la violencia, al gráfico y explícito, entre una infinidad de fotografías, videos, páginas de internet, opiniones, grupos de chat, foros, etcétera, que vulneran los derechos de los adolescentes y los niños, debido a que su mente aún no está preparada para digerir información e imágenes delicadas, además de que su criterio aún no se forma por completo como para navegar por la web de forma consciente y segura.

Además, la narcocultura, que Baca (2017) entiende como la representación de "un estilo de vida que paulatinamente se convierte en un modelo aspiracional. La narcocultura, a través de los narcocorridos como medio de difusión, es el medio para conocer las hazañas, el poder y las riquezas de los narcotraficantes en México" (p. 59) en el artículo denominado "Aproximación a la narcocultura como referente de la construcción identitaria de jóvenes en México" está cada vez más presente en todo lo que consumen las y los mexicanos más jóvenes, lo que, desde luego, tiene una resonancia importante en la percepción de los derechos humanos en la sociedad, incluso, puede hablarse de una normalización del atropello de éstos.

Baca asegura que la participación de infantes en los actos violentos en el narcotráfico va en aumento, lo que abona a disminuir la línea que separa a la delincuencia y a las juventudes que, de hecho, debería ser cada vez más divisoria, pues delincuencia e infancia deberían permanecer como antónimos en la sociedad.

> Se ha incrementado la participación de niños para fungir como mulas, vigías e incluso sicarios, así como la participación de mujeres que desempeñan actividades delictivas: desde el transporte y distribución de mercancías ilegales, sicarios, jefes de plaza, hasta la dirección de puestos estratégicos en las organizaciones criminales (2017, p.59).

Y más grave aún, se revela una violencia estructural que termina por ser parte de la identidad de las juventudes que, dentro de su contexto y poca experiencia, es más accesible que un proyecto de vida que requiere formación académica, esfuerzo y por supuesto, los recursos necesarios.

IV. LA EDUCACIÓN COMO SOLUCIÓN

Volviendo a Magendzo, él propone dos criterios fundamentales para seleccionar un problema (para posteriormente trabajar en encontrarle una solución): el nivel de desarrollo cognitivo y moral de los educandos y sus necesidades.

> Comprendiendo que es difícil jerarquizar las necesidades básicas y entendiendo también que estas deben ser concebidas como un todo interrelacionado, se pueden, no obstante, establecer algunas prioridades entre éstas. De lo que se trata es de buscar criterios de selección de necesidades relacionadas con los derechos humanos que adquieren características apremiantes y que deben educacionalmente ser abordadas con antelación a otras (s. f., p. 66).

Ahora bien, el autor menciona que las soluciones a los problemas delimitados pueden darse de tres tipos: en la acción, en las actitudes y en el plano cognitivo.

> Las soluciones en la acción: son aquellas que conducen a que las y los alumnos intervengan directa y activamente sobre el problema, contribuyendo con soluciones concretas.
>
> Las soluciones actitudinales: en educación, producir el desarrollo de actitudes es un objetivo central. Referido a los derechos humanos, podríamos decir que desarrollar actitudes, es decir, una toma de conciencia de los derechos humanos y sus problemas –constituye en sí un tipo de solución.

> Las soluciones cognitivas: del problema son las más utilizadas por los y las docentes son aquellas en que, a través de un método de análisis y discusión, los alumnos ofrecen soluciones discursivas e intelectuales a los problemas. Se profundiza en las significaciones que las contradicciones tienen y en los caminos y alternativas que pueden emplearse para solucionar el problema. La solución es entonces netamente cognitiva (Magendzo, s. f., p. 68).

En este caso se considera que para combatir el hecho de que las juventudes zacatecanas normalicen e, incluso, aspiren a participar en la violencia propia del narcotráfico, se debe recurrir primero a las soluciones actitudinales, es decir, los alumnos y alumnas deben ser capaces de observar la problemática que los aqueja, mostrarles, para crear conciencia, que la delincuencia organizada realmente no les ofrece ni poder, ni un estilo de vida, ni dinero, ni respeto, por lo que aspirar a participar en ella no es una opción, ya que lo que ven en redes sociales o lo que consumen de la narcocultura es una falsedad. No se puede solucionar un problema que no se puede ver, por lo que resulta importantísimo que las y los jóvenes sepan la cruel realidad de un crimen tan estructurado y sólido como lo es el narcotráfico.

Después se utilizarían las soluciones cognitivas, una vez identificado el problema, ellos pueden deducir lo que es mejor para sus proyectos de vida, para su entorno, lo grave que resulta la normalización y romantización de las violaciones a los derechos humanos y, a partir de ahí, alejarles de un mundo que, creen, es aspiracional y beneficioso.

Y, finalmente, se recurriría a las soluciones en la acción, con las que se pueden crear alternativas y opciones que podrían elegir en lugar de caer en la delincuencia organizada. ¿Qué harían con sus vidas?, ¿a qué les gustaría dedicarse?, ¿cómo mejorar sus vidas?, ¿cómo ganarse la vida?, ¿cómo lograr lo que se proponen? El sólo hecho de que se lo pregunten representa un paso más adelante en la lucha contra el narcotráfico, en la protección de adolescentes y niños, y, por supuesto, en el fomento al respeto de los derechos humanos de todas las personas ya que, al crear conciencia, el alumno o alumna se convierte a sí mismo en un sujeto de derechos y, por tanto, un constructor de derechos humanos, dice Magendzo:

> Pienso que el conocimiento de los derechos humanos es constructor de sujeto, de sujeto derechos [sic]. Entonces, es un conocimiento que otorga la capacidad y el poder de actuar. Desde esta perspectiva, la educación en derechos humanos entrega conocimientos referidos a los derechos fundamentales con el fin de que las personas los apliquen para promover y defender sus derechos y el de los demás (s. f., p. 71).

Esto tiene gran relevancia, ya que la conciencia de la que se habla tiene que ver con la capacidad de decir no y así, a la vez, se comienza a crear el criterio que les permitirá valorar las situaciones de manera más realista, saber que es un derecho inherente y fijo el tener varias opciones y que una de esas sea rechazar o negarse a lo que sea, sobre todo si se trata de algo tan delicado como la violencia que implica el narcotráfico.

> Un sujeto de derecho tiene la capacidad de decir" NO" con autonomía, libertad y responsabilidad frente a situaciones que comprometen su dignidad. Tiene el poder de no aceptar demandas arbitrarias, indebidas y extralimitadas que menoscaban sus derechos. Tiene el derecho a escoger y en esa medida a decir "esto no es aceptable para mí", a manifestar con argumentos "esto me denigra y por lo tanto lo rechazo" y de esta manera reafirmar su dignidad como persona (Magendzo, s.f., p. 71).

En una sociedad como la mexicana y, específicamente, la zacatecana, lo que se necesita son juventudes con criterio en derechos humanos, precisamente por lo que se cita anteriormente, pues no sólo se trata de incentivar una sociedad más justa y equitativa, si no porque educar en materia de derechos humanos significa, primero, fortalecer la dignidad de uno mismo para después ver por la de los otros. Esto no sólo previene la integración de las y los jóvenes a la delincuencia organizada, sino que también prevé cualquier otro tipo de violencia de la que pueden ser víctimas, de ahí en insistir en la educación de derechos humanos y la importancia que conlleva.

"Pienso firmemente que es importante que los derechos humanos se presenten a los estudiantes en sus tensiones y conflictos.

Que perciban las contradicciones valóricas, de intereses y de juegos de poder que están comprometidos" (Magendzo, s. f., p. 73), es decir, la violencia que se vive día a día en Zacatecas debe hacerse consciente y partir de ahí para tomar acciones, de nada sirve ignorar el hecho de que adolescentes, niñas y niños están creciendo y formándose inmersos en un México sangriento y cruel, lo que, definitivamente, los afecta de manera directa e indirecta.

V. ¿CÓMO EDUCAR EN DERECHOS HUMANOS?

Entonces, desde el educador debe revisarse la forma en la que se abordará el tema para crear más impacto en el alumno y que realmente se dé cuenta de la problemática, para lo que Magendzo propone revisar las habilidades e intenciones comunicativas:

> Muchas veces, los problemas de incomunicación, de no-entendimiento entre éste y los estudiantes se deben a que el docente en las situaciones comunicativas intenta imponer e instalar un conocimiento o información en la conciencia de los estudiantes sin considerar la situación en que éstos se encuentran o sin respaldar su discurso con argumentos válidos y confiables (s.f., p. 73-74).

Mujica (s.f.), en su artículo "¿Qué es educar en derechos humanos?" retoma la importancia que la dignidad de las personas y las luchas por los derechos humanos han cobrado en el último siglo, así como las obligaciones, la conciencia de la libertad y la justicia, etcétera. A pesar de esto, aún suceden acontecimientos alrededor del mundo que violan gravemente los derechos humanos de las personas:

> Actos de barbarie pocas veces vistos antes: masacres a poblaciones civiles inocentes, gravísimas violaciones a los derechos fundamentales como el derecho a la vida o a la integridad física y psíquica, han sido realidades cotidianas en el mundo. Los actos de barbarie vividos han dejado secuelas físicas, psicológicas y culturales que constituyen verdaderas heridas de guerra (p. 21).

En el contexto específico de México, y de Zacatecas, actualmente la guerra contra el narcotráfico ha dejado, además de muchas heridas, consecuencias imborrables en las familias zacatecanas: desplazados, padres de familia que jamás volvieron a ver a un ser querido regresar a casa, pérdida de bienes, de trabajo, falta de oportunidades y un sinfín de más violaciones a los derechos humanos, cuyas consecuencias afectan de una u otra forma a los más vulnerables: los jóvenes, adolescentes e infancias.

"Permanentemente los latinoamericanos somos testigos de la falta de importancia que tienen las leyes y las normas para el ciudadano común, de todos los niveles y sectores sociales de nuestros países y, por lo tanto, de su permanente trasgresión" (s.f., p. 22), afirma Mujica, lo que se aúna a la creciente violencia en las calles y lo que se mencionaba anteriormente sobre la narcocultura que, indudablemente, tienen incidencia, pues de cierta manera, ésta hace apología del delito y de la violencia, normalizando el atropello no sólo de derechos humanos, sino de leyes y normas sociales que son necesarias para que la civilidad exista. Por lo que la autora propone un cambio fundamental, que se realizará a través de la educación para que "los derechos humanos sean su fundamento ético y funcionen como pautas tanto para la vida política como para la vida cotidiana, que regulen las conductas de las personas y de los ciudadanos" (Mujica, s. f., p. 22).

Ahora bien, Mujica menciona algo que tiene total sentido con lo que se trata aquí: "los seres humanos nos educamos en comunión" (s.f., p. 23), de ahí los alcances de lo que se vive y se sufre como sociedad, es decir, ¿cómo se educará en derechos humanos si la comunidad no sólo está fragmentada y vulnerada sino que empieza a creer que es lo normal y una forma de vida aceptable?

Una forma de cambiar esta lamentable perspectiva es en los salones, claro está, pero no sólo informando y transmitiendo conocimiento sobre los derechos humanos, sino, como también lo plantea Magendzo (s. f.), cambiando actitudes, Mujica lo explica así:

> Es afectar los corazones, los estilos de vida, las convicciones. Educar en derechos humanos no puede reducirse al orden intelectual, pertenece al reino de los sentimientos, de las pasiones, porque

> supone trascender la palabra y pasar a la acción. Es el desafío de ser más humanos (p. 23).

Para evitar que las y los jóvenes dejen de creer que la delincuencia organizada les ofrece una solución positiva y viable, sería pertinente utilizar el "afecto pedagógico":

> El afecto que nos lleva a buscar lo mejor en cada persona y que implica ser exigentes con el sujeto de la educación porque busca finalmente que cada uno y cada una encuentre su propia felicidad y la felicidad de los que lo rodean. En este sentido, no promueve el "dejar hacer, dejar pasar", ni el caos, ni el desorden o la indisciplina; por el contrario, promueve la construcción de normas de manera colectiva, que partan de las propias convicciones, de los propios sentimientos y que suponen la motivación necesaria —y contar con los instrumentos más eficientes— para que ellas se cumplan (Mujica, s.f., p. 26-27).

Participar en la delincuencia organizada, ¿realmente les dará dignidad como seres humanos?, ¿les ofrecerá verdadera felicidad para ellos y para los que los rodean?, ¿existirán efectos positivos para su entorno?, ¿tienen, siquiera, un futuro?, ¿cuáles son las posibilidades de que salgan vivos de un entorno tan violento? Y si sobreviven, ¿qué sigue?, ¿asesinar?, ¿huir? Educar en derechos humanos significa moverlos hasta el punto de que valoren su vida y la vean como una rica en posibilidades, hacerles ver que el mundo, de igual forma en la que puede ser mezquino y cruel, puede ser bondadoso y tiene cosas virtuosas y bellas qué ofrecer, y no sólo eso, sino que se vean a ellos mismos merecedores de esas bondades que pueden obtener del mundo y de la vida.

Así pues, mientras que Magendzo (s.f.) propone soluciones cognitivas y conductuales, Mujica (s.f.) opta por la autoestima y las emociones, ya que cree que la aprendido se logra a través de éstas, por ejemplo, lo que se enseña con desdén y coraje produce rechazo en el alumno, por lo que apela a lo afectivo con las siguientes consideraciones:

- Tome en cuenta el valor de la persona.
- Tome en cuenta lo afectivo.

- Tome en cuenta lo lúdico.
- Que busque el enriquecimiento personal.
- Que se base en la Interacción.
- Que promueva la Autoestima.
- Que estimule la valoración de los demás.
- Que promueva el respeto por el otro.
- Que permita el disfrute y la alegría.
- Que rescate el valor pedagógico del juego.
- Que nadie aprende solo, sino que todos aprendemos de todos. El interaprendizaje es la base de esta concepción metodológica.
- Que tome en cuenta a toda la persona, integrando las dimensiones "sentir-pensar-actuar", esto es: lo afectivo, intelectual y psicomotor.
- Que genere y mantenga una actitud positiva, necesaria para alcanzar las metas propuestas y no deje que las dificultades y miedos nos bloqueen, desvíen o anulen (p. 28-29).

Lo anterior resulta viable en la educación a jóvenes, adolescentes, niñas y niños en Zacatecas porque es una forma de hacerles conscientes de los efectos de la violencia del narcotráfico, a través de las emociones, ya que la información ya la tienen, el problema es su actitud frente a ésta, que es de indiferencia e insensibilidad, por lo que es necesario cambiar esas actitudes por interés y conciencia sobre el tema y que la realidad de las personas que ya están inmersos en dicha violencia es muy dura.

Una forma de aplicar la metodología que propone Mujica (s. f.) es el diálogo, pues para que exista una verdadera retroalimentación se necesita que el educador sea receptivo con lo que piensa y siente el alumno, por eso se mencionaba que no sólo se trata de sesiones informativas, debe haber interacción para que el educando se sienta escuchado, sus inquietudes y opiniones (p.30).

Si existe en el joven una inquietud por ingresar a la delincuencia organizada, si se siente atraído por las falacias de la narcocultura, es porque algo en su entorno no anda del todo bien, por lo que es necesario que se lleve a cabo este diálogo que permitirá conocer cuál es el problema y saber de qué manera ayudarlo.

Como siguiente paso, y en concordancia con Magendzo, se propone la promoción de la criticidad: "criticidad es igual a sensatez o a "sentido común" y es opuesta a la superficialidad, la obstinación, el apasionamiento y la intolerancia" (Mujica s. f., p. 30).

La participación, desde luego, también cobra una gran relevancia en la educación en derechos humanos y en cambiar la perspectiva de las juventudes, ya que si no existe retroalimentación, es decir, debe existir aportación por parte de los dos lados: de quien imparte y de quien recibe, no sólo para que el educando se sienta valorado sino también para que de verdad exista un efecto en el alumno y éste lo practique en su entorno.

Otro elemento que no debe dejarse de lado son las herramientas que se utilizarán para llevar a cabo este proceso, ya que en la actualidad los medios en los que se presenta la información serán decisivos para que los alumnos, sobre todo si son jóvenes, reciban el conocimiento y se queden con él. Por ejemplo, los videos y otros medios audiovisuales como películas o infografías son mucho más aceptadas entre los adolescentes y niños que los libros o incluso la práctica. La relevancia de las redes sociales y su uso cotidiano podrían servir como una herramienta favorable que ayuden a acercar la información con el alumno y a que éste la acepte con mayor facilidad.

VI. CONCLUSIONES

La sociedad civil zacatecana se enfrenta a un problema y una realidad irrefutable que invade cada espacio y ámbito de sus vidas: la violencia. Una que es atemorizante, sangrienta, frecuente y que, lo peor de todo, arrebata día a día a más personas, no sólo por las desapariciones y homicidios que se registran diariamente, sino porque seduce a los más jóvenes y vulnerables, y a ellos también se los lleva.

Los derechos humanos de los zacatecanos se ven violentados todos los días: no es posible salir a la calle sin miedo, por lo que trasladarse o viajar se vuelve más difícil; los precios de la canasta básica y demás productos se elevan por el cobro de piso; el uso de espacios recreativos es limitado por la inseguridad; las oportunidades laborales disminuyen debido al poco autoempleo que provoca el cobro de piso y las extorsiones, lo que vuelve todo menos accesible, dígase la salud, la educación, la calidad de vida, entre muchas ejemplificaciones más.

De ahí, y por las cifras que demuestran ser uno de los estados más violentos del país, la urgencia de intervenir de manera profunda y significativa: educar en derechos humanos y a través de estos mismos, pues resulta un gran paso hacia la cultura de la paz y, más importante, a salvar las vidas de miles de jóvenes, adolescentes y niños que están tan expuestos a caer ante la delincuencia organizada.

Los derechos humanos y la educación van de la mano, son dependientes entre sí, no puede existir una educación eficaz, funcional y humanística sin enseñar y hacer valer los derechos humanos y, a su vez, los derechos humanos no se pueden conocer ni hacer valer sin la educación.

En párrafos anteriores se mencionaba que los derechos humanos son todas aquellas libertades que construyen la dignidad de cualquier ser humano, sin embargo, las vicisitudes a las que se enfrentan las personas y el mundo caótico que existe han provocado que el concepto de dignidad se modifique, por lo menos en la percepción de aquellos adolescentes e infancias que ven el narcotráfico como algo que les ofrece dignidad a través de falso poder. Por lo tanto, esa perspectiva debe cambiarse a través de la educación de los derechos humanos, para que cobren el sentido de dignidad hacia ellos y sus propias vidas y, por consecuencia, reconozcan la dignidad del otro y de la comunidad entera.

A partir de lo mencionado en el presente artículo y en lo observado como titular de la Comisión de Derechos Humanos del Estado de Zacatecas, es posible concluir que la educación en derechos humanos aplicada en este estado no es opcional, resulta necesaria y urgente para que las futuras generaciones, que en unos años serán los profesionistas y regentes de la sociedad, velen por una realidad más justa, libre y menos violenta. Que los estudiantes que hoy se están formando para aplicar lo aprendido el día de mañana, lo hagan de manera consciente, con sentido crítico, humano y colectivo.

La violencia estructural que embona el narcotráfico es un asunto sumamente complejo que también debe ser atendido, más lo que se debe hacer de manera inmediata es evitar que más juventudes e infancias caigan en esta violencia estructural, que mancha de sangre los muros que cercan el desarrollo de una comunidad, que despoja de todo sueño y ápice de felicidad a los más vulnerables, destruye familias enteras y vidas completas.

La educación como herramienta para que haya más profesionistas y menos criminales, más personas libres y menos víctimas, más lápices, pinceles y cucharones que armas, más sueños que muertes, menos violencia y más dignidad.

VII. REFERENCIAS

Baca Zapata, G. 2017. Aproximación a la narcocultura como referente de la construcción identitaria de jóvenes en México. *El Cotidiano,* núm. 206, pp. 59-67.

INEGI. 2022. Mortalidad. *Conjunto de datos: defunciones por homicidios.* Recuperado de https://www.inegi.org.mx/sistemas/olap/consulta/general_ver4/MDXQueryDatos.asp?#Regreso&c=

INEGI. 2024. Encuesta Nacional de Seguridad Pública Urbana (ENSU). Cuarto trimestre de 2023. *Comunicado de prensa 20/24.* 18 de enero de 2024, pp. 30. Recuperado de https://www.inegi.org.mx/contenidos/saladeprensa/boletines/2024/ENSU/ENSU2024_01.pdf

Magendzo K. A. s.f. La educación en derechos humanos: diseño problematizador. *Dehuidela,* pp. 65-74.

Mujica, R. M. s. f. ¿Qué es educar en derechos humanos? *Dehuidela*, pp. 21-36.

UNESCO. 2017. *Programa Mundial para la Educación en Derechos Humanos. Tercera Etapa. Plan de Acción.* Naciones Unidas Derechos Humanos Oficina del Alto Comisionado.

Educación en y para Derechos Humanos

SOFÍA GUTIÉRREZ PÉREZ[1]

Sucede que fuimos y muchos somos todavía
"analfabetos" en derechos humanos.
Estamos mal educados para los derechos humanos.
Superar esta incultura supone partir de lo más inmediato,
de lo más íntimo, de lo más cotidiano y doméstico,
para luego remontarnos a lo más amplio, complejo y estructural.
(Pérez. p.1, 1999)

I. INTRODUCCIÓN

Las personas no nacemos conociendo de derechos humanos (DH), por eso se tienen que enseñar. Desde ahí nace la imperiosa

---

[1] Doctora en Desarrollo Social por parte de la Universidad Loyola de Chicago y Doctorado en Desarrollo Humano en la Universidad Antropológica. Licenciada en Psicología y Maestra en Estudios Filosóficos, ambos por parte de la Universidad de Guadalajara. Formación especializada en temas de derechos humanos, género, personas con discapacidad y en violencia social. Actualmente investigadora y educadora del Instituto de Derechos Humanos Francisco Tenamaxtli de la Comisión Estatal de Derechos Humanos Jalisco. Investigadora del Sistema Nacional de Investigadores de México. Docente a nivel posgrado, vocal del comité de investigación ética y presidenta del comité de metodología del Instituto de salud mental de la Secretaría de Salud Jalisco.

necesidad de que dicha enseñanza se democratizarse para llegar a todas las personas. Sólo así puede haber una apropiación de ellos y como consecuencia de dicha adjudicación se pueda facilitar la justicia social, cultura de paz, sociedades no violentas, seguridad ciudadana, Estados de derechos y una larga lista de elementos que ayudan a consolidar la dignidad humana. Debido a lo anterior, bien vale la pena hacer con toda la seriedad posible la pregunta de cómo y para qué se debe de educar en y para DH? Y más aún, pensar en una respuesta que pueda ofrecer realmente los frutos de dicha educación (Rodino, 2015).

Cuando se aborda la contestación a dicha interrogante, usualmente se piensa que se trata de enseñar a las personas sobre los sistemas de protección de DH, sus leyes, normativas, convenciones y los principios del derecho que lo sostienen. Sí bien esto es educar sobre DH, la realidad es que sólo es una parte de la educación en esta línea. La noción va mucho más allá, es elevadamente más amplia y necesariamente compleja. Los DH no pueden verse solo reducidos a un concepto jurídico que se debe de aplicar para hacer responsable al Estado de cualquier presunta violación a la dignidad de las personas o de los colectivos. Tampoco se puede minimizar las estrategias para garantizar las acciones que se deben de hacer —o dejar de hacer— por parte del Estado para garantizar el trato digno a las personas. Evidentemente es mayor que los debates sobre la ineficiencia o eficiencia de las garantías para llevar una vida plena. Incluso, definiciones tan profundas y aceptadas como la de Nikken (2020)[2] pueden ser aún más interiorizadas, complejizadas y sumar a más agentes de garantía.

2 La sociedad contemporánea reconoce que todo ser humano, por el hecho de serlo, tiene derechos frente al Estado, derechos que este, o bien tiene el deber de respetar y garantizar o bien está llamado a organizar su acción a fin de satisfacer su plena realización. Estos derechos, atributos de toda persona e inherentes a su dignidad, que el Estado está en el deber de respetar, garantizar o satisfacer son los que hoy conocemos como derechos humanos.

El enfoque desde el cual este documento propone que debe ser abordada la educación en DH es aquel que nos la presenta como un vehículo para que las personas interioricemos que somos sujetos de derechos, que tenemos derechos, que se tienen que ejercer, y a la vez, entender cómo se defienden y se protegen sus derechos y los de las demás personas. Los DH convienen ser enseñados como pautas éticas que corresponden a ser enseñadas para lograr hacer efectiva su defensa y respeto por la dignidad de las personas.

Mediante ellos, se bandera la gran aspiración general de la humanidad donde todas las personas somos respetadas, crecemos plenamente y existe la igualdad de forma sustancial. El conflicto de la disonancia cognitiva inicia cuando frente a este discurso tenemos una realidad donde no se ven reflejados ni materializados, donde estos no son respetados y donde la igualdad todavía se observa lejos en el horizonte. Entonces, es que tenemos que enseñar y mostrar a las personas a moverse hábilmente entre esas dos vertientes. Entre lo que debe de ser y lo que no es.

II. SOBRE LA EDUCACIÓN

La educación nos une como humanidad, nos da identidad como especie. Hay saberes compartidos que se enseñan en todas las partes del mundo, independientemente del país o del contexto en que viva la persona. La educación es el marcador diferencial entre nuestra especie y las otras especies de animales. Las personas no tenemos la necesidad de ir redescubriendo absolutamente todo en cada generación, sino que se van fundando aprendizajes y saberes culturales que se van pasando a las nuevas generaciones. Este mecanismo por el cual se pasa el conocimiento es la educación. Ese cúmulo de saberes antes era pasado exclusivamente por la familia y la sociedad. Ahora la educación formal —mediante su democratización— complementa ese rol.

Si bien la familia es una institución educativa por sí misma, la realidad es que dentro de ella es difícil poder llegar a escenarios no pensados o no alcanzables. Por ejemplo, una familia que no suele acudir a museos, será difícil que pueda facilitar dichas actividades a sus hijas e hijos. Y precisamente ahí es donde entra el Estado. Mediante la cobertura que brinda la escuela formal, se solidifica su potencial de poder convertirse en ese puente de unión entre los sitios que no siempre se tiene la facilidad de acceder. Une los escenarios de las personas que provienen de circunstancias menos favorecidas con aquellos espacios donde pueden acceder a museos, bibliotecas, ferias de conocimiento, exposiciones de ciencia, etcétera.

Cuando se ven los índices de escolaridad y el nivel sociocultural de hace 20 años, lo que sucede hoy es un panorama dramáticamente diferente. La inmensa mayoría del mundo ya está escolarizado. Para el 2023, a nivel global, el 86% de las niñas, niños y adolescentes se encuentran acudiendo a escuelas (Unesco, 2023). Hace 60 años no nos hubiéramos imaginado que la cobertura universal llegaría a esos niveles y a esta velocidad. La educación formal juego un rol de ascensor sociocultural global.

No obstante existe un desdibujamiento del sentido del aprendizaje. Hay personas que pueden llevar muy buenas notas pero que son incapaces de encontrarles una relación con su cotidianidad, de identificar acciones que son indignantes a su condición humana, o que reproducen prácticas culturales que perpetúan la violencia hacia algunos sectores. Por ello, la educación formal requiere ser cuestionada y quizá cambiar de modelo a uno que presente una intercomunicación y que además esté interconectado con la vida cotidiana de las personas. Debe de existir un sentido y significado en lo que aprenden, para que lo inserten en su proyecto personal, para identificarse y planearse como personas. Y esa aspiración necesariamente debe de ser —o al menos de ir acompañada— por la educación en, por y para DH.

Actualmente, las personas como integrantes y partes de la sociedad tenemos desafíos de todos los tipos, desde el cambio climático, la sustentabilidad, la disparidad en género, la diversidad sexual, migración, una economía retadora. Como colectivo humano debemos de ser más conscientes y establecer conductas y prácticas sociales que sean congruentes y que den respuesta a lo que se está demandado de la humanidad y del planeta.

La educación debe poner siempre al humano al centro de todos los desafíos, al igual que los derechos humanos lo hacen. El ayudar a aprender a alguien es ajustar las herramientas necesarias para el contexto en el que se encuentra, para su realidad política, su realidad social, su realidad ecológica y su realidad individual. El desarrollo de esas habilidades facilitará los procesos de transformación individual y colectiva que demandan hacerse ante situación de injusticia social, desastres medioambientales, delitos de lesa humanidad, etcétera.

Así pues, la educación en y para DH propone un camino más claro para que las personas seamos cada vez más autónomas e independientes, y que desde ahí podamos alcanzar realmente los objetivos que deseamos. Lo importante del aprendizaje no es únicamente el contenido curricular del que nos apropiamos como personas, sino lo que paralelamente se aprende de uno mismo y de quienes nos rodean, mientras se aprende el contenido de la materia.

La educación nunca ha sido solo de la escuela. Hubo tiempos donde las escuelas no existían y la educación seguía existiendo. La educación es básica para la humanidad. El papel que juega la genética para la evolución en el plano biológico, ese papel lo juega la educación en la evolución social. Mediante la educación es como vamos creciendo. La educación formal debe asegurar que el aprendizaje siga sucediendo cuando salgan las personas del sistema educativo. Entonces habría que separar de manera definitiva la escolaridad de la educación.

III. AGENTES EDUCADORES

La palabra educación parece también que siempre va ligada a la palabra profesorado. No obstante, este enlace debe de ser brutalmente separado en cuanto a la educación en, de y para DH. Dicho proceso, sin lugar a dudas, involucra a más personas y agentes.

Educar en DH enriquece la doctrina y la enseñanza de los derechos en general y de la cultura cívica. La enriquece porque supone entender los DH no solamente como normas jurídicas, sino que también son pautas que regulan la convivencia social. Evidentemente, trabajar con convivencia complejiza el ámbito de estudio. Porque la consecuencia es que nos vamos a encontrar conflictos entre derechos, tradiciones, culturas y prácticas que con dificultan su ejercicio. Pero esa es la realidad, y desde la educación se tendrá que enfrentar el reto para transformar la vida cotidiana. Como bien menciona Eleonor Roosevelt:

> ¿Dónde empiezan los derechos humanos universales? En pequeños lugares, cerca de casa; en lugares tan próximos y tan pequeños que no aparecen en ningún mapa. [...] Si esos derechos no significan nada en estos lugares, tampoco significan nada en ninguna otra parte. Sin una acción ciudadana coordinada para defenderlos en nuestro entorno, nuestra voluntad de progreso en el resto del mundo será en vano (Braz, p. 1, 2021).

Hay quienes afirman que debe de ser el Estado quien debe cumplir con la garantía del goce de los derechos humanos, porque básicamente, es su responsabilidad. No obstante, me resulta que tanto el Estado, como la sociedad y la familia cubren diferentes áreas de la educación en y para DH. Todas estas formas de educación están eslabonadas entre ellas, son interdependientes e interconectadas.

Definitivamente el Estado es por excelencia el agente que debe de estar tras el currículo de la educación formal. Desde ahí se requiere enseñar democráticamente sobre la responsabilidad del Estado ante la sociedad. Dicha aportación debe de ser en forma de materia y a la vez de manera transversal desde nivel básico hasta la universidad (Rodino, 2003).

La sociedad civil por su parte tiene el gran rol de cubrir con aquellos colectivos que no están en ese momento acudiendo a alguna escuela, o nunca han estado en la educación sistemática. Aquellas personas que ya finiquitaron su educación formal, o que desconocen de sus derechos como resultado de las carencias educativas del Estado, quedan expuestas a la ignorancia eterna. Por ello, es que la sociedad civil o las organizaciones civiles deben de entrar para cubrir, subsanar o reforzar los conocimientos que faciliten su empoderamiento.

Las familias por su parte deben de generar personas con libertad de pensamiento y con los valores compatibles con los DH —inclusión, diversidad, respeto, tolerancia, etc.—. Es mediante la congruencia entre el conocimiento y ejercicio de los valores que se puede llegar a sociedades pacíficas y no violentas. Los esquemas éticos arrancan desde edades tempranas, tan tempranas que prácticamente la familia directa es quien tiene injerencia plena y única en el nuevo ser humano.

IV. LA EDUCACIÓN FORMAL EN MÉXICO

Con el artículo 3 de la Constitución Política de los Estados Unidos Mexicanos en 1917 y la creación del Sistema educativo nacional, desde 1921 la educación ha generado un bloque sólido para poder responder a las personas que buscan ejercer su derecho y obligación a la educación. Esto es una demanda creciente y bajo una exigencia constante de mejorar en sus resultados, cobertura y calidad.

A lo largo del periodo que corresponde de 1917 hasta la primera mitad del siglo XXI la educación ha enfrentado la necesidad de hacer reformas específicas que se han concentrado en la transformación de las prácticas escolares en el nivel preescolar, primaria, secundaria y preparatoria. Su finalidad es que las personas que acudan a las aulas encuentren los elementos para que se desarrollen integralmente y aprendan lo que es relevante para su bienestar.

La Nueva Escuela Mexicana (NEM) es la responsable de brindar el enfoque de empoderamiento desde DH a quienes ejercen derecho a la educación. Tiene como centro de su formación a la persona y tiene como objetivo la formación con excelencia a lo largo de toda su procesión escolar. Para la NEM la dignidad humana es un principio básico y que por sí mismo justifica el ejercicio efectivo de sus DH y de la justicia social.

Esto significa que las relaciones que se generan al interior de la escuela como con otras personas, hacia la naturaleza, hacia su vecindario, hacia el país, parten del enfoque con el que se imparte la educación para DH. El conocimiento y los saberes se aprenden desde lo que le resulta relevante a la propia persona, partiendo de un aprendizaje significativo. Aunque se debe de tener presente que muchas veces es más importante lo que se desaprende en las escuelas que lo que se aprende.

A estas alturas del país, ya no es una novedad el pararse a vociferar la intrínseca relación que debe haber entre la educación y los derechos humanos. Incluso esta necesidad ha sido positivizada y formalizada en la Ley General de Educación y en todas sus leyes homólogas en todos los estados que integran México. En el plano regional e internacional, también se encuentra perfectamente reconocida la importancia y la formalización de que estos dos temas deben de ir unidos.

Ha sido sobre señalada la necesidad de que la educación en México sea impartida desde una perspectiva de derechos humanos. Es claro que se requiere una perspectiva transversal y no tan sólo el contenido de una materia que aborde los DH. Dicha perspectiva debe de recorrer de manera transversal todos los holones del desarrollo en la comunidad estudiantil. El enfoque debe de verse reflejado en los patios escolares, en las filas para entrar y salir de los salones de clase, en los entornos accesibles para todas las personas —sobre todo para las que tienen discapacidad—, en la relación de docentes y estudiantes y en un largo etcétera.

V. LA EDUCACIÓN COMO UN PROCESO EMANCIPADOR

La educación en DH es clave en los procesos emancipadores. Se yergue bajo la pedagogía crítica, la pedagogía de la liberación, la educación popular —sobre todo en América Latina—. Se asocia con las corrientes transformadoras porque busca transformar la sociedad para hacerla más justa, abierta, solidaria e inclusiva (Rodino, 2009).

Cada persona tiene que hacerse responsable de cumplir con el conocimiento de sus derechos y defenderlos, y que a la vez defienda los de las otras personas —al menos las que tiene alrededor—. Las personas somos agentes de cambio, tanto en la esfera individual y a la vez en la social. Esta mirada debe de prevalecer en vez de solo voltear a ver al Estado como responsable de la garantía, promoción, respeto y protección de DH, que si bien tiene un papel fundamental, no puede ser reducido a sólo eso.

Hay que trabajar la educación en las personas como sujetos de cambios. Principalmente cuando lo que se busca promover es cambio de conductas, de acciones por parte de las personas para que sean respetuosas de los derechos humanos.

La justicia social vista desde la distancia, desde la "otredad" no nos enseña de solidaridad, justicia, y cooperación. Esa se debe enseñar y adoptarla deliberadamente desde las entrañas propias, desde los procesos psíquicos más internos y primitivos. Las pautas sociales actuales se deben de enseñar con la claridad de qué es lo correcto para el bienestar y lo dignificante en todas las personas.

El reclamo de justicia social arranca cuando las personas aprender a pensar críticamente con enfoque de derechos humanos, de infancia, de discapacidad y de género; Cuando las personas desarrollan efectivamente investigaciones de injusticias sociales y documenta claramente los hechos; A procesar información de manera autónoma; A juzgar críticamente la información de las fuentes de comunicación (porque el hecho de que estén disponibles no garantiza la certeza de la información que se transmite). Finalmente también hay que enseñar a defender. Las capacidades hay que enseñarlas, practicarlas, ejercerlas constantemente, evaluarlas y seguirlas desarrollando. El actuar conforme a DH definitivamente va más allá que las buenas intenciones de hacerlo (Rodino, 2014).

El desafío es reconocer que los derechos humanos no solo los violan los gobiernos dictatoriales, estas atrocidades también pueden suceder y suceden en Estados democráticos. Por ello se debe de estar siempre alerta. La amenaza de que los Estados quieran suspender, restringir, reducir o quitar los derechos ya positivizados es un riesgo latente. Por ejemplo, en México la enorme cantidad de prejuicios que hay sobre las personas LGBTIQ+ abren brecha a la discriminación —que es la antesala de las violaciones de derechos y una violación a DH por sí misma—. Porque la persona estereotipada y discriminada se considera desde un inconsciente colectivo que tiene menos derechos que las otras. Estos estigmas los tienen tanto las personas en general como aquellas que trabajan para el Estado. Dicha dinámica hace una cadena donde es mucho más sencillo que los derechos de las personas LGBTIQ+ sean minimizados en cualquier escenario. Además, de que si una persona con prejuicios y homofobia ve que se están vulnerando los derechos de una persona de la diversidad sexual, va a ser incapaz de accionar algo para defender a la víctima. Incluso quizá hasta sea difícil que lo reconozca como víctima. Por lo anterior es que se debe de educar para que exista una comprensión de la diversidad sexual, la diversidad social, el respeto, tolerancia e incluso sobre las aportaciones que estas personas han realizado a la sociedad actual y las previas.

La ignorancia que a veces tienen algunos colectivos sociales, acompañado del oportunismo del Estado fomenta la discriminación y la violencia. Continuando con el ejemplo, la discriminación hace que no existan datos claros sobre la cantidad de personas LGBTIQ+ que requieren y se les ha negado el uso de servicios médicos o educativos, o cuantos están siendo explotados por tema de trata de personas. Siendo así, al impartir de educación en DH y personas LGBTIQ+ lo recomendable es acercar a las personas al tema desbancando estereotipos, como que es antinatural, que son personas inestables emocionalmente, con conductas sexuales riesgosas o incluso que son personas que suelen abusar de niñas y niños.

Lo anterior debe de ser acompañado de estrategias pedagógicas para enseñar a las personas LGBTIQ+ cuáles son sus derechos, qué instituciones los pueden defender, cómo usar esas instituciones. También hay que enseñar a las sociedades receptoras sobre las leyes que los protegen, la atención prioritaria que requieren, y evidenciar el papel tan importante que brindan para la sociedad y las familias.

Sobra decir que ante todo se debe de dejar de hablar de que defender derechos humanos, es defender a delincuentes. Resulta fundamental construir una pedagogía que permita acercarse a las poblaciones que mantienen estas ideologías. En la medida de las posibilidades es importante evitar rotularlas como xenofobiacas, misoginias, discriminadoras porque lo que hay detrás es muchas veces, inconscientes colectivos, arquetipos, efectos del mercado, ideas de los medios de comunicación y falta de educación. Hay que brindar siempre la información certera, científica y basada en evidencia sobre los fenómenos sociales.

VI. RETOS DESDE LA DOCENCIA

Muchas de las deficiencias en los DH se deben a la falta de la lucidez y audacia para romper nuestras propias limitaciones como docentes en enseñar sobre derechos humanos. Si bien se deben de conocer de conceptos, de historia, los desafíos, de filosofía, las amenazas actuales, la normatividad, los principios, las instituciones (porque las normas no se materializan si no hay instituciones que garanticen su cumplimiento), también debe de haber un aprendizaje ético. La dificultad principal es que es compleja la puesta en práctica del aprendizaje teórico de valores, además de que es inocuo si no se aterriza en acciones cotidianas.

Los valores no se enseñan dictando una clase, ni se aprenden con solo decirlos o repetirlos. Para lograrlo, se requiere partir de un trabajo de convencimiento interior, con propia recepción y comprensión para poder entender todo lo que vale y significa los valores de dignidad, democracia, libertad, justicia. Debe de existir en aquella persona que desea aprender de DH un compromiso activo con la defensa de los colectivos que requieren atención diferenciada y prioritaria, como lo son las infancias, las mujeres, personas con discapacidad, familiares de personas desaparecidas, etcétera.

De forma muy concreta y abreviada presento a continuación aquellas habilidades que considero fundamentales de desarrollar para, en y sobre la educación de derechos humanos. Además dichas habilidades no son autónomas, son interdependientes y se complementan. Dicho sea de paso, estas herramientas son vitales para diferentes áreas de la vida de una persona.

- Enseñar a comunicar y argumentar. Suena fácil enseñar a expresarse de forma oral y escrita, pero de fácil no tiene nada. El tener la habilidad para trasmitir ideas de forma clara y estructurada es una herramienta clave para la defensa de los DH. Sólo con herramientas afinadas para poder dialogar y argumentar con las demás es que podemos proteger los DH (Rodino, 1985).
- Fomentar la participación y el trabajo colaborativo. Esto solo se enseña y aprende haciéndolo. Esta destreza se requiere enfatizar desde los niveles básicos de la educación.
- Mediar, resolver y gestionar los conflictos. Enseñar a cómo negociar desde el conflicto sin caer en el recurso de la imposición o el ejercicio de la violencia.
- Ejercitar el derecho de respuesta, el de petición y el cabildeo. Manejar estrategias de incidencia política efectiva. Nada de esto nace como talento personal. Hay estrategias probadas que se requieren socializar para lograr una eficaz defensa y justicia social.

La educación en derechos humanos va más allá del aprendizaje cognitivo, incluye el desarrollo socioemocional y ético. Además del desarrollo de sus capacidades de acción, capacidades para actuar a favor de la defensa de los derechos humanos de las personas. Ayudar a otras personas a aprender es de las cosas más hermosas que un ser humano puede hacer.

Si somos capaces de ir articulando estas dimensiones como profesores podemos enseñar de DH. Sólo así es cómo podemos lograr transformaciones profundas en las personas y en las sociedades.

VII. EDUCACIÓN EN DERECHOS HUMANOS DESDE EL ÁMBITO PERSONAL

Si bien la educación en derechos humanos sirve para incidir en las prácticas de políticas públicas, también es clave en el ámbito personal del ser humano. La educación en DH debe de trastocar la vida de pareja, la forma en la que se relaciona con hijas e hijos, con el respeto y cuidado de la naturaleza, la manera en que realiza sus compras, los espacios donde pasa su tiempo de descanso, etcétera.

Resulta clave el ayudar a que se aprenda aquello que las personas requieren para que puedan desarrollarse plenamente —y eso normalmente no lo marca el contenido curricular—, por ello siempre se debe de escuchar también cuáles son los intereses personales de aquellas personas que están abiertas a aprender de DH.

Las personas deben de participar activamente en aquello en lo que quieren formarse y quienes facilitan el proceso deben de ir acompañando y ajustando las ayudas para que se siga aprendiendo por el resto de la vida. Quien enseña tiene que ir conduciendo este proceso desde la capacidad de soltar a la persona en las áreas donde su pensar, desear y soñar sean diferentes al de él o ella misma. Es decir, cuando no se comulguen con proyectos de vida, prácticas morales para que sean cada vez más autónomos, hasta que la autonomía sea total.

Los DH deben de erguirse desde las esferas axiológicas profundamente individuales, que sean capaces de cuestionar los ejercicios de poder, las desigualdades y la barbarie. El aprender de DH debe de llevar a construir los principios sobre los cuales el mundo debe de ser visto. De tal manera que como existen los lentes de género, también deben de existir los lentes de derechos DH.

Por ello es que la educación debe de ser en y para los DH. El uso de las dos proposiciones indica a verla tanto como una filosofía, una concepción del mundo basada en los derechos inherentes a ser personas. El educar para nos señala la puesta en práctica de sus principios y valores. Para finalmente poder crear una cultura de DH que sea capaz de restaurar el tejido social.

VIII. LAS TRES METAS DE LA EDUCACIÓN EN DERECHOS HUMANOS

La educación en DH contiene la aspiración amplia de incidir en las políticas y las prácticas individuales y colectivas. Para ello se plantea básicamente tres fines: los éticos, los críticos y los políticos. Los cuales expongo a continuación:

- Los fines éticos tendrán que ver con los valores y principios que están en la base del reconocimiento de derechos como fundamentos que parten de la dignidad humana. Valores que se encuentran expresados en todos los documentos de DH, como son la vida, la igualdad, la justicia, la participación, la seguridad humana, la solidaridad, la equidad y la inclusión.

- Los fines críticos buscarán formar personas para incidir en los espacios de la realidad en que se maneja habitualmente cada persona, partiendo de los parámetros, valóricos y normativos de los DH. Al juzgar como sujeto esa realidad —tanto en los espacios macro—, también juzgo mi participación en ella para que siempre sea bajo el enfoque y con las normativas en DH.

- La dimensión política permite hacer algo con ese pensamiento crítico. Nos lleva a formar para concebir los cambios que son necesarios para transformar todas aquellas situaciones de la realidad que impiden y obstaculizan el ejercicio de los DH. Obstáculos tanto en el ámbito individual como en lo social. Tendrá que ver con fines tan amplios como la transformación de conductas de las personas en las sociedades, como de las sociedades en ellas mismas.

Dichas dimensiones requieren una metodología robusta y multidimensional. Por eso la propuesta de trabajo se direcciona en las siguientes tres líneas de contenidos:

- Conocimientos: hay que conocer datos sobre los DH y constructos teóricos que están íntimamente relacionados con ellos, como los del Estado de derecho.
- Axiología: el cual se centra en ver con los valores y actitudes que fundamentan los DH a partir de la dignidad de todas las personas.
- Habilidades y destrezas para la acción: Desarrollar las posibilidades personales para trabajar en la defensa y la práctica de los DH. Por ejemplo, habilidades para mediar, para comunicarnos, para relacionarnos en función a los derechos humanos, para cooperar.

Estas destrezas que deben de desarrollarse de manera explícita son sumamente importantes para que no nos quedemos en el espacio educativo que sea puramente abstracto, teórico, o alejado de nuestra vida cotidiana.

IX. CONCLUSIONES

Abordar la educación desde los derechos humanos es una estrategia para lograr la democracia entre todas las personas e incluso todas las sociedades. Mediante la apropiación de dicho conocimiento se potencia la capacidad de una defensa efectiva de sus derechos —y también los derechos de las personas que lo rodean. El conocimiento de los DH de ninguna manera debe ser propio de las altas esferas políticas, de la academia, o de intelectuales, sino de todas las personas que confirman un Estado.

La educación en DH definitivamente no es meramente dar a conocer información, es formar a personas libre pensadoras y que estas, puedan defender su libertad. Además, los DH fungen como mediadores y transformadores en la sociedad. Si no sucede eso, no se puede hablar de educación en, de y para DH.

La educación es el puente que sí o sí se requiere transitar para que los derechos que están escritos en todos los sistemas de protección de DH se puedan aplicar en la vida cotidiana de las personas. Y esto es por varias razones fundamentales. La primera es que ninguna norma pueda ser aplicada si no es antes difundida, conocida y entendida por aquellas personas que la aplicaran. La segunda, es que un aprendizaje erróneo o insuficiente de la norma, necesariamente se reflejará en la ineficiencia de su garantía. La tercera, es que los agentes sociales deben de educarse en dichas normativas para poder exigirlas o vigilar su cumplimiento. De otra forma, sólo quedan escritas en un papel muerto.

Educar en DH es desarrollar un saber, un querer y un poder para ejercer y defender los derechos propios y de los demás, es una condición de la ciudadanía. Es el saber, querer y poder defender los derechos humanos.

X. REFERENCIAS

Braz, D. C. (2021). 10 de diciembre: día internacional de los derechos humanos. *Revista de Nutrición Clínica y Metabolismo, 4*(4).

Nikken, P. (2020), El Concepto de Derechos Humanos Instituto Interamericano de Derechos Humanos, Pág. 1–6.

Pérez, L. (1999). Los valores democráticos de la educación y la transformación social. Instituto Interamericano de Derechos Humanos. San José, Costa Rica

Rodino, A. M. (2003). *Educación para la vida en democracia: Contenidos y orientaciones metodológicas.* IIDH. Recuperado de: http://dhnet.org.br/educar/mundo/a_pdf/rodino_educacion_vida_democracia_metodologia.pdf

Rodino, A. M. (2009). Ideas-fuerza que impulsaron el desarrollo de la educación en derechos humanos en América Latina durante las tres últimas décadas: Una lectura regional. *Pensamiento e ideas fuerza de la educación en derechos humanos en Iberoamérica. Chile: Editorial SM.* Recuperado de: https://www.academia.edu/download/64361464/Rodino%20Ideas%20fuerza%20EDH%20region.pdf

Rodino, A. M. (2014). Pensar la educación en derechos humanos como política pública. Recuperado de: https://ridaa.unq.edu.ar/handle/20.500.11807/1594

Rodino, A. M. (2015). La educación con enfoque de derechos humanos como práctica constructora de inclusión social. Recuperado de: http://bibliotecadigital.mineduc.cl/handle/20.500.12365/18058 (Rodino, 2015)

Rodino, A. M., & Ross, L. R. (1985). *Problemas de expresión escrita del estudiante universitario costarricense: un estudio de lingüística aplicada.* Euned. Recuperado de: https://books.google.es/books?hl=es&lr=&id=5iYtZPG7fgC&oi=fnd&pg=PA157&dq=Ana+Maria+Rodino&ots=8NFJxqlOe-&sig=4IqMYE7iqKNvDc_hLABcJdq0Kk0

UNESCO (2023). https://www.unesco.org/es/articles/250-millones-de-ninos-sin-escolarizar-lo-que-debemos-saber-acerca-de-los-datos-recientes-de-la#:~:text=En%20todo%20el%20mundo%2C%20el,del%20mundo%20permanece%20sin%20escolarizar.

Fortalecimiento del Comercio Minorista Tradicional Alimentario desde la Educación en Derechos Humanos

Margarita Cantero Ramírez[1]
José Luis Saldaña Contreras[2]

SUMARIO: I. INTRODUCCIÓN. II. AVANCES DE LA EDUCACIÓN EN DERECHOS HUMANOS. III. DEL TRABAJO ASALARIADO AL TRABAJO INDEPENDIENTE EN EL COMERCIO MINORISTA TRADICIONAL ALIMENTARIO. IV. EDUCACIÓN EN DERECHOS HUMANOS LABORALES DE TENDEROS DEL COMERCIO MINORISTA TRADICIONAL ALIMENTARIO. V. CONCLUSIONES. VI. REFERENCIAS.

I. INTRODUCCIÓN

En la actualidad el desarrollo y estudio de los derechos humanos (DDHH) se ha consolidado y ampliado a fin de reconocer estos derechos generales del ser humano y particulares a partir de las características innatas de la persona, tales como su condición indígena, cuestiones de discapacidades, género, ocupación, nivel socioeconómico, entre otros; por medio de lo cual se busca

1 Doctora en Ciencias Sociales. Profesora en el Departamento de Ciencias Sociales del Centro Universitario del Sur de la Universidad de Guadalajara. Correo electrónico: margarita.cantero@cusur.udg.mx http://orcid.org/0000-0001-8515-7864

2 Doctor en Ciencias Sociales. Profesor en la Universidad Don Vasco y en la Universidad Vizcaya de las Américas. Correo electrónico: saldanajo23@gmail.com https://orcid.org/0009-0002-0630-5836

generar condiciones de equidad, respeto, libertad y justicia en las relaciones sociales[3,4].

Lo anterior, se ha logrado a través de esfuerzos de varios años y con la participación de diferentes actores, que van desde lo internacional hasta lo local y que se han manifestado para exigir mejores condiciones en los diversos ámbitos de la vida. En efecto, los DDHH son una construcción del ser humano, mediante procesos socioculturales e históricos que resultan dinámicos y que continúan en construcción a fin de responder al desarrollo de las distintas sociedades[5],[6].

Por estos motivos, resulta pertinente trabajar en procesos de Educación en Derechos Humanos (EDDHH) que contribuyan a garantizar una vida digna de las personas como sujetos de derecho, sin importar su situación jurídica, nivel socioeconómico, ocupación ni cualquier otra característica personal, para fomentar una cultura en derechos humanos con prácticas colaborativas, responsables, autónomas, justas y críticas guiadas por valores y ética para la convivencia cotidiana[7].

Al tener esto un impacto en el proyecto de vida a nivel social y personal, resulta pertinente centrarse, en este documento, en el fortalecimiento de los derechos humanos laborales de personas que trabajan en el sector económico del comercio minorista tradicional. Se trata de transacciones de compra-venta a granel o en pequeñas cantidades, el sistema de venta es cara a cara, la princi-

---

3 Rodino, A. M. "Educación en derechos humanos. Un derecho multiplicador de derechos" En M. R: Badano, V. Cruz y G. Godoy (Eds.), *Desigualdades, derechos y educación superior* (pp. 23-32). Editorial de la Universidad Nacional de la Plata. Colombia. 2024.

4 Romero Medina, A. "Educación en derechos humanos como derecho fundamental" *Revista Interdisciplinar de Dereitos Humanos, 10*(2), 2022, 55-83.

5 Siede, I. A. "Desafíos actuales de la educación en derechos humanos" *Revista do Departamento de Educação Da Unifesp, 8*(2), 2020, 31-45.

6 Rodino, A. M. Idem.

7 Romero Medina, A. Idem.

pal forma de pago es el efectivo, se tiene poco uso de tecnología en sus actividades cotidianas, suelen ser de propiedad familiar y ser clasificados como micro y pequeñas empresas[8],[9].

Esto se logra desde la perspectiva de la sociología del trabajo, desde donde se identifica a la EDDHH como un elemento promotor de los mercados de trabajo locales, ya que en ellos confluyen diferentes conocimientos y experiencias que contribuyen al aprendizaje para el desarrollo de la actividad laboral. Estos actores tienen dinámicas y prácticas que les han permitido mantenerse en los mercados pese a no poder estar a la altura de las exigencias de la lógica capitalista de creación y acumulación de riqueza, al considerar aspectos socioculturales propios de sus trayectorias que les han permitido desarrollar su capacidad crítica que se abona en su toma de decisiones[10].

Derivado de ello, se planteó como objetivo contribuir al fortalecimiento del comercio minorista tradicional alimentario desde la Educación en Derechos Humanos, para lo cual se realizó un estudio cualitativo basado en el método documental que permitió realizar una exhaustiva revisión de literatura especializada[11]. Se consultaron las bases de datos de google académico y Jstor usando los descriptores: comercio minorista tradicional, sociología

---

8 Varios. "Atributos diferenciadores entre el comercio minorista tradicional y moderno" *Innovar, 32*(83), 2022, 75-86.

9 Cantero Ramírez, M. "La estrategia familiar de tienda de abarrotes en colonias populares de Guadalajara, Jalisco" (Tesis de Doctorado). 2023. Universidad de Guadalajara.

10 Belmont Cortés, E. y Rosas Raya, T. "Hacia una re-carcterización del concepto de trabajo desde una antropología latinoamericana por demanda" En H. M. Palermo y M. L. Capogrossi (Eds.), *Tratado latinoamericano de antropología del trabajo,* (pp. 161-196). Consejo Latinoamericano de Ciencias Sociales. Argentina. 2020.

11 Flores, G. "Metodología para la investigación cualitativa fenomenológica y/o hermenéutica" *Revista Latinoamericana de Psicoterapia Existencial, 17,* 2018, 17-23.

del trabajo, educación en derechos humanos y fortalecimiento comercial.

La selección de los documentos se realizó al considerar como criterios de inclusión el haber sido publicados entre 2014 y 2024, además de que en el título y/o resumen se pudiera identificar de manera explícita alguno de los descriptores señalados. Cabe señalar que también se incluyeron documentos de autores clásicos en el tema en cuestión. Los documentos seleccionados fueron analizados por medio de la revisión de literatura narrativa[12] con una matriz de textos académicos que permitió indagar en las categorías de interés.

A partir de ello, se generaron los resultados que se presentan en este documento. Se inicia con una breve aproximación respecto de los avances de la Educación en Derechos Humanos donde se retoman instrumentos jurídicos a nivel internacional que fundamentan iniciativas y procesos de EDDHH, resaltando el programa mundial de la Organización de las Naciones Unidas para la Cultura, las Ciencia y la Educación (UNESCO).

Posteriormente, se analiza el concepto de trabajo, con relación a los cambios en la manera en que se ha entendido desde la Sociología, en un contexto mundial, pero particularmente desde América Latina; todo esto abona a la comprensión del trabajo independiente realizado en el comercio minorista tradicional alimentario. Después, se realiza una reflexión donde se integran elementos de los apartados previos para dar cuenta de la pertinencia de la EDDHH en este mercado de trabajo para finalizar con algunas conclusiones al respecto.

---

12 Varios "¿Cuántos tipos de revisiones de literatura existen? Enumeración, descripción y clasificación. Revisión cualitativa" *International Journal of Morphology, 17*(4), 2023, 1240-1253.

II. AVANCES DE LA EDUCACIÓN EN DERECHOS HUMANOS

Ante los retos que plantea el modelo de desarrollo económico y social del siglo XXI, es pertinente reflexionar sobre la EDDHH a fin de fortalecer los procesos cotidianos que se presentan en las distintas sociedades. En muchas de las relaciones sociales actuales, se manifiestan ciertas desigualdades, discriminaciones, racismo, conflictos y expresiones de violencia entre otros fenómenos que afectan el bienestar social general[13].

En este sentido, Naciones Unidas en la Declaración Universal de los Derechos Humanos planteó la necesidad de educar para y en DDHH, con la finalidad de prevenir los crímenes de lesa humanidad. Esto en el marco de evitar que se repitieran las conductas que llevaron o surgieron de las guerras mundiales, por lo que se buscó promover valores, así como garantizar y promover los DDHH para salvaguardar la dignidad de las personas. Posteriormente, la década de 1990 fue reconocida por dicho organismo internacional como la década para la EDDHH[14].

A partir de estas iniciativas, en 2003 la UNESCO planteó como estrategia para promover la EDDHH, al introducir en sus programas la perspectiva de DDHH, donde se ven reflejadas alianzas interinstitucionales que contribuyan al diseño, implementación y evaluación de dichos programas de educación, lo cual ya se estaba reflejando en una serie de instrumentos internacionales que buscaron contribuir a dicho fin (ver Tabla 1).

---

13 Rodríguez Acosta, V. "Educación para los derechos humanos. Un estudio necesario" *Estudios del Desarrollo Social: Cuba y América latina, 9*(2), 2018, 160-177.

14 Naciones Unidas. "Declaración Universal de los Derechos Humanos" 1948.

Tabla 1. Instrumentos internacionales sobre educación en derechos humanos

Instrumento	Año	Descripción
Declaración y programa de acción de Viena	1993	Postula la pertinencia de que los Estados generen estrategias para educar en derechos humanos, paz, justicia social, desarrollo y democracia.
Declaración de la 44 reunión de la conferencia internacional de educación	1994	Estipula que la educación debe brindarse a todas las personas sin importar su edad, sobre todo se debe garantizar la educación básica.
Plan de acción integrado sobre la educación para la paz, los derechos humanos y la democracia en la conferencia general de la UNESCO	1995	Promueve comportamientos, valores y actitudes para mejorar la vida en sociedad a partir de los ejes de interés que son la educación para la paz, los derechos humanos y la democracia.
Declaración sobre el derecho y el deber de promover y proteger los derechos humanos.	1998	Señala como parte de las responsabilidades de los Estados el facilitar y promover la enseñanza en derechos humanos así como de las libertades fundamentales.
Programa mundial para la educación en derechos humanos	2004	Busca fomentar la educación en materia de derechos humanos en todos los ámbitos.
Plan latinoamericano para la promoción de la educación en derechos humanos	2011	Estipula actividades de información, capacitación y difusión para la cultura universal en derecho humanos.

Nota: Elaboración propia a partir del análisis documental.

Un punto en común entre los instrumentos presentados, es el considerar que por medio de políticas educativas se puede lograr la EDDHH desde la tolerancia, la solidaridad y la construcción de una cultura de paz donde predomine la justicia, inclusión, integridad y la libertad de las personas. También se plantea un marco de legalidad que promueva relaciones armoniosas, la prevención y solución de problemas locales y particulares de los grupos sociales interculturales que al mismo tiempo sean replicadores de estos saberes con las nuevas generaciones[15,16].

Así entonces, la educación para la paz es el eje transversal que articula las propuestas de EDDHH, desde donde se puede trabajar en redefinir sistemas, ideologías, representaciones sociales, así como conceptos y conductas que contribuyan a la transformación social. A través de este texto, se busca transmitir a las personas aquellas competencias que son producto de una enseñanza práctica en el respeto de DDHH basada en el reconocimiento de principios tales como humanidad, dignidad, democracia, no discriminación y un vínculo teórico-práctico que se refleje en la vida cotidiana y no solo en saberes o conocimiento académico[17],[18].

Derivado de lo anterior, se debe reconocer que la EDDHH es un proceso para formar a las personas en la convivencia pacífica, desde el reconocimiento y respeto de las diferencias con los otros. Para ello, se impulsa el desarrollo de capacidades físicas, intelectuales y morales en beneficio de la sociedad, para abonar al mejoramiento del desarrollo humano. Todo esto puede darse de forma convencional, planeada por medio de instituciones de educación formales o bien puede resultar no convencional al darse en entornos no institucionales como el ámbito familiar, círculos de amigos, asociaciones civiles, entre otros [19] [20].

Aunado a lo anterior, en lo que va del siglo XXI, los Estados a nivel internacional se han sumado a la iniciativa de la UNESCO en el ejercicio de promoción de la EDDHH, a través de planes de acciones dirigidos a grupos de la sociedad específicos, los cuales

---

15 Jiménez, P. "La educación como derecho social, humano y fundamental: principios y perspectivas de la educación moderna" *Revista de Investigaciones Constitucionales, 6*(3), 2019, 669-686.

16 Rodríguez Acosta, V. Idem.

17 Jiménez, P. Idem.

18 Siede, I. A. Idem.

19 Jiménez, P. Idem.

20 Rodino, A. M. Idem.

son considerados a partir de las necesidades sociales (ver Figura 1). Esto no es excluyente de que dichos planes se repliquen a otros grupos, sino que pueden servir de punto de partida para realizar adaptaciones que respondan a sus particularidades.

Figura 1. Énfasis de las etapas del programa mundial para la educación en derechos humanos

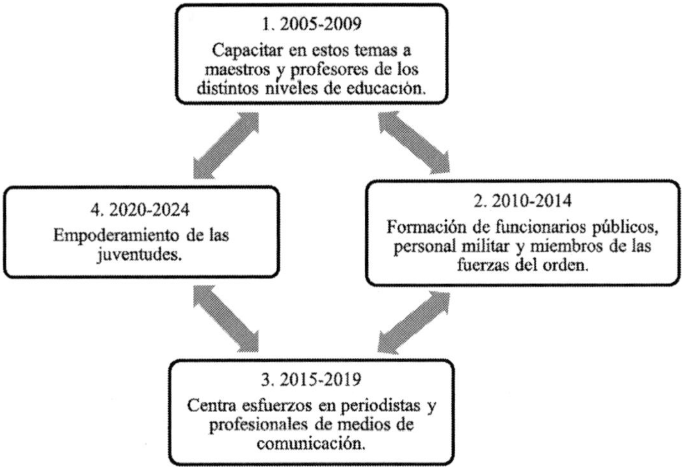

Nota: Elaboración propia a partir del análisis documental.

Esta dualidad en los procesos de educación, se complementa para contribuir a llegar a más personas de forma inclusiva que abone a preparar a la persona para su vida en sociedad en los principales ámbitos de su vida que suelen ser el familiar, escolar y laboral. En nuestro caso, es de interés en este documento centrarse en el último en mención al reconocer los DDHH en él y su incidencia en el trabajo que realizan las personas en general, lo cual se describe en el siguiente apartado.

III. DEL TRABAJO ASALARIADO AL TRABAJO INDEPENDIENTE EN EL COMERCIO MINORISTA TRADICIONAL ALIMENTARIO

El trabajo humano, además de ser una actividad económica, representa una vía de desarrollo y desenvolvimiento del sujeto laboral[21]. Distintas han sido las perspectivas desde las cuales se ha abordado teóricamente el tema del trabajo, especialmente desde la Sociología en general y de acuerdo con Castillo (2000), es a partir de la Sociología del Trabajo en particular donde dicho fenómeno representa un paradigma y se trata fundamentalmente de un conjunto de saberes en torno del empleo, mismo que existe en toda sociedad y se presenta bajo determinadas características.

Los acercamientos académicos al trabajo humano, como objeto de estudio, tomaron fuerza después de la consolidación de la producción en masa, conocida como "fordismo" donde el sector dominante era el industrial manufacturero, de allí las primeras denominaciones de una "sociología industrial". A partir de la segunda mitad del siglo XX se fue construyendo una visión cada vez más acabada del trabajo desde las academias, cercana a los grandes cambios estructurales en el mundo [22].

En este sentido, surgieron propuestas para realizar estos acercamientos, entre las cuales resaltan Estados Unidos, con autores clásicos como Huges, Bendix y Bright. Mientras que, en Francia, se destaca a Georges Friedmann, especialmente la obra que coordina junto con Naville, el "Tratado de Sociología del Trabajo" donde mostraron una mayor pluralidad y otros enfoques, que res-

---

21 Patlán Pérez, J. "Derechos laborales: una mirada al derecho a la calidad de vida en el trabajo" *Revista Científica Multidisciplinaria de Prospectiva, 23*(2), 2016, 121-133.

22 Stecher, A. "Identidades laborales en América Latina: estructuras, interacciones y narrativas" En H. M. Palermo y M. L. Capogrossi (Eds.), *Tratado latinoamericano de antropología del trabajo,* (pp. 1483-1539). Consejo Latinoamericano de Ciencias Sociales. Argentina. 2020.

ponden a una concepción novedosa del trabajo que contribuyó a explicar las nuevas formas laborales en las sociedades contemporáneas[23].

Asimismo, se redescubre el tema de la ergonomía, como la psicotecnia y la fisiología del trabajo; se desarrolla dentro de las empresas y en los centros de investigación, para buscar la mejor "adaptación del trabajo al hombre", representado principalmente en la obra de Taylor. En respuesta, surgen teorías como la de la "segmentación" de los mercados de trabajo, que a finales de los años sesenta, fue impulsada por el descontento hacia la versión neoclásica del mercado laboral, por no poder explicar satisfactoriamente fenómenos como la persistencia de la pobreza, el desempleo, la discriminación y, principalmente, las desigualdades salariales entre trabajadores con características semejantes[24].

Por otro lado, se presentó una visión dual del mercado laboral en la cual se postularon dos tipos: 1) un mercado primario donde incluyó los "buenos" puestos del mercado laboral, es decir, aquellos con salarios elevados, estabilidad, oportunidades de avance, entre otros; y 2) el mercado secundario, con presencia de puestos de trabajo con salarios bajos, inestabilidad, escasas oportunidades de ascenso, etcétera[25].

Así entonces, paulatinamente fue surgiendo la necesidad de un concepto ampliado de trabajo, que considere a la vez sus dimensiones objetiva y subjetiva. Esto parte de la idea de que el trabajo es una forma de interacción entre hombres y entre estos con objetos materiales y simbólicos, ya que todo trabajo implica construcción e

---

23 De la Garza Toledo, E. "Tratado Latinoamericano de Sociología del Trabajo" Fondo de Cultura Económica. México. 2000.

24 Fernández-Huerga, E. "Teoría de la segmentación del mercado de trabajo: enfoques, situación actual y perspectivas de futuro" *Revista de Investigación Económica, 69*(273), 2010, 115-150.

25 Piore, M. "On the job training in dual labor markets" En A. R. Weber (Ed.), *Public-private manpower policies* (pp. 101-132). Industrial Relations Research Association. Estados Unidos. 1969.

intercambio de significados. En este caso, De la Garza invita a expandir el concepto de trabajo para cubrir las exigencias analíticas que se presentan en los mercados de trabajo contemporáneos[26].

En el caso mexicano se cuenta con el derecho al trabajo desde el cual se establecen normas y directrices que buscan regular las relaciones laborales entre empleadores y trabajadores que contribuya a la armonía social garantizando condiciones dignas, igualdad, no discriminación y retribuciones justas para lo cual ambos involucrados tienen una serie de obligaciones y derechos reconocidos en la Ley Federal del Trabajo[27].

Sin embargo, ante los cambios contextuales, el auge de la industrialización alimentaria y los modos de vida, entre otros fenómenos que inciden en las prácticas de compra para el abasto y la alimentación humana, se identifica una re-caracterización del trabajo en mercados particulares como es el comercio minorista tradicional alimentario. En este mismo, existe una recomposición del capitalismo contemporáneo que da cuenta de la complejidad del mundo del trabajo dado que se dan adaptaciones de sus dinámicas a partir de prácticas y estructuras sociales[28].

Lo anterior se refleja en resistencias y subjetividades de los tenderos ante la incertidumbre de la desestructuración de la sociedad salarial marcada por la flexibilización y precarización de los mercados de trabajo donde el salario generalmente resulta insuficiente para satisfacer las necesidades básicas a nivel personal y familiar, llevando al multiempleo donde resalta el trabajo por cuenta propia que integra la fuerza de trabajo disponible de los miembros de la familia, que en el trabajo asalariado se rechazan tal es el caso de la mano de obra infantil y de personas de la tercera edad[29].

---

26 De la Garza Toledo, E. Idem.

27 Ley Federal del Trabajo. Diario Oficial de la Federación. México, México. 1 de abril de 1970.

28 Cantero Ramírez, M. Idem.

29 Belmont Cortés, E. y Rosas Raya, T. Idem.

De tal manera que, el trabajo como concepto, es dinámico al responder a particularidades contextuales e históricas a partir de elementos macro y micro socioeconómicos relacionados también con procesos que crean significados. A partir de esto, se reconoce la dimensión simbólica del trabajo, misma que se vincula con la organización y administración, tanto de tareas como de tiempos, a partir de las relaciones sociales que se establecen con diversos actores que, en el caso del comercio minorista tradicional alimentario, son los miembros de la familia, clientes, proveedores, acreedores, vecinos, amigos y servidores públicos, entre otros[30].

Además, desde esta perspectiva, el trabajo es una representación y práctica social de la fuerza (física y cognitiva) humana donde la persona que desempeña el rol de tendero debe conciliar esta labor con otros roles de su vida cotidiana. Es decir, en la época contemporánea existen tensiones identitarias dado que el mundo del trabajo ya no tiene un papel de centralidad en la construcción de identidades dado que se reconfigura la identidad como proceso, producto y configuración simbólica de todos los roles que realizan las personas en sus trayectorias[31].

Ante estos cambios, se vuelven difusos los límites dicotómicos entre lo formal y lo informal, así como entre el ámbito familiar y el laboral, generando retos y desafíos para las instituciones sociales y para el Estado, mismo que busca su regulación desde marcos legales que no siempre corresponden a las realidades sociales e incluso llevan a incertidumbre jurídica al no tener claridad sobre procesos, obligaciones y derechos que las personas tienen. Por ello, resulta pertinente fomentar la educación en derechos humanos en el ámbito laboral de los tenderos del comercio minorista

---

30 Cadena Pedraza. Y. "La dimensión simbólica del trabajo no asalariado: género y espacios del trabajo en la Ciudad de México" En H. M. Palermo y M. L. Capogrossi (Eds.), *Tratado latinoamericano de antropología del trabajo,* (pp. 1277-1309). Consejo Latinoamericano de Ciencias Sociales. Argentina. 2020.

31 Stecher, A. Idem.

tradicional alimentario quienes, en su mayoría, son trabajadores independientes que fortalecen este mercado de trabajo.

IV. EDUCACIÓN EN DERECHOS HUMANOS LABORALES DE TENDEROS DEL COMERCIO MINORISTA TRADICIONAL ALIMENTARIO

En estudios realizados en diferentes latitudes del mundo los autores coinciden en que los trabajadores (tenderos) del comercio minorista tradicional suelen tener características en común, entre las que destaca el bajos nivel de profesionalización, lo cual, se atribuye a que pertenecen a sectores populares de la población donde se prioriza el ingreso a los mercados de trabajo sobre la formación académica. Esto se ha identificado a nivel internacional principalmente en Colombia, así como en contextos particulares de México como Zapopan, Jalisco y Ciudad de México[32],[33],[34],[35].

Esta ausencia de profesionalización a través de la educación en instituciones formales está ligada a la informalidad de este tipo de micro negocios, dado que, generalmente, no cuentan con los registros correspondientes ante autoridades como el Servicio de Administración Tributaria. Tampoco cuentan con otros conocimientos necesarios para implementar principios de administración financiera que permita la sostenibilidad a largo plazo, siendo uno de los motivos por los cuales se estima que los establecimien-

---

32 Díaz Uribe, C. A. "Factores determinantes del sector comercio para la gestión de su competitividad" *Revisión Visual. Revista Internacional de Cultura Visual, 10*(4), 2022, 1-8.

33 Guerrero Cortés, A. P. y Delgado Montoya, V. M. "Propuesta estratégica de capacitación de promoción para tenderos del barrio Chapinero" (Tesis de Licenciatura). 2020. Universidad Piloto de Colombia.

34 Cantero Ramírez, M. y Morales Acosta, J. J. "Características socioeconómicas del comercio minorista en tiendas de abarrotes y tiendas de conveniencia en Zapopan, Jalisco, México" *Sapientiae, 9*(1), 2023, 61-74.

35 Lewis, O. *Antropología de la pobreza: cinco familias.* Fondo de Cultura Económica. México. 2010.

tos comerciales micro y pequeños suelen sobrevivir en los mercados un promedio dc dos años[36],[37].

Por lo tanto, resulta necesario analizar la pertinencia de desarrollar estrategias de capacitación para la educación y profesionalización que pueden abarcar a los tenderos del comercio minorista tradicional alimentario, con la finalidad de brindarles conocimientos para que desarrollen y se apropien tanto de habilidades como de herramientas que fortalezcan sus actividades cotidianas, lo cual, al mismo tiempo contribuye en su competitividad y protección de DDHH[38].

De esta manera, la capacitación debe centrarse en el desarrollo de destrezas: 1) interpersonales, como el liderazgo, comunicación asertiva, solución pacífica de conflictos y atención al cliente, entre otros; 2) técnicas, relacionadas con procesos de venta, implementación de tecnología, por ejemplo en el control de inventarios, pagos, seguridad, etc.; 3) empresariales, respecto a diseño e implementación de estrategias de marketing, promoción, control de finanzas, cultura organizacional, etcétera; 4) personales, sobre administración de tiempos, creatividad y manejo de estrés; así como 5) normativas, al conocer y comprender las disposiciones legales que debe cumplir para insertarse en los mercados de trabajo de manera formal[39],[40].

De este modo, el implementar procesos de capacitación centrados en el desarrollo de las cinco destrezas señaladas puede contribuir al desarrollo laboral de las personas al potencializar sus capacidades de trabajo para que incrementen sus habilida-

---

36 Díaz Uribe, C. A. Idem.

37 Hernández Von Wobeser, L., May Hernández, F. J. y Martínez Casas, M. G. "Factores comerciales relacionados a la supervivencia de las tiendas de abarrotes tradicionales, caso región 101, Cancún, Quintana Roo, México" *Revista Global de Negocios, 4*(8), 2016, 61-70.

38 Guerrero Cortés, A. P. y Delgado Montoya, V. M. Idem.

39 Guerrero Cortés, A. P. y Delgado Montoya, V. M. Idem.

40 Patlán Pérez, J. Idem.

des e ingresos, al tiempo que se beneficia a la sociedad con los bienes y servicios ofrecidos en estos establecimientos comerciales. Asimismo, con ello se aporta a lo establecido en el numeral segundo de la Ley Federal del Trabajo (LFT) acerca del respeto a la dignidad humana del trabajador al promover la no discriminación y generar condiciones para que logre percibir un salario remunerador[41].

Al indagar sobre el trabajo digno y decente como DDHH desde el principio de libertad donde la persona decida el trabajo que quiere realizar dentro del marco de legalidad. Respecto al trabajo de los tenderos del comercio minorista tradicional alimentario, se identifica que la capacitación para el fortalecimiento resulta fundamental, dado que al ser establecimientos formales pueden acceder a Derechos Laborales (DL) que contribuyen al desarrollo personal, la disminución de la pobreza, así como el acceso a la seguridad y protección social[42].

De tal manera, se busca que la educación en DDHH de estos tenderos contribuya al reconocimiento y comprensión de sus DL, entre los cuales resalta el derecho a la calidad de vida en el trabajo que alude al rendimiento, satisfacción y motivación laboral que promuevan el desarrollo tanto personal como profesional, así como en su bienestar social, físico y mental que lleva a incidir en otros derechos como el de desempeñar un trabajo que propicie equilibrio entre el ámbito laboral y familiar. Esto con la finalidad de promover estabilidad entre los tiempos de trabajo que se clasifican en: 1) saludable y seguro, al reducir jornadas excesivas; 2) conveniente para la familia, al permitirle cumplir con sus compromisos y convivencia tanto personal como de su núcleo familiar; y

---

41 Ley Federal del Trabajo. Diario Oficial de la Federación. México, México. 4 de abril de 2024. https://www.diputados.gob.mx/LeyesBiblio/pdf/LFT.pdf

42 Cantero Ramírez, M. y Ortíz Torres, J. "El derecho al trabajo digno ante el ODS 8 y la tecnificación del mercado de trabajo mexicano" *Revista InterNaciones,* (25), 2023, 131–152.

finalmente 3) productivo, donde las horas de trabajo contribuyan a una mayor eficiencia y productividad[43].

En los establecimientos del comercio minorista tradicional alimentarios, se suelen tener jornadas largas de trabajo que llegan a abarcar hasta 15 horas diarias, lo cual, es casi la doble de la jornada establecida en la LFT que alude a ocho horas. Esto se atribuye a que los establecimientos en cuestión suelen ser de propiedad familiar y representar su principal fuente de ingresos por lo cual generan estrategias para conciliar el ámbito familiar y laboral ante la colonización del tiempo donde se vuelven difusos, pero se logra convivir, socializar y realizar las tareas propias de cada uno de estos ámbitos que se interconectan[44],[45].

Aunado a ello, la Organización Internacional del Trabajo (OIT) identificó que estas condiciones inciden en el derecho a desempeñar un trabajo satisfactorio y motivante donde el trabajador tenga un estado emocional placentero y positivo ante las actividades laborales que realiza; es decir, que se sienta realizado y satisfecho en su trayectoria laboral al cumplir sus expectativas, logre satisfacer sus necesidades profesionales, laborales y personales. Lo anterior también forma parte del derecho a un trabajo que proporcione desarrollo laboral o profesional en el cual nuevamente sobresale la capacitación y formación continua donde se potencialicen las capacidades y competencias laborales a corto, mediano y largo plazo[46].

A su vez, estos aspectos se relacionan con el derecho a un trabajo enriquecedor y significativo para la persona por lo cual es un DL subjetivo donde se promueve la libertad de decisión donde el trabajo realizado tenga un significado personal y social. Ante el contexto actual, se ha identificado la necesidad de tener varias

---

43 Patlán Pérez, J. Idem.

44 Ley Federal del Trabajo. Idem.

45 Cantero Ramírez, M. Idem.

46 Organización Internacional del Trabajo. *Constitución de la Organización Internacional del Trabajo y textos seleccionados.* 2010.

fuentes de empleo donde se combinan formas de trabajo, entre las cuales se encuentran el asalariado con el independiente a fin de incrementar los recursos y lograr satisfacer tanto las necesidades personales como las familiares[47],[48].

Lo anterior, abona al derecho a ser reconocido por el trabajo desempeñado, el cual, puede presentarse de forma simbólica, por medio de actos de reconocimiento, felicitación y agradecimiento; o bien, puede ser económica, por ejemplo, con bonos de productividad. Esta serie de elementos dan cuenta del componente de los DL que resultan un área de oportunidad para la educación en DDHH para garantizar el derecho al trabajo decente en este sector laboral en particular.

V. CONCLUSIONES

En los apartados presentados se analizaron aspectos en los que la educación en derechos humanos contribuye al fortalecimiento del comercio minorista tradicional alimentario. Se ha llegado a la conclusión de que dicha EDDHH es pertinente para sensibilizar sobre los derechos laborales, como salarios justos, condiciones de trabajo seguras, reducción de jornadas, seguridad social, entre otros.

Esto puede lograrse considerando su aceptación, disponibilidad en la oferta educativa de instituciones formales, pero también como iniciativa de la sociedad civil a fin de adaptarla a las necesidades de los contextos particulares y de los sujetos participantes, además de que resulte accesible para todos los interesados al tiempo que se generen estrategias para involucrar a la mayoría de los miembros de los diversos sectores sociales que interactúan con estos tenderos.

---

47 Della, F. "Ambivalent mobilities and survival strategies of Moroccan and Bangladeshi families in Italy in times of crisis" *Sociology, 52*(3), 2018, 464-479.

48 Patlán Pérez, J. Idem.

Por lo cual, la capacitación resulta un medio viable para dicho fin, en la cual se articule trabajo interinstitucional entre entidades gubernamentales, del sector privado, pero también incluyendo al sector académico donde estudiantes bajo la supervisión de sus docentes puedan brindar estos acompañamientos logrando una doble meta, al contribuir a la profesionalización de los tenderos mientras se realizan prácticas profesionales.

De tal manera que se fortalezcan estos empleos por cuenta propia dado que impactan en las trayectorias e identidades de los trabajadores e invitan a pasar del concepto clásico de trabajo a uno ampliado donde se reconozcan las actividades laborales que se realizan de forma cotidiana fuera de la producción industrial clásica o que no corresponde a relaciones laborales salariales capitalistas, al tiempo que se visibiliza la cuestión sociocultural que fundamenta la racionalidad económica en micro negocios como los de interés con lo cual se invita realizar aproximaciones desde la inter y multidisciplinarias.

Finalmente, cabe destacar que los comercios minoristas tradicionales suelen ser parte integral de la identidad cultural de una comunidad, bien sea urbana o rural. La EDDHH puede fomentar el respeto y la valoración de esta diversidad cultural, lo que contribuye a preservar y fortalecer estos negocios locales, lo cual, queda como agenda pendiente para otros informes de investigación.

VI. REFERENCIAS

Belmont Cortés, E. y Rosas Raya, T. "Hacia una re-caracterización del concepto de trabajo desde una antropología latinoamericana por demanda" En H. M. Palermo y M. L. Capogrossi (Eds.), *Tratado latinoamericano de antropología del trabajo,* (pp. 161-196). Consejo Latinoamericano de Ciencias Sociales. Argentina. 2020.

Cadena Pedraza. Y. "La dimensión simbólica del trabajo no asalariado: género y espacios del trabajo en la Ciudad de México" En H. M. Palermo y M. L. Capogrossi (Eds.), *Tratado latinoamericano de antropología del trabajo,* (pp. 1277-1309). Consejo Latinoamericano de Ciencias Sociales. Argentina. 2020.

Cantero Ramírez, M. "La estrategia familiar de tienda de abarrotes en colonias populares de Guadalajara, Jalisco" (Tesis de Doctorado). 2023. Universidad de Guadalajara.

Cantero Ramírez, M. y Morales Acosta, J. J. "Características socioeconómicas del comercio minorista en tiendas de abarrotes y tiendas de conveniencia en Zapopan, Jalisco, México" *Sapientiae, 9*(1), 2023, 61-74.

Cantero Ramírez, M. y Ortíz Torres, J. "El derecho al trabajo digno ante el ODS 8 y la tecnificación del mercado de trabajo mexicano" *Revista Inter-Naciones,* (25), 2023, 131–152.

De la Garza Toledo, E. *"Tratado Latinoamericano de Sociología del Trabajo"*. Fondo de Cultura Económica. México. 2000.

Della, F. "Ambivalent mobilities and survival strategies of Moroccan and Bangladeshi families in Italy in times of crisis" *Sociology, 52*(3), 2018, 464-479.

Díaz Uribe, C. A. "Factores determinantes del sector comercio para la gestión de su competitividad" *Revisión Visual. Revista Internacional de Cultura Visual, 10*(4), 2022, 1-8.

Fernández-Huerga, E. "Teoría de la segmentación del mercado de trabajo: enfoques, situación actual y perspectivas de futuro" R*evista de Investigación Económica, 69*(273), 2010, 115-150.

Flores, G. "Metodología para la investigación cualitativa fenomenológica y/o hermenéutica" *Revista Latinoamericana de Psicoterapia Existencial, 17,* 2018, 17-23.

Guerrero Cortés, A. P. y Delgado Montoya, V. M. "Propuesta estratégica de capacitación de promoción par tenderos del barrio Chapinero" (Tesis de Licenciatura). 2020. Universidad Piloto de Colombia.

Hernández Von Wobeser, L., May Hernández, F. J. y Martínez Casas, M. G. "Factores comerciales relacionados a la supervivencia de las tiendas de abarrotes tradicionales, caso región 101, Cancún, Quintana Roo, México" *Revista Global de Negocios, 4*(8), 2016, 61-70.

Jiménez, P. "La educación como derecho social, humano y fundamental: principios y perspectivas de la educación moderna" *Revista de Investigaciones Constitucionales, 6*(3), 2019, 669-686.

Lewis, O. "*Antropología de la pobreza: cinco familias*". Fondo de Cultura Económica. México. 2010.

Ley Federal del Trabajo. Diario Oficial de la Federación. México, México. 4 de abril de 2024. https://www.diputados.gob.mx/LeyesBiblio/pdf/LFT.pdf

Naciones Unidas. "Declaración Universal de los Derechos Humanos" 1948.

Organización Internacional del Trabajo. *Constitución de la Organización Internacional del Trabajo y textos seleccionados.* 2010.

Patlán Pérez, J. "Derechos laborales: una mirada al derecho a la calidad de vida en el trabajo" *Revista Científica Multidisciplinaria de Prospectiva, 23*(2), 2016, 121-133.

Piore, M. "On the job training in dual labor markets" En A. R. Weber (Ed.), *Public-private manpower policies* (pp. 101-132). Industrial Relations Research Association. Estados Unidos. 1969.

Rodino, A. M. Educación en derechos humanos. Un derecho multiplicador de derechos. En M. R: Badano, V. Cruz y G. Godoy (Eds.), *Desigualdades, derechos y educación superior* (pp. 23-32). Editorial de la Universidad Nacional de la Plata. Colombia. 2024.

Rodríguez Acosta, V. "Educación para los derechos humanos. Un estudio necesario" *Estudios del Desarrollo Social: Cuba y América latina, 9*(2), 2018, 160-177.

Romero Medina, A. "Educación en derechos humanos como derecho fundamental" *Revista Interdisciplinar de Dereitos Humanos, 10*(2), 2022, 55-83.

Siede, I. A. "Desafíos actuales de la educación en derechos humanos" *Revista do Departamento de Educação Da Unifesp, 8*(2), 2020, 31-45.

Stecher, A. "Identidades laborales en América Latina: estructuras, interacciones y narrativas" En H. M. Palermo y M. L. Capogrossi (Eds.), *Tratado latinoamericano de antropología del trabajo,* (pp. 1483-1539). Consejo Latinoamericano de Ciencias Sociales. Argentina. 2020.

Varios. "Atributos diferenciadores entre el comercio minorista tradicional y moderno" *Innovar, 32*(83), 2022, 75-86.

Varios "¿Cuántos tipos de revisiones de literatura existen? Enumeración, descripción y clasificación. Revisión cualitativa" *International Journal of Morphology, 17*(4), 2023, 1240-1253.

Derecho a la educación ambiental: retos y desafíos

Carlos Ignacio González Arruti[1]

SUMARIO: I. INTRODUCCIÓN. II. LA PREOCUPACIÓN AMBIENTAL EN LA ESFERA INTERNACIONAL. III. DESAFÍOS DE LA EDUCACIÓN AMBIENTAL. IV. LA EDUCACIÓN AMBIENTAL Y EL ENTORNO SOCIAL. V. LA EDUCACIÓN AMBIENTAL Y LA APLICACIÓN DE LA AGENDA 2030. VI. LA EDUCACIÓN AMBIENTAL EN LAS IES. VII. CONCLUSIONES. VIII. REFERENCIAS.

I. INTRODUCCIÓN

La sostenibilidad ambiental demanda de una estrategia de educación y de comunicación que fomente los conocimientos, los valores y las actitudes necesarios para lograr nuevos modelos de convivencia social y estos a su vez, con la naturaleza. En este sentido, la educación ambiental constituye la disciplina a través de la cual se puede reorientar las pautas de acción de las personas para transitar hacia un desarrollo más sustentable[2] (González–Muñoz 1996).

Actualmente, en México existe una degradación ambiental continua que visualiza varios conflictos, como, por ejemplo, la escasez y contaminación del agua, el menoscabo y degradación de

---

1 Doctor en Derecho Internacional por la Universidad de Navarra, España. Máster Iberoamericano de Estudios Jurídicos por la Universidad de Navarra, España. Candidato a investigador nacional (CONACYT). Profesor Investigador de la Universidad de Guadalajara.

2 González Muñoz, M. *Principales tendencias y modelos de la educación ambiental en el sistema escolar,* Revista Iberoamericana de Educación, 1996, Vol. 11, pp. 13-74.

ecosistemas, la biodiversidad, la contaminación del suelo y el aire, entre otras tantas. Estas dificultades cada vez son más frecuentes y más graves.

Es por ello que, para tratar de solucionar estos problemas se necesita que la ciudadanía tenga conocimiento, participación e interés en respetar el medio ambiente, pues de cierto modo, es una medida de protección a sí mismos. Por ello, es importante que las IES, con su compromiso en torno a la creación y difusión del conocimiento, sean impulsoras del desarrollo económico, del bienestar social y de la salvaguarda del medio ambiente.

A pesar de la necesidad que nos enfrentamos en la actualidad y, sobre todo, de crear conciencia en el cuidado y conservación de los recursos naturales, la mayoría de los estudiantes universitarios no reciben una educación ambiental adecuada para lograr un bienestar en la comunidad, incluyendo, además, herramientas para afrontar las dificultades del momento. Es por ello que las IES tienen el deber de garantizar la formación de conocimientos y habilidades útiles a la comunidad estudiantil para lograr un eficaz entendimiento de los problemas ambientales y que, a su vez, se cuenten con medidas eficaces para solucionar estas dificultades.

II. LA PREOCUPACIÓN AMBIENTAL EN LA ESFERA AMBIENTAL

La preocupación ambiental se inició después de la Segunda Guerra Mundial con algunos instrumentos convencionales para la protección de las aguas dulces y de las aguas del mar[3]. Algunos instrumentos internacionales fueron, por ejemplo, el Protocolo firmado por Francia, Bélgica y Luxemburgo para la protección de

---

3 González Arruti, C. I., *El Derecho internacional y el principio de precaución en el ámbito de la diversidad biológica: una especial atención a los organismos vivos modificados,* Instituto de Investigaciones Jurídicas-UNAM, México, 2016 p. 35.

las aguas fronterizas de 8 de abril de 1950, y los Convenios para combatir la contaminación del Río Mosela de 27 de octubre de 1956, del Lago Leman de 16 de noviembre de 1962 y del Río Rin de 29 de abril de 1963[4].

A finales de los años sesenta, ante la alarma científica, las reacciones más intensas de la opinión pública consiguieron una toma de conciencia más generalizada de los peligros que acechaban y que aún se ciernen sobre[5]. Esta corriente de opinión fue sin duda un fenómeno sin precedente en la historia, convirtiéndose en una corriente filosófica sobre la concepción del mundo que implicaba nuevos valores individuales y sociales por reacción al deterioro de la biosfera[6].

Posteriormente, las primeras menciones a la conservación de la diversidad biológica se recogen en documentos y resoluciones de organizaciones internacionales, las cuales manifestaron la toma de conciencia por parte de la comunidad internacional sobre el alcance del problema de la expansión de la diversidad biológica, como, por ejemplo, la Conferencia sobre la Biosfera, convocada por la Organización de las Naciones Unidas para la Educación, la Ciencia y la Cultura (UNESCO), en París en septiembre de 1968[7]. Esta conferencia supuso el establecimiento del programa "El Hombre y la Biosfera", que pretendió mejorar la relación del ser humano con su medio, hacer compatible la conservación con la utilización sostenible, y el mantenimiento de los valores culturales[8]. Estos instrumentos presentaban dos rasgos comunes. El primero, que eran documentos declarativos, sin valor jurídico obligatorio. El segundo, ninguno de ellos mencionaba el

---

4 Juste Ruiz, J., *Derecho Internacional del Medio Ambiente,* McGraw-Hill, Madrid, 1999, p. 17.

5 Kiss, A., *Droit International de l´environnement,* Pedone, Paris, 2000, p. 30.

6 *Ibídem,* p. 30.

7 González Arruti, C. I., *Op. Cit.*, p. 37.

8 Pérez Salom, J. R., *Recursos genéticos, biotecnología y Derecho internacional: La distribución justa y equitativa de beneficios en el Convenio sobre Biodiversidad,* Aranzadi, Cizur Menor, 2002, p. 65.

concepto de diversidad biológica, sino que se referían a la diversidad genética, puesto que el concepto de diversidad biológica aún no se encontraba suficientemente elaborado[9]. Como se puede observar, estos instrumentos han sido una manera de comprender que la protección del medio ambiente cada vez más se torna en una preocupación global.

Ahora bien, el surgimiento e impulso de la educación ambiental va ligado, en gran medida, por el desarrollo que se ha plasmado en diferentes normas internacionales. Por ejemplo, la Asamblea General de Naciones Unidas (AGNU) promovió mediante la Resolución 2398, de 3 de diciembre de 1968, una reunión ambiental que se celebró en Estocolmo en 1972[10]. Esta reunión, conocida como "Conferencia de las Naciones Unidas sobre el Medio Ambiente Humano"[11], manifestó los contrastes entre los países, tanto los desarrollados como los que se encuentran en vías de desarrollo, ya que los segundos temían que el medio ambiente fuese expuesto como una barrera para reprimir su desarrollo[12]. La Conferencia de Estocolmo fue un acontecimiento relevante del Derecho ambiental, porque por primera vez, una reunión internacional atendió la protección del medio ambiente como un concepto de una defensa para todas las personas a escala mundial, superándose la perspectiva local y regional de los conflictos ambientales.

---

9 *Ibídem*, p. 65.

10 Convocada por la Resolución de la AGNU A/8429, de 20 de noviembre de 1971.

11 Celebrada el 16 de junio de 1972. Disponible en: www.unep.org/Documents.Multilingual/Default.asp?documentid=97 (4-feb-2012).

12 En 1969, se publicó el Informe de MAHA THRAY SITHU U THANT, (tercer Secretario de la ONU 1961-1971) titulado «El Hombre y su Medio Ambiente». En él, se destacó la inadecuada actitud del hombre frente a su medio ambiente, señalando que, en caso de continuar este proceso, la vida sobre la Tierra se vería amenazada. Cfr. DRNAS DE CLÉMENT, Z., "Aspectos conceptuales del principio de precaución ambiental", *Anuario hispano-luso americano de Derecho internacional*, vol. 18 (2007), p. 570.

Así mismo, otros foros internacionales en los que se ha podido observar el reconocimiento de los planteamientos de enseñanza ambiental y con ello, buscar el mejoramiento de la calidad del medio ambiente han sido: el Seminario Internacional de Educación Ambiental, en Belgrado, ex-Yugoslavia, en 1975 o la Conferencia Intergubernamental sobre Educación Ambiental, en Tbilisi, ex-URSS. Del mismo modo, se han celebrado algunos congresos mundiales de educación ambiental, promovidos por la Red Internacional de Educación Ambiental (WEEC, por sus siglas inglés), como los Congresos Mundiales en Portugal (2002), Brasil (2004), Italia (2005), Sudáfrica (2007), Canadá (2009), Australia (2011), Marruecos (2013), Suecia (2015), Canadá (2017), Tailandia (2019), República Checa (2022), y el más reciente en Emiratos Árabes Unidos (2024)[13].

En esta última reunión mundial, se trataron temas como: la crisis del cambio climático, de la contaminación y de la pérdida de la biodiversidad; el vínculo que existe entre agua, alimentos y energía en la educación medioambiental; el fomento de comunidades de aprendizaje y colaboración para abordar desafíos socio-ambientales; esfuerzos y desafíos en educación medioambiental para educación infantil; temas de valores y diversidad cultural; el conocimiento y las culturas indígenas; la educación medioambiental para un futuro sostenible, e incluso; la inteligencia artificial y las tecnologías inteligentes[14].

De esta manera, se puede observar cómo los conflictos ambientales han detonado el interés y el surgimiento de la enseñanza ambiental, ya que el objeto de estudio de esta educación es, precisamente, la protección del medio ambiente. Este tipo de educación busca contribuir a la formación de una conciencia sobre la responsabilidad que tiene el ser humano en el cuidado y protección de la diversidad biológica, así como la formación de actores que sean examinadores y receptivos ante las complicaciones medio ambientales.

---

13 Disponible en https://www.weec2024.org/es/congress/about-weec/

14 Disponible en https://www.weec2024.org/es/congress/about-weec/

III. DESAFÍOS DE LA EDUCACIÓN AMBIENTAL

En la actualidad, las entidades académicas, entre ellas, las Instituciones de Educación Superior, afrontan diversos retos y desafíos, como, por ejemplo, formar expertos que sean críticos con el desarrollo actual de la sociedad y que, además, sean capaces de conducirse en los cimientos de la comunidad, como es el económico, social y ambiental.

Además, la cultura ambiental promueve la edificación de un nuevo tipo de conciencia que engloba a todas las personas del planeta. Esta nueva formación con perspectiva ambiental integra los valores ambientales que auxilian a mantener una relación de compromiso con el medio ambiente, donde la pluralidad e interculturalidad de todos los elementos son primordiales.

Es por ello que la educación ambiental puede y debe ser un factor estratégico que incida en el modelo de desarrollo establecido para reorientarlo hacia la sustentabilidad y la equidad. En este sentido, la UNESCO mencionó que: "Para contribuir con eficacia a mejorar el ambiente, la acción de la educación debe vincularse con la legislación, las políticas, las medidas de control y las decisiones que los gobiernos adopten, en relación con el ambiente humano"[15].

Así, la importancia de la educación ambiental radica en alcanzar que las personas perciban que la naturaleza es compleja y que también, obtengan los conocimientos, las herramientas y las habilidades prácticas para participar de manera responsable y eficaz en la prevención y en la solución de los problemas ambientales, así como, en el cumplimiento de mantener una óptima calidad ambiental[16].

Ahora bien, es importante resaltar que la educación ambiental debe tener como objetivos, principalmente los siguientes:

---

15 UNESCO (2004). *Education for a Sustainable Development.* Disponible en: http://www.unesco.org/en/sustainable-development/education

16 Caduto, M. *Guía para la enseñanza de valores ambientales. Programa Internacional de Educación Ambiental*, Madrid, España (1992), UNESCO-PNUMA.

1. Considerar al medio ambiente en forma integral. Es decir, no sólo los aspectos naturales, sino los sociales, económicos, políticos, morales, culturales, históricos y tecnológicos.
2. Asumir un enfoque transdisciplinario para el estudio ambiental, el cual debe tener como base cada disciplina, para que así, se posibilite una perspectiva equilibrada.
3. Tratar al medio ambiente desde lo particular hasta lo general. Con ello, los estudiantes estarían capacitados para identificar las condiciones que prevalecen en las distintas regiones geográficas y políticas. Además, podrían reflexionar sobre las dimensiones mundiales del problema ambiental para que los sujetos sociales se involucren en los diferentes niveles de participación y responsabilidad.
4. Promover los conocimientos, las habilidades para solucionar problemas, la investigación y la evaluación de situaciones, para aprender sobre la propia comunidad, y así, tener herramientas para lograr un bienestar, y;
5. Capacitar a los estudiantes para que desempeñen un papel en la planificación de sus experiencias de aprendizaje y a su vez, dejarles tomar decisiones y aceptar sus consecuencias.

IV. LA EDUCACIÓN AMBIENTAL Y EL ENTORNO SOCIAL

Uno de los factores trascendentales de la sociedad reside en la unión, conjunción y mejora de los baluartes de cada persona que convive en ella, teniendo como objetivo el bien común. A partir de esto, la educación, en un marco general, es percibida como una herramienta fundamental para corregir las actitudes críticas de los diversos problemas que enfrenta la sociedad.

En este sentido, las IES también tienen una responsabilidad social en su ámbito de competencia, como, por ejemplo, la responsabilidad con los demás y con el entorno social, la formación de la responsabilidad social o bien, el planteamiento del ejercicio profesional de la búsqueda del bienestar.

A partir de estas ideas, la educación ambiental tiene dos vertientes. La primera, es una relacionada con la esfera ambiental, la cual busca la formación de las personas y actores para la gestión, planificación e inserción de valores que busquen una relación solidaria con la naturaleza. La segunda, está relacionada con el ámbito social, donde se forja la transformación estructural de la distribución de los recursos naturales[17]. Así, el vínculo de estas dos vertientes es parte de los ejes fundamentales de la educación como agente de cambio en nuestra sociedad.

Ahora bien, para que la responsabilidad social que tienen las IES se vea materializada, también es necesario que haya invenciones y nuevos proyectos en la capacitación de los docentes.

El aprendizaje continuo de los docentes es trascendental en todas las áreas de sus competencias. Por ello, es relevante que los programas educativos también favorezcan al cambio de actitudes hacia la enseñanza, el cuidado y la protección del medio ambiente. La transversalidad de la enseñanza ambiental exige que el profesorado tenga conocimientos con diferentes perspectivas, lo cual, le ayudará a capacitar a los jóvenes para que tomen mejores decisiones y que comprendan con perspectiva los problemas ambientales.

Así mismo, cabe subrayar que las modificaciones en los programas educativos llevan consigo que también las instituciones académicas sean flexibles para que sea incorporada la educación ambiental en sus programas educativos, lo cual, pudiera generar incluso un cambio en el sistema educativo tradicional. Si se desea

---

17 Caride Gómez, J. A. *Educación ambiental y desarrollo humano: Nuevas perspectivas conceptuales y estratégicas.* Conferencia dictada en el III Congreso Iberoamericano de Educación Ambiental. Caracas, Venezuela, 2000. Disponible en: https://www.ses.unam.mx/curso2013/pdf/CarideEducAmbDesarrolloHumano.pdf.

que la educación ambiental y el desarrollo sostenible sean parte integral de la comunidad es inexcusable evolucionar el comportamiento habitual y, también, ser capaces de instruir estos principios a las subsiguientes generaciones.

V. LA EDUCACIÓN AMBIENTAL Y LA IMPLEMENTACIÓN DE LA AGENDA 2030

Previo a la Agenda 2030, han existido algunos otros instrumentos internacionales que han abordado, de cierta manera, el entendimiento del medio ambiente como un derecho. Sin embargo, también han existido otros instrumentos internacionales que no lo han incluido con claridad. Por ejemplo, la Declaración Universal de Derechos Humanos de 1948 no incluía el reconocimiento del derecho al medio ambiente. Esa ausencia es perceptible, debido a que la Declaración Universal fue elaborada recién concluida la II Guerra Mundial y todavía no había una conciencia del daño al medio ambiente ocasionado por las personas.

En cambio, en la década de los 60´s la conciencia ambiental emergió y con ello, la presencia de tener un medio ambiente sano. En 1970 se celebró, por primera ocasión, el Día de la Tierra, marcando así la expansión de una conciencia colectiva en el ámbito internacional, la cual, fue materializada, en 1972, cuando se celebró la Conferencia de las Naciones Unidas del Medio Humano en Estocolmo, Suecia.

El Principio 1 de la Declaración de Estocolmo subraya que: "el hombre tiene el derecho fundamental a la libertad, la igualdad y el disfrute de condiciones de vida adecuadas en un medio de calidad tal que le permita llevar una vida digna y gozar de bienestar, y tiene la solemne obligación de proteger y mejorar el medio para las generaciones presentes y futuras"[18].

---

18 Declaración de Estocolmo sobre el Medio Ambiente Humano. Disponible en: https://documents.un.org/doc/undoc/gen/n73/039/07/

Este Principio supuso por primera vez, el reconocimiento del derecho de las personas a gozar de un medio ambiente de calidad, saludable y limpio, y a su vez, también estableció que las personas tienen una responsabilidad para cuidar y proteger el medio ambiente.

Cabe recordar que el derecho al medio ambiente sano está ligado a su vez con otros derechos humanos. Como se sabe, los derechos humanos componen una garantía de reconocimiento y protección de la dignidad, la integridad y los derechos fundamentales inherentes a la persona. En este sentido, la Carta Internacional de los Derechos Humanos constituye el cuerpo legal conjunto de los acuerdos mundiales de varios derechos y, que, a su vez, está compuesta por: la Declaración Universal de los Derechos Humanos de 1948[19], los dos Pactos Internacionales de Derechos Civiles y Políticos (PIDCP)[20] y de Derechos Económicos, Sociales y Culturales (PIDESC)[21], de 1966, y, por los Protocolos facultativos correspondientes a los anteriores pactos.

En septiembre de 2015 los Estados miembro de la Organización de las Naciones Unidas (ONU), aprobaron Declaración final de la Cumbre de Desarrollo Transformar nuestro mundo: la Agenda 2030 para el Desarrollo Sostenible[22], la cual entró en vigor el 1 de enero del siguiente año y tiene como plazo el año 2030 para suprimir la pobreza, proteger al planeta y asentar la prosperidad para todas las personas.

---

pdf/n7303907.pdf?token=0F8aDCrvxqQC2Ljpa9&fe=true.

19 Disponible en: https://www.un.org/es/about-us/universal-declaration-of-human-rights.

20 Disponible en: https://www.ohchr.org/es/instruments-mechanisms/instruments/international-covenant-civil-and-political-rights.

21 Disponible en: https://www.ohchr.org/es/instruments-mechanisms/instruments/international-covenant-economic-social-and-cultural-rights.

22 Disponible en: https://www.un.org/sustainabledevelopment/es/2015/09/la-asamblea-general-adopta-la-agenda-2030-para-el-desarrollo-sostenible/

La Agenda 2030 aspira a ser un instrumento a favor del desarrollo humano sostenible en y para ello, lo establece en los 17 objetivos, denominados "Objetivos de Desarrollo Sostenible", que contienen a su vez más de un centenar de metas. Algunas de las metas de estos objetivos son: combatir la pobreza, el hambre, la desigualdad, y también otros temas importantes, tales como el agua y el saneamiento, el crecimiento económico, el cambio climático, la energía, la biodiversidad, entre otros.

Esta Declaración internacional se basa en cuatro principios transversales que se convierten en los pilares que la sostendrán e impulsarán el logro de los Objetivos del Desarrollo Sostenible (ODS)[23], las cuales son: 1) No dejar a nadie atrás: garantizar las mismas oportunidades para todas las personas, sin importar su situación inicial y asegurar la posibilidad de que todas y todos nos desarrollemos plenamente; 2) Universalidad: es responsabilidad de todos los países, no es competencia únicamente de los desarrollados ni es sólo en beneficio de los países en desarrollo; 3) Alianzas de actores: requiere de una estrecha coordinación y compromiso entre los actores relevantes y; 4) Integralidad, interdependencia e indivisibilidad: implica que las tres dimensiones del desarrollo sostenible (social, económico y ambiental) deben concebirse integralmente.

Las instituciones académicas poseen un papel elemental para conseguir el cumplimiento de los ODS.

En este orden de ideas, las IES deben coadyuvar en proporcionar conocimientos y soluciones para el eficaz cumplimiento de los ODS, son semilleros de actores responsables en el cumplimiento de los ODS, proporcionan gestiones en la gobernanza, en las políticas públicas y en la convivencia de las comunidades.

---

[23] Nemer Naime, F., González, S. La educación ambiental en la Agenda 2030 de México, 2018. Disponible en: http://biblioteca.semarnat.gob.mx/janium/Documentos/Ciga/libros2018/CD003098.pdf

Para cumplir con esta responsabilidad las IES deben dotar a los estudiantes de conocimientos, habilidades y herramientas para comprender y atender los ODS, proporcionándoles formación académica para ejecutar soluciones adecuadas, creando oportunidades y habilidades para que los estudiantes y profesionales aborden los desafíos relacionados con los ODS.

Ahora bien, en el ámbito de competencias de investigación de las IES, estas deben auxiliar para alcanzar el cumplimiento y aplicación de los ODS, pues, como es sabido, estos objetivos deben superar dificultades y desafíos sociales, económicos y ambientales, que, en algunas ocasiones, se necesita un cambio hacer modificaciones en las sociedades, las economías, en la regulación jurídica que existe en la sociedad. Por ello, las IES, a través de sus investigaciones mantienen un rol esencial para consolidar y respaldar a los ODS.

En general, las IES a través de la investigación, crean conocimientos transversales en áreas como las ciencias físicas, ciencias exactas, ciencias sociales, ingenierías, humanidades, etc., las cuales son fundamentales para la ejecución exitosa de los ODS. Para lograrlo, las IES deben impulsar y promover los ODS en líneas de investigación dentro de las universidades, coordinar las investigaciones interdisciplinarias y transdisciplinarias para lograr soluciones de desarrollo sostenible, apoyar la creación de laboratorios y más instituciones que logren la generación cada vez más de nuevos conocimientos.

Por su parte, es importante mencionar que con relación a la gobernanza, la cultura y demás actividades que se desarrollan dentro de las universidades, estas actividades pueden tener un impacto positivo en los aspectos sociales, culturales y de bienestar ambiental en el entorno universitario, que, en la mayoría de las ocasiones, también benefician a la comunidad y a la región.

Algunas acciones que las IES pueden establecer, para lograr con sus objetivos son: que garanticen el comercio justo dentro de sus instalaciones; que proporcionen una estructura de apoyo para estudiantes facilitándoles becas; que ofrezcan opciones de alimentación saludable; que establezcan medidas para reducir el desperdicio de alimentos en el centro universitario; que proporcionen el acceso a servicios de salud; que colaboren en la reducción de la incidencia de enfermedades no transmisibles y promueven la salud mental; que incorporen propuestas e ideas de diseño ambientalmente sostenible en las instalaciones, que establezcan políticas de emisión cero y que inviertan en la producción de energía renovable en el campus, que desarrollen políticas y procedimientos que sirvan para gestionar y garantizar que las instalaciones cumplan con los requisitos de seguridad, entre otras tantas.

No hay que olvidar que las IES no están solas en la responsabilidad social universitaria pues siempre es necesario que las autoridades municipales, estatales y federales, también coadyuven en el cumplimiento e implementación de todas las acciones. Para ello, las universidades pueden solicitar recursos, económicos o financieros, y a redes de colaboración para su mejor implementación.

Por último, para que se puedan lograr los ODS, es ineludible la participación y colocación de toda la sociedad. En este caso, las IES pueden mejorar la responsabilidad social y su participación en la aplicación de los ODS, favorecer la comunicación, así como la operación en todos los sectores para la correcta aplicación de los ODS, ejercer un rol principal en el desarrollo y promoción de políticas de desarrollo sostenible, etc.

Por último, cabe mencionar que el medio ambiente es un elemento transversal e inherente que se encuentra inherente en la Agenda 2030 que busca unir el bienestar social, el desarrollo económico y la protección a un medio ambiente adecuado y saludable.

No obstante, en esta agenda internacional, la protección del medio ambiente no se establece como un objetivo específico, sino más bien, como un fin que se encuentra en la mayoría de los objetivos y es esencial en las "5 P's" en las que se basa la agenda, es decir:

- Personas: poner fin a la pobreza y el hambre en todas sus formas y garantizar la dignidad e igualdad.

- Prosperidad: asegurar vidas prósperas y satisfactorias en armonía con la naturaleza.
- Paz: promover la paz, la justicia y sociedades inclusivas.
- Planeta: proteger los recursos naturales del Planeta y el clima para generaciones futuras.
- Alianzas (partnerships): Implementar la Agenda a través de una sólida alianza global.

Ahora bien, como ya se ha mencionado anteriormente, el medio ambiente es un elemento extenso y transversal a todos los objetivos, pero que se encuentra primordialmente en algunos de ellos que buscan principalmente conservar la diversidad biológica. Estos objetivos son: 6 (agua limpia y saneamiento), 11 (ciudades y comunidades sostenibles), 13 (acción por el clima), 14 (vida submarina), 15 (vida de ecosistemas terrestres).

VI. LA EDUCACIÓN AMBIENTAL Y LAS IES

Ahora bien, en el caso particular de la enseñanza ambiental, por ahora, esta no causa una lectura inter y multidisciplinariedad. En el modelo educativo con el que se cuenta actualmente, se pueden encontrar diversas fallas, como, por ejemplo, la falta de atención al medio rural y la protección a su diversidad biológica.

En este sentido, nos enfrentamos a un sistema de enseñanza en crisis, el cual quebranta el aprendizaje del medio ambiente, tanto en el medio rural como en el urbano. Además, los actores que promueven la educación deben lograr una capacidad eficiente para enseñar una visión compleja y multidisciplinar para la protección del medio ambiente.

Las instituciones educativas necesitan modificar sus acciones, tanto dentro del aula como fuera, pues no pueden limitarse al ámbito de formación solamente dentro de las aulas. Las IES necesitan participar en la construcción social y humana, por ello, es ineludible que se modifiquen los procesos educativos para favorecer a actores sociales que sean capaces de lograr un cuidado y protección adecuado al medio ambiente y que también puedan defender sus derechos.

Se debería trabajar en el campo de la educación ambiental con los universitarios porque facilitaría la resolución de un determinado problema ambiental y contribuiría al mejoramiento en la calidad de vida de la sociedad de manera sostenible y el desarrollo del ambiente natural.

Al tener la sociedad universitaria conciencia ambiental facilitaría la toma de decisiones en este ámbito, por lo que analizaría, diagnosticaría y desarrollaría elementos para fomentarla, constituyendo un elemento a la hora de delinear y ejecutar planes y programas eficientes de estudio. Así mismo, la comunidad universitaria se encuentra en una etapa esencial, pues se encuentra en su fase de formación académica y a la vez, próxima a anexarse al mundo laboral.

En este sentido, las IES deben fusionar estrategias educativas, sociales, etc., que sirvan para la formación ambiental de toda la comunidad universitaria, así como también estas estrategias deben incorporarse en todos los espacios de las universidades. Lo anterior, con la finalidad que la protección del medio ambiente se mezcle en todos los aspectos de la vida universitaria y así, crear proyectos que relacionen al estudiante con la realidad para que ejecute en su vida cotidiana lo aprendido en las aulas.

VII. CONCLUSIONES

La educación ambiental es una herramienta esencial en la formación de la población para tener un medio ambiente saludable y a la vez, en el desarrollo sostenible.

Así mismo, la enseñanza ambiental pretende conseguir que la comunidad universitaria tenga conciencia del cuidado y protección del medio ambiente, además, que intervenga en los problemas vinculados y que tenga la información indispensable para innovar en el campo individual y colectivo, buscando respuestas concretas que sean eficientes para un desarrollo sostenible óptimo.

En la actualidad, nadie podría disentir sobre la importancia que el desarrollo humano va de la mano con la protección del medio ambiente. Por ello, las IES, en el ámbito de sus competencias de enseñanza, tienen la responsabilidad de crear estrategias que sensibilicen a la comunidad estudiantil. La colaboración de los estudiantes, de los docentes y de la sociedad en general, pueden favorecer la relevancia que tiene la educación, que posteriormente, se podrá ver reflejado en mejores ciudadanos que estarán comprometidos con el cuidado y protección del medio ambiente.

Por lo cual, las IES deben ejercer una educación que sea interdisciplinar que confronte los problemas con una perspectiva de responsabilidad ambiental.

Por último, como ya es sabido, en los últimos años la preocupación por la protección del medio ambiente, de los ecosistemas, ha crecido en la sociedad, por ello, todos debemos incrementar acciones para su cuidado. Aun así, queda incompleta la acción, gestión y aseguramiento que realiza la comunidad internacional al implementar mejores medidas de protección ambiental para que todos podamos disfrutar de un planeta sano.

VIII. REFERENCIAS

Agenda 2030 para el Desarrollo Sostenible. Disponible en: https://www.un.org/sustainabledevelopment/es/2015/09/la-asamblea-general-adopta-la-agenda-2030-para-el-desarrollo-sostenible/.

Caduto, M. Guía para la enseñanza de valores ambientales. Programa Internacional de Educación Ambiental, Madrid, España, 1992, UNESCO-PNUMA.

Declaración de Estocolmo sobre el Medio Ambiente Humano. Disponible en: https://documents.un.org/doc/undoc/gen/n73/039/07/pdf/n7303907.pdf?token=0F8aDCrvxqQC2Ljpa9&fe=true.

González Arruti, C. I., El Derecho internacional y el principio de precaución en el ámbito de la diversidad biológica: una especial atención a los organismos vivos modificados, Instituto de Investigaciones Jurídicas-UNAM, México, 2016.

González Muñoz, M. Principales tendencias y modelos de la educación ambiental en el sistema escolar, Revista Iberoamericana de Educación, 1996, Vol. 11.

Juste Ruiz, J., Derecho Internacional del Medio Ambiente, McGraw-Hill, Madrid, 1999.

Kestin, Tahl, et. al, Cómo empezar con los ODS en las universidades. Una guía para las Universidades, los Centros de Educación Superior y el sector académico, Red Española para el Desarrollo Sostenible (edición en español). SDSN Australia/Pacific (2017): Getting started with the SDGs in universities: A guide for universities, higher education institutions, and the academic sector. Australia, New Zealand and Pacific Edition. Sustainable Development Solutions Network-Australia/Pacific, Melbourne. Disponible en: https://reds-sdsn.es/wp/wp-content/uploads/2017/02/Guia-ODS-Universidades-1800301-WEB.pdf.

Kiss, A., Droit International de l´environnement, Pedone, Paris, 2000, p. 30.

Nemer Naime, F., González, S. La educación ambiental en la Agenda 2030 de México, 2018. Disponible en: http://biblioteca.semarnat.gob.mx/janium/Documentos/Ciga/libros2018/CD003098.pdf.

Pérez Salom, J. R., Recursos genéticos, biotecnología y Derecho internacional: La distribución justa y equitativa de beneficios en el Convenio sobre Biodiversidad, Aranzadi, Cizur Menor, 2002.

Sáenz Orlando, Implementación de los ODS en las Instituciones de Educación Superior. Recomendaciones a partir de la experiencia de una universidad latinoamericana. Versión en castellano del artículo "Implementation of the Sustainable Development Goals (SDGs) in Higher Education Institutions: Recommendations Based on the Experience of a Latin American University", publicado por la Global University Network for Innovation (GUNi) en el libro "Implementing SDGs at Higher Education Institutions: Challenges and Responses". Disponible en: http://oses-alc.net/wp-content/uploads/2021/02/2021-02-14-OSZ-Espanol.pdf.

UNESCO (2004). Education for a Sustainable Development. Disponible en: http://www.unesco.org/en/sustainable-development/education.

Integración de la Perspectiva de Derechos Humanos en la Formación de Agentes Judiciales

MTRO. VICTOR ALEJANDRO NODAL SILVA[1]
DR. AURELIO ISRAEL CORONADO MARES[2]
MTRA. KARLA VALERIA BALTAZAR TORRES[3]

SUMARIO: I. INTRODUCCIÓN. II. LA PERSPECTIVA DE DERECHOS HUMANOS. III. LA EDUCACIÓN CON PERSPECTIVA DE DERECHOS HUMANOS PARA LAS PERSONAS OPERADORAS DEL SISTEMA DE JUSTICIA. IV. PENSAMIENTO CRÍTICO, DECOLONIAL Y ANTIRRACISTA. V. EDUCACIÓN CRÍTICA, PEDAGOGÍA DE LA LIBERACIÓN Y CONTRAPEDAGOGÍA DE LA CRUELDAD. VI. LA EXPERIENCIA DE LA EDUCACIÓN DE OPERADORES CON PERSPECTIVA DE DERECHOS HUMANOS. VII. CONCLUSIÓN. VIII. REFERENCIAS.

I. INTRODUCCIÓN

En el contexto actual, donde los sistemas de justicia enfrentan numerosos desafíos, la integración de una perspectiva de derechos humanos en la educación y formación de sus operadores y operadoras se ha vuelto una necesidad imperiosa. Las y los operadores del sistema de justicia, incluyendo a las personas juzgadoras, fiscales y defensorías públicas, desempeñan un papel crucial en la protección y promoción de los derechos fundamentales. Sin

1 Doctorante en Derechos Humanos, Integrante del Equipo Independiente de Investigación en Ciencias Forenses y Derechos Humanos.
2 Doctor en Psicología, Integrante del Equipo Independiente de Investigación en Ciencias Forenses y Derechos Humanos.
3 Maestra en Ciencias Forenses, Integrante del Equipo Independiente de Investigación en Ciencias Forenses y Derechos Humanos.

embargo, a menudo su formación se limita a aspectos técnicos y normativos, dejando de lado una comprensión más holística y ética de su rol.

El acceso a la justicia no es solo una cuestión de procedimientos legales; implica también la garantía de que todas las personas, sin distinción, puedan ejercer sus derechos de manera plena y equitativa. En este sentido, adoptar una perspectiva de derechos humanos en la formación de quienes operan los sistemas de impartición de justicia significa reconocer y abordar las dinámicas de poder y opresión que subyacen a muchos de los problemas sociales contemporáneos. Es crucial que este cuerpo de profesionales no solo entienda las leyes, sino que también internalice valores como la dignidad, la igualdad y el respeto por la diversidad humana.

En los últimos años, la literatura especializada ha subrayado la importancia de enfoques transdisciplinares que integren herramientas teóricas y metodológicas diversas, como la interseccionalidad y el pensamiento crítico. Estas herramientas permiten a quienes operan el sistema de justicia comprender mejor las complejidades de los casos que enfrentan, especialmente aquellos que involucran a poblaciones en situación de vulnerabilidad. Asimismo, la implementación de una estructura horizontal en las relaciones de poder dentro del sistema de justicia puede contribuir significativamente a combatir la impunidad y la corrupción.

Este capítulo busca explorar los beneficios y desafíos de incorporar una perspectiva de derechos humanos en la formación de agentes del sistema de justicia. A través de un análisis crítico y la revisión de experiencias prácticas, se pretende ofrecer una guía para la transformación de la práctica judicial. La meta es no solo mejorar la administración de justicia, sino también promover un cambio cultural que favorezca la igualdad y la inclusión.

La educación crítica y la adopción de enfoques participativos y democráticos en la formación de operadoras y operadores de justicia son pasos esenciales para lograr un sistema más justo y equitativo. Este capítulo invita a reflexionar sobre estas cuestiones y a considerar cómo la perspectiva de derechos humanos puede convertirse en una herramienta poderosa para la transformación social y la defensa de los derechos fundamentales.

II. LA PERSPECTIVA DE DERECHOS HUMANOS

El correcto abordaje de fenómenos complejos, como el acceso a la justicia, requieren de modelos teóricos transdisciplinares, capaces de integrar mecanismos cuya armonía epistemológica, ontológica y pragmática, doten de sentido y congruencia a una metodología para la tutela, promoción y reconocimiento de la dignidad humana. Según la literatura especializada, este modelo es el enfoque o perspectiva de derechos humanos.

La perspectiva de derechos humanos parte de la premisa de que las personas son titulares de derechos con el poder jurídico y social para exigir al Estado el cumplimiento de sus deberes. Esta perspectiva, considera que las acciones llevadas por las administraciones estatales no solo son mandatos políticos o morales, sino también son la vía regia para el cumplimiento de los imperativos legales, obligatorios y exigibles, establecidos por los tratados de derechos humanos. Entiende los tratados internacionales como estándares mínimos de ordenamiento jurídico, que orientan las conductas del Estado y sus agentes, para garantizar el cumplimiento de dichas obligaciones.

Esta perspectiva, busca que todas las personas sean reconocidas como equivalentes, tomando en cuenta las diferencias físicas, biológicas y sociales propias de la diversidad humana. Se pone al centro a la persona misma, entendida como un sujeto con la plena capacidad de razonar y actuar en su contexto histórico, como individuo y como parte de un espacio colectivo con quienes comparte características. Implica la comprensión de las personas desde la intersección entre las categorías de sujeto individual, social y jurídico.

La perspectiva de derechos humanos identifica los roles de los sujetos, distinguiendo entre sujetos de derechos y cuáles son estos derechos, y a titulares de deberes y cuáles obligaciones les atañen. Esto con el objetivo de analizar las desigualdades al centro de los problemas sociales, así como identificar prácticas discriminatorias que limiten a las personas el acceso a sus derechos. Así, este análisis dota de la posibilidad de identificar la manera en la que se reparte el poder, poniendo énfasis en localizar a los grupos que carezcan de la posibilidad formal o de facto del ejercicio de sus derechos humanos, así como a los grupos que estén limitando o denegando el acceso a dichos derechos.

Entonces, la perspectiva de derechos humanos busca develar las causas de la pobreza y la vulnerabilidad. De tal manera, fomenta la igualdad de oportunidades y el acceso equitativo para asegurar que todas las personas puedan desenvolverse con plenitud en la sociedad, especialmente aquellas que históricamente han sido marginadas debido a su raza, etnia, género, edad, nivel educativo, orientación sexual, posición socioeconómica, discapacidad física o mental, u otras características similares, o por pertenecer a un grupo específico.

La perspectiva de derechos humanos tiene las siguientes características fundamentales:

- Reconoce la ciudadanía como un derecho para todas las personas. Misma ciudadanía que es política y social, la cual debe dotar a las personas de la capacidad de ingerir públicamente en su entorno.
- Realiza una revisión constante del marco legal que regula las interacciones entre las personas, para garantizar que estas cumplan con los requisitos de reconocimiento individual e interpersonal de la dignidad humana, así como que existan los mecanismos para garantizar y exigir su cumplimiento.
- Reconoce que las interacciones sociales y sus estructuras están basadas en el poder y su ejercicio, por lo tanto y para

redefinir dichas relaciones, se deben identificar las diferencias sociales expresadas en desigualdad, para restituir el equilibrio y garantizar el acceso a los derechos de todas las personas.

- Enfatiza en las personas como sujetos integrales, que se desenvuelven en capas biopsicosociales complejas, validando dichas individualidades.
- Recupera el reconocimiento por la diversidad social y la especificidad.
- Plantea una democracia participativa, que considere a la ciudadanía y sus derechos en la toma de decisiones, garantizando la participación sin exclusión alguna.
- Parte de una institucionalidad centrada en las personas.

Desde este enfoque, la literatura identifica cuatro categorías de obligaciones estatales para con los derechos humanos y las personas titulares de los mismos, estas son:

- Obligación de respetar: entendiéndose como la obligación de no interferir, obstaculizar o injerir en el ejercicio de los derechos humanos de las personas.
- Obligación de proteger: hace referencia a la obligación de impedir que terceros interfieran, obstaculicen o ingieran en el ejercicio de los derechos de las personas.
- Obligación de garantizar: comprende que el Estado se asegure de que la persona titular de derechos acceda a estos, incluso cuando la persona titular se encuentre en condiciones de vulnerabilidad para su pleno ejercicio.
- Obligación de promover: implica que el Estado genere las condiciones propicias para que las personas titulares de derechos tengan pleno acceso a estos.

En la doctrina de los derechos humanos, encontramos los siguientes elementos:

- Los derechos humanos son un atributo inherente a todos los seres humanos.
- Tienen tres principios fundamentales. Son indivisibles, es decir, se les reconoce como unidad y desde su totalidad; son integrales, puesto que todos los derechos humanos son interdependientes y se encuentran necesariamente ligados entre sí, y; son universales, en tanto que todos los derechos pertenecen a todas las personas, sin exclusión alguna.
- Los derechos humanos son reconocidos en leyes y tratados locales e internacionales, pero no son creados por estos instrumentos, más bien funcionan como mecanismo de exigibilidad y cumplimiento.
- Los derechos humanos, más allá de un llano ordenamiento jurídico, representan un posicionamiento intelectual, ético y moral, que se expresan no solo en las normativas, sino en la práctica cotidiana de las relaciones sociales.
- Los derechos humanos son, además, inviolables, intransferibles, imprescriptibles, irrenunciables, interdependientes y complementarios.
- Constituyen un modelo normativo, una corriente jurídica y un conjunto de estructuras institucionales.

En suma, la perspectiva de derechos humanos se complementa con otros enfoques que mantienen posturas intelectuales, ontológicas y epistemológicas complementarias. Cuya integración ha demostrado utilidad al momento de restituir, tutelar y garantizar el pleno ejercicio de derechos. Entre estos enfoques destacan:

a. Una perspectiva socioeconómica: que comprende a la pobreza como un problema estructural, desde sus incidencias individuales y colectivas. Parte de la premisa de identificar las condiciones diferenciales y desiguales asociadas al contexto socioeconómico en el que se desenvuelven las personas, con el objetivo de identificar y resarcir desigualdades.

Incide en la pobreza desde sus causas estructurales e identifica las necesidades desde una dimensión diferencial.

b. Perspectiva de género: comprende las discriminaciones históricas a las que se enfrentan las mujeres y las poblaciones género-disidentes, en relación con las estructuras patriarcales que superposicionan la masculinidad hegemónica cisgenérica por encima de otras formas de organización sexo-genérica.

c. Perspectiva generacional: reconoce la importancia del enfoque de infancias y visibiliza al adultocentrismo como principio organizador de relaciones de poder entre personas adultas y niños, niñas y adolescentes. Este enfoque reivindica a las infancias y adolescencias como sujetos de derechos y no como objetos de posesión de las personas adultas a su alrededor.

d. Interseccionalidad: reconoce que ninguna persona puede reducirse a una sola categoría identitaria y que, en determinadas condiciones, alguna o algunas de estas características identitarias representan una carga simbólica mayoritaria, supeditada al carácter dinámico de la compleja realidad social, interrelacional e intrapersonal. La interseccionalidad contextualiza la experiencia diferenciada de las poblaciones en situación de vulnerabilidad, revelando la manera en que se ha normalizado la explotación y violencia contra dichas poblaciones. Así, este enfoque se convierte en la principal herramienta para visibilizar la vulnerabilidad y para dirigir los esfuerzos de la doctrina de los derechos humanos hacia el resarcimiento y atenuación de dichas condiciones.

Cabe destacar que, el campo último en el que los derechos humanos encuentran su vigencia y ejercicio es en el momento de la impartición de la justicia, ya que es el lugar en el que la población identifica si el contenido de tratados internacionales y acuerdos en derechos fundamentales, encuentran cabida en la realidad de la ciudadanía. Esta misma ciudadanía, asume que los derechos humanos son palpables, solo cuando sus reclamos de justicia encuentran amparo en los mismos y no cuando se mantienen en la impunidad y la espera de justicia. Por eso es imperante que la perspectiva de derechos humanos facilite y favorezca un verdadero acceso a la justicia, no solo en aspectos normativos y formales, sino también en términos fácticos y efectivos. En estas condiciones, a los derechos humanos se les asocia directamente con la verdad, la justicia y la reparación del daño a las víctimas.

Por otro lado, cabe reflexionar sobre cómo en México, el estudio de los derechos humanos se ha relegado exclusivamente al ámbito legal, obviando el fructífero valor teórico y metodológico que la perspectiva de derechos humanos tiene para dotar a las disciplinas científicas.

Esto conlleva, necesariamente, una formación transdisciplinar que comprenda a las ciencias jurídicas como parte vital de la construcción intelectual y la práctica de los derechos humanos, así como la formación en universidades y la educación y formación de las y los operadores del sistema de justicia.

Se trata de relacionarse con el derecho y sus practicantes, no desde la subordinación, sino desde la horizontalidad, desterrando "autoritarismos disciplinarios, silencios obedientes y narcisismos cognoscentes". La aplicación de la perspectiva de derechos humanos no puede ser emprendida solo por juristas, desde una visión endogámica del derecho, sino que precisan de bases teóricas y metodológicas complejas, que aborden los problemas de los derechos humanos desde la diversidad intelectual y humana.

La perspectiva de derechos humanos, implica utilizar una visión más amplia para desarrollar estrategias integrales que consideren aspectos críticos para el desenvolvimiento de las personas, como los aspectos sociopolíticos, educativos y comunicacionales, así como también la incidencia, el trabajo comunitario, la prevención y protección, el respeto por la dignidad y la calidad de vida, el cuidado mutuo y colectivo, la creación de redes de apoyo y la movilización social. Estas estrategias deben reconocer el valor individual y colectivo, atendiendo tanto a su potencial como a sus necesidades biopsicosociales, demostrando una visión integral de la subjetividad. Así, desde la academia y su práctica, se responde a la obligación de no solo describir fenómenos sociales que laceran y limitan las relaciones humanas, sino también vislumbrar opciones de respuesta para la reconstrucción de esos daños y la reparación de las heridas.

Tradicionalmente, la academia y sus practicantes se han colocado desde la distancia ante las desigualdades e injusticias, a partir de la falsa y cómoda creencia de que su único deber profesional y ético, es el de apegarse a sus técnicas, modelos y procedimientos, evitando a toda costa relacionarse con las personas que reciben sus servicios y con cualquier otra variable que escape de su marco teórico referencial limitado y limitante. Lo anterior, bajo la falacia de que dichas prácticas acríticas, les colocan siempre desde la "objetividad" que les exige su disciplina, obviando en su totalidad que esas mismas prácticas cumplen con un rol de regulación de relaciones sociales y sostienen las estructuras hegemónicas de poder que reproducen las desigualdades, perpetuando el malestar en los sujetos que dicen representar.

La perspectiva de derechos humanos implica un ejercicio de resistencia ante estos infundados principios tradicionales. Coloca a las personas y su dignidad, al centro de la discusión, partiendo de una premisa preestablecida para la consecución de las prácticas, textos y reflexiones, que todas las personas merecen acceder a un nivel de vida digno, en el que puedan explotar sus potencialidades, reconociendo tanto sus diferencias, como su equivalencia con el resto de la humanidad. Esto sin temor alguno de caer en una mala praxis científica o disciplinar, puesto que no es equivalente la objetividad a la imparcialidad. Se es parcial cuando se coloca en favor del ejercicio de los derechos humanos de todas las personas, y se mantiene la objetividad cuando se utilizan sabiamente las disciplinas y sus metodologías para comprender la realidad en todas sus aristas. "Este es un tema para muchos escabroso, pero no por ello menos importante. Ciertamente, asumir una perspectiva, involucrarse en una praxis popular, es tomar partido. Se presupone que al tomar partido se abdica de la objetividad científica, confundiendo de este modo la parcialidad con la objetividad. El que un conocimiento sea parcial no quiere decir que sea subjetivo; la parcialidad puede ser consecuencia de unos intereses, más o menos conscientes, pero puede ser también de una opción ética. Y mientras todos estemos condicionados por nuestros intereses de clase que parcializan nuestro conocimiento, no todos realizan una opción ética consciente que asuma una parcialización coherente con los propios valores. Frente a la tortura o el asesinato, por ejemplo, hay que tomar partido, lo cual no quiere decir que no se pueda lograr la objetividad en la comprensión del acto criminal y de su autor, torturador o asesino".

III. LA EDUCACIÓN CON PERSPECTIVA DE DERECHOS HUMANOS PARA LAS PERSONAS OPERADORAS DEL SISTEMA DE JUSTICIA

La perspectiva de derechos humanos, tal como se ha descrito anteriormente, requiere de modelos teóricos transdisciplinares capaces de integrar mecanismos que armonicen epistemológica, ontológica y pragmáticamente para la tutela, promoción y reconocimiento de la dignidad humana. En este contexto, no sólo como acceso al derecho humano, sino como práctica crítica, ética y obligatoria del Estado, la educación se convierte, para las personas operadoras del sistema de justicia, en una práctica de altos estándares, que debe incorporar diversas propuestas teóricas y herramientas de análisis que permitan una comprensión profunda y una intervención efectiva en su práctica profesional.

Las respuestas por parte de las instituciones de procuración de justicia ante la violencia deben considerar los aspectos sociopolíticos, históricos y territoriales de la victimización. En la búsqueda de la restitución de los derechos humanos de las personas involucradas en el sistema de justicia, y atendiendo al principio de dignidad, igualdad y no discriminación, se deben diseñar estrategias colectivas que influyan incluso en las sentencias judiciales, promoviendo un enfoque transformador. Esto implica un reconocimiento profundo de las subjetividades de las personas y una respuesta efectiva hacia la reparación integral del daño. Así, la educación con perspectiva de derechos humanos para las personas operadoras del sistema de justicia se convierte en una obligación del Estado.

Para lograr una educación con perspectiva de derechos humanos, es fundamental aplicar diversas propuestas teóricas y herramientas de análisis. Entre ellas se encuentran la interseccionalidad, el pensamiento crítico, decolonial y antirracista, la pedagogía de la opresión y de la liberación de Paulo Freire, la pedagogía, la contrapedagogía de la crueldad de Rita Segato, y el enfoque psicosocial. Estas herramientas no solo permiten un análisis más completo de las dinámicas de poder y opresión, sino que también proporcionan métodos prácticos para abordar y transformar estas dinámicas en la práctica cotidiana de las personas operadoras del sistema de justicia.

Según Michel Foucault, el poder se ejerce y manifiesta en relaciones dinámicas que implican confrontación y resistencia. Por tanto, una estructura horizontal permite la libre interacción y el cuestionamiento necesario para evitar la dominación y la opresión.

Así mismo, Pierre Bourdieu sostiene que el poder se inscribe en una red de relaciones sociales donde las personas luchan por posiciones de legitimidad y dominio mediante diversos tipos de capital. Promover relaciones horizontales en el sistema de justicia contribuye a desmantelar estas jerarquías y fomenta una participación más equitativa y justa de todos los actores involucrados.

En consonancia con lo anterior, Max Weber describe el poder como una estructura de autoridad legitimada por la organización administrativa. Replantear estas estructuras hacia un modelo horizontal ayuda a combatir la impunidad y la corrupción, principales malestares del sistema de justicia, al permitir que las decisiones sean más transparentes, participativas y democráticas.

Por tanto, para generar condiciones que permitan el ejercicio de la educación, es crucial que las personas operadoras del sistema de justicia se relacionen desde la horizontalidad, ya que la verticalidad jerárquica reproduce sistemas de opresión, tanto en las estructuras institucionales del Estado, como en los actores que interactúan en éstas, particularmente en contextos donde opera la impunidad y la corrupción sistemática. La tendencia del abuso de poder suele despojar y desplazar a los sujetos centrales (víctimas y acusados), del ejercicio de su poder y del protagonismo que el Estado les debe garantizar.

Así pues, la educación con perspectiva de derechos humanos para las personas operadoras del sistema de justicia, debe considerar el estudio y la intervención en la situación de violencia desde el análisis de las relaciones de poder, buscando reducir las brechas observables en las asimetrías y desigualdades involucradas en la victimización y vulneración de derechos humanos.

El conocimiento se genera a partir de la experiencia vital de los individuos y de la colectividad en situaciones concretas. Para comprender y abordar las problemáticas sociales que derivan en violencia, es fundamental estudiar los fenómenos, documentarlos, sistematizarlos y analizarlos continuamente. Solo mediante este proceso, las personas operadoras del sistema de justicia pueden desarrollar una comprensión profunda y generar conocimiento valioso que informe futuras prácticas y políticas.

Implementar estas herramientas de análisis en la práctica diaria y documentar los hallazgos permitirá crear una base académica sólida y un cuerpo de conocimiento que guíe a futuras generaciones de integrantes del servicio público. Este enfoque garantizará que las intervenciones ante la violencia sean efectivas y equitativas, respetando los derechos humanos y los estándares internacionales. En última instancia, contribuirá a construir un sistema de justicia que promueva la igualdad y combata la opresión de las poblaciones más desamparadas.

Además, el ejercicio horizontal del poder facilita que los conocimientos generados a partir del estudio del caso, de la intervención en el mismo y el análisis de los resultados, provengan de todos los actores involucrados. Construir el conocimiento desde la horizontalidad implica que las voces de todos los actores sean equipotentes, generando implicaciones pedagógicas de la interseccionalidad. El conocimiento, pues, con la riqueza de quien proviene, se genera a partir de la premisa de que no hay ignorancia absoluta, ni sabiduría absoluta.

IV. PENSAMIENTO CRÍTICO, DECOLONIAL Y ANTIRRACISTA

El pensamiento crítico se enfoca en cuestionar y desafiar las estructuras de poder existentes, así como las narrativas que perpetúan la opresión. Incorporar el pensamiento decolonial y antirracista es vital para desmantelar las jerarquías raciales y coloniales presentes en muchas prácticas judiciales. La interseccionalidad, como herramienta de investigación crítica, promueve el uso de enfoques multifacéticos para analizar diversos fenómenos sociales y se ha consolidado en instituciones educativas y de investigación. Por ello, debe aplicarse también en el sistema de justicia, donde puede ser un componente práctico. La justicia penal, a través de sus políticas, sus intelectuales y sus vínculos económicos con el estado, es un área donde se hacen más evidentes los efectos de las políticas neoliberales sobre los grupos oprimidos.

En la educación, quienes investigan se preguntan cómo las desigualdades sociales, como la raza, la clase, el género, la sexualidad y la capacidad, influyen en las experiencias y resultados de vida de las personas desempoderadas. Este enfoque lleva a considerar la importancia del pensamiento crítico, decolonial y antirracista.

El pensamiento crítico implica evaluar y abordar los problemas sociales derivados de la injusticia. Este concepto tiene sus raíces en los movimientos del siglo XX de lucha por la igualdad, la libertad y la justicia social. La educación crítica debe ser intrínsecamente decolonial, nacida de los movimientos que abogaban por la liberación del estado colonial, la desegregación racial y de género.

Las personas operadoras del sistema de justicia deben aprender a abordar los problemas desde una perspectiva que combata las estructuras coloniales del pensamiento y la organización social cisheteronormativa. Esto requiere una autorreflexión profunda sobre su práctica, mostrando sensibilidad hacia la desigualdad social. Deben buscar análisis de los problemas sociales que no solo describan el mundo, sino que tomen una postura activa contra las injusticias, imaginando alternativas y proponiendo estrategias viables para el cambio, postulando una sensibilidad crítica. La práctica crítica del pensamiento anticolonial, anticapitalista y antirracista implica que el personal del sistema de justicia comprenda que la praxis no se limita a la aplicación de conocimientos especializados. En lugar de eso, debe utilizar el conocimiento adquirido en la vida cotidiana para reflexionar sobre estas experiencias y sobre el propio conocimiento intelectual. La educación crítica busca que la teoría y la práctica no se separen, sino que se complementen mutuamente. Esta visión contrasta con otras que consideran la teoría superior a la práctica.

Los operadores del sistema de justicia deben aplicar este enfoque educativo y pedagógico porque deben ser conscientes del daño que causan las decisiones basadas en perspectivas unidimensionales, especialmente cuando se aplican a diversas poblaciones oprimidas. A lo largo del tiempo, se espera que las generaciones de servidores públicos utilicen los conocimientos obtenidos de sus experiencias prácticas y educativas para desarrollar métodos de enseñanza avanzados y especializados. Esto permitirá superar la investigación tradicional y subrayará la importancia de la pedagogía como base para la praxis crítica de la interseccionalidad. Eventualmente, esta práctica en el sistema de justicia dará lugar a múltiples líneas de actuación en áreas diversas de estudio, intervención y prevención de la violencia, integrando la pedagogía, la epistemología, la teoría y la metodología.

V. EDUCACIÓN CRÍTICA, PEDAGOGÍA DE LA LIBERACIÓN Y CONTRAPEDAGOGÍA DE LA CRUELDAD

La educación crítica, basada en el pensamiento de Paulo Freire, enfatiza la importancia de la conciencia crítica y la educación liberadora. Aplicando estos principios, las personas operadoras del sistema de justicia pueden transformarse en agentes de cambio que empoderan a las comunidades y promueven la justicia social. La práctica pedagógica de la perspectiva de derechos humanos en la educación para agentes del sistema de justicia debe hacer posible lo que parece imposible, requiriendo una apertura necesaria a la otredad, donde el diálogo se convierte en una exigencia epistemológica para una vivencia socialmente comprometida.

La pedagogía de la opresión, propuesta por Paulo Freire, se enfoca en denunciar las estructuras de poder que perpetúan la opresión y en educar a las personas para que puedan reconocer y combatir estas estructuras. Para los operadores del sistema de justicia, esta pedagogía implica un compromiso ético y político de criticar y transformar las realidades opresivas en su práctica diaria. Esta educación no es una idealización ingenua, sino una reflexión crítica sobre las condiciones sociales de opresión, permitiendo a las y los operadores comprender la realidad como algo mutable mediante la participación activa de las personas.

La pedagogía de la liberación es una extensión de la pedagogía de la opresión que implica asumir un doble compromiso: denunciar la realidad excluyente y crear las condiciones sociales que permitan concretar nuevas posibilidades. Esta pedagogía capacita a agentes del sistema de justicia para desarrollar métodos de trabajo que empoderen a las comunidades y les permitan denunciar sus propias realidades. A través de este enfoque, las y los educadores-educandos pueden comprender mejor las realidades políticas e históricas, y generar posibilidades de cambio.

La pedagogía de la crueldad, conceptualizada por Rita Segato, proporciona un marco para entender y confrontar la violencia estructural y simbólica en la sociedad. Esta pedagogía ayuda a desarrollar una mayor sensibilidad hacia las experiencias de las víctimas y a trabajar para erradicar la crueldad institucional. La contra pedagogía de la crueldad, por otro lado, busca desmantelar las prácticas que perpetúan la violencia y la opresión dentro de las instituciones de justicia. Al incorporar estas ideas, las personas operadoras del sistema de justicia pueden abordar de manera más efectiva las dinámicas de poder que perpetúan la violencia y la opresión, promoviendo un entorno más justo y equitativo.

VI. LA EXPERIENCIA DE LA EDUCACIÓN DE OPERADORES CON PERSPECTIVA DE DERECHOS HUMANOS

La experiencia acumulada por el Equipo Independiente de Investigación en Ciencias Forenses y Derechos Humanos en la formación de agentes del sistema de justicia en diversos países, tales como México, Colombia, Guatemala, Costa Rica, Argentina, Perú y Estados Unidos, ha sido significativa. Esta labor ha abarcado la capacitación de personas juzgadoras, cuerpos periciales, defensorías públicas, policías y fiscales, proporcionando una formación que no solo aborda el marco legal y procedimental del sistema acusatorio, sino que también integra una perspectiva de derechos humanos en cada etapa del proceso judicial. Esta formación ha permitido a quienes operan el sistema comprender mejor las complejidades y matices de la justicia, promoviendo la adopción de buenas prácticas y enfoques transperspectivistas que aseguren una comprensión diferenciada y contextualizada de cada caso.

En el marco de esta práctica, el diseño y la publicación de protocolos y guías de actuación han sido herramientas fundamentales para orientar a los sistemas y sus integrantes en la investigación de feminicidios, violencia sexual, tortura y crímenes contra personas defensoras de derechos humanos. Estos documentos proporcionan un marco detallado y práctico que guía cada etapa de la investigación, desde la recolección de evidencia hasta la presentación de resultados en audiencias judiciales. Al establecer estándares claros y procedimientos rigurosos, estos protocolos aseguran que las investigaciones se realicen con la debida diligencia y desde una perspectiva de derechos humanos, lo cual es crucial para la correcta administración de justicia y la protección de las víctimas.

La participación como personas expertas en audiencias judiciales ha sido una labor crucial en la educación de agentes del sistema de justicia. A través de la presentación de informes forenses y la exposición de los límites y alcances de la evidencia científica, contribuye a la formación de jueces, juezas, fiscales y defensorías en la comprensión profunda de la debida diligencia y el análisis de contexto. Esta interacción directa en el ámbito judicial no solo enriquece la práctica forense, sino que también educa a quienes operan en el sistema de justicia sobre la importancia de adoptar un enfoque crítico y fundamentado en derechos humanos al interpretar y utilizar la evidencia en la toma de decisiones judiciales.

En esta última sección del capítulo, se aborda la propuesta de cómo aplicar esta perspectiva de derechos humanos en la educación de agentes judiciales desde la práctica forense. Se presenta el desarrollo de un marco analítico denominado dimensiones de análisis de la práctica forense, el cual se ha utilizado tanto en la formación de las personas operadoras del sistema de justicia como en la elaboración de protocolos, informes forenses y la comunicación de resultados en audiencias. Las dimensiones de análisis —técnica-logística, lógica-metodológica y ética-crítica— proporcionan una herramienta pedagógica valiosa para categorizar los saberes necesarios, desarrollar competencias específicas y adoptar enfoques diferenciales que aseguren la debida diligencia en cada caso.

La práctica tradicional en la investigación forense se refiere a prácticas de investigación que se realizan por inercias institucionales en lugar del uso de buenas prácticas y metodologías actualizadas. Esta práctica tradicional a menudo está caracterizada por la negligencia en la recolección de evidencia y la interpretación sesgada de los datos. dichos problemas pueden derivar en la pérdida de información crucial y en la perpetuación de injusticias. En respuesta a este contexto, se han desarrollado las dimensiones de análisis de la práctica forense, que se presentan no sólo como un método de análisis, sino también como una guía para la acción. Este marco busca abordar y superar las limitaciones de la práctica tradicional al hacer visibles las formas de discriminación y exclusión que afectan a grupos vulnerables, e implica incluir la perspectiva de derechos humanos como una lógica que acompaña todo el proceso.

Se llama "teatro forense" a esta práctica tradicional, en la que se busca simular para dar la apariencia pública de competencia y ocultar los estragos de la crisis forense y de acceso a derechos humanos. En este contexto, las personas que participan como peritos enfrentan el dilema del doble deber, que se manifiesta en la discrepancia entre las acciones habituales dictadas por las expectativas institucionales y operativas, y las acciones que deberían realizarse según un compromiso ético y científico. Estas condiciones generan una alienación profesional, donde quienes trabajan en forense pierden la conexión y compromiso con su labor debido a las restricciones impuestas por el sistema. Reconociendo esta realidad, la educación de agentes del sistema de justicia debe enfocarse en entender la raíz de estos problemas y proporcionar una reflexión crítica que permita ofrecer herramientas para la desalienación. Esto significa ayudar a quienes operan en el sistema de justicia a reconectar con los principios éticos y científicos de su labor, superando las tensiones impuestas y fomentando una práctica forense que sea verdaderamente justa y respetuosa de los derechos humanos. Las dimensiones de análisis de la práctica forense —técnica-logística, lógica-metodológica y ética-crítica— proporcionan un marco para navegar esta complejidad. Estas dimensiones sirven a la vez como un método de análisis y una guía para la acción. Por un lado, emplean una lectura de la realidad que pretende hacer visibles las formas de discriminación contra aquellos grupos o ciudadanías discriminadas por un grupo hegemónico. Por otro lado, toman en cuenta dicho análisis para brindar adecuada atención y protección de los derechos de la población. Este enfoque integral pretende incidir en la agencia de quienes operan el sistema para contribuir al desarrollo de una práctica adecuada y a la búsqueda de la humanización del sistema judicial.

A continuación, se presentan una serie de consideraciones para la educación de agentes judiciales utilizando las dimensiones de análisis de la práctica forense. Estas dimensiones proporcionan una herramienta pedagógica valiosa para categorizar los saberes necesarios, desarrollar competencias específicas y adoptar enfoques diferenciales que aseguren la debida diligencia en cada caso. Las dimensiones de análisis —técnica-logística, lógica-metodológica y ética-crítica— se han utilizado tanto en la formación de personas operadoras del sistema de justicia como en la elaboración de protocolos, informes forenses y la comunicación de resultados en audiencias judiciales.

A. *Dimensión técnico-logística*

La dimensión técnico-logística se centra en los aspectos prácticos y operativos de la recolección y manejo de la evidencia forense. Es crucial educar a quienes operan el sistema en el uso adecuado de herramientas y técnicas necesarias para la recolección de datos, asegurando que se respeten los estándares internacionales y se minimicen los riesgos de contaminación o pérdida de evidencia. Esta dimensión subraya la importancia de una gestión logística eficiente para garantizar que los recursos y procedimientos estén alineados con los principios de derechos humanos y la debida diligencia. Al adoptar una mirada interseccional e histórica, quienes operan el sistema pueden seleccionar adecuadamente las herramientas y métodos que, de otro modo, podrían pasarse por alto, asegurando así que la evidencia recolectada sea pertinente y adecuada para el caso en cuestión.

Además, la dimensión técnico-logística enfatiza la necesidad de una formación continua y actualizada para quienes operan el sistema. La educación debe incluir la comprensión del enfoque diferencial, que es una herramienta para garantizar la aplicación efectiva del principio de igualdad y no discriminación. Este enfoque reconoce que todas las personas son iguales ante la ley, a la vez que visibiliza que la ley afecta de manera diferente a las personas debido a prejuicios relacionados con su edad, género, origen étnico o nacional, color de piel, cultura, sexo, discapacidades, condición social, económica, de salud o jurídica, religión, apariencia física, características genéticas, situación migratoria, embarazo, lengua, opiniones, preferencias sexuales, identidad, expresión de género, filiación política, estado civil, idioma, antecedentes penales o cualquier otra condición que sea objeto de discriminación y genere prácticas que atenten contra los derechos. Por lo tanto, la formación debe incluir la revisión de protocolos de actuación para que la lectura que se haga del caso implique un razonamiento sobre la necesidad de ajustes razonables para asegurar los derechos de las personas involucradas, además de una correcta recolección de evidencia. La recolección de evidencia no solo debe ser técnicamente adecuada y completa, sino que también debe realizarse mediante prácticas que respeten la dignidad de las personas y sus derechos.

B. Dimensión lógica-metodológica

La dimensión lógica-metodológica se enfoca en la necesidad de formar a quienes operan el sistema en la comprensión y aplicación de metodologías pertinentes para la interpretación de la evidencia. Es fundamental que quienes operan el sistema comprendan la naturaleza de la investigación científica y cómo esta puede ser aplicada de manera efectiva en la práctica forense. La dimensión lógica-metodológica aboga por un enfoque basado en evidencia que minimice los sesgos cognitivos y garantice la objetividad en la interpretación de los datos. Además, es crucial que quienes operan el sistema adopten metodologías que incluyan el contexto en la interpretación de la evidencia y el uso de metodologías cualitativas.

La perspectiva de derechos humanos implica reconocer que la ciencia aplicada al sistema de justicia debe realizar interpretaciones reconstructivas del crimen que incluya el análisis de la consistencia de la evidencia y el análisis del contexto. Es necesario que las personas involucradas en la impartición de justicia conozcan y apliquen el estado del arte en ciencias forenses, incluyendo el entendimiento de la memoria de los testigos, los sistemas de identificación y la importancia de contrastar hipótesis. Particularmente, es importante que quienes operan el sistema conozcan los alcances y limitaciones en las ciencias forenses. La formación debe enfocarse en proporcionar a quienes operan el sistema las herramientas y conocimientos necesarios para evitar errores comunes en la interpretación de la evidencia, tales como la confirmación de sesgos preexistentes o la dependencia excesiva en la prueba directa. Además, la educación debe resaltar la importancia del uso de distintos protocolos que se adapten a la naturaleza del caso, asegurando que los resultados obtenidos sean robustos y puedan ser verificados por otras personas profesionales en el campo.

La dimensión lógica-metodológica también promueve el desarrollo de competencias para la correcta evaluación crítica de la evidencia. Esto implica no solo la habilidad para analizar y comprender datos complejos, sino también la capacidad para identificar limitaciones y fuentes de error potenciales en los procedimientos forenses. Al adoptar un enfoque lógico-metodológico, quienes operan el sistema estarán mejor preparados para presentar y defender sus hallazgos en un contexto judicial, proporcionando testimonios que sean tanto científicamente sólidos como comprensibles para todas las partes involucradas. Este enfoque integral no solo fortalece la práctica forense, sino que también contribuye a la mejora continua del sistema de justicia, promoviendo un entendimiento más profundo y preciso de la evidencia y sus implicaciones. La metodología debe adaptarse a la naturaleza del caso, promoviendo una tendencia a la transdisciplinariedad que permita integrar diversas perspectivas y enfoques científicos. Esto asegura que la metodología utilizada no sea un apartado oscuro que solo comprendan las personas expertas, sino que sea explicada de manera pública y comprensible, democratizando así el conocimiento y permitiendo que sea debatido en términos accesibles para todas las personas involucradas en el proceso judicial.

C. *Dimensión ética-crítica*

La dimensión ética-crítica se centra en la importancia de inculcar en quienes operan el sistema de justicia una reflexión profunda sobre las dinámicas de poder y la violencia estructural presentes en los crímenes que se investigan. Esta dimensión promueve la adopción de un enfoque crítico que permita identificar y desafiar los posibles estereotipos y prejuicios que pueden influir en la comprensión y la resolución de los casos.

Es esencial que quienes operan el sistema comprendan cómo las prácticas forenses pueden reproducir desigualdades y perpetuar injusticias si no se abordan desde una perspectiva crítica. La educación en esta dimensión debe enfatizar la importancia de la ética profesional y la responsabilidad social de quienes operan el sistema, asegurando que su trabajo contribuya a la justicia y la protección de los derechos humanos. Al abordar los crímenes desde una perspectiva ética-crítica, se busca garantizar que las investigaciones y los procedimientos forenses sean técnicamente adecuados y éticamente responsables, sensibles a las realidades sociales de las personas involucradas. En este sentido, es fundamental incorporar perspectivas que hagan crítica ideológica al racismo, machismo, adultocentrismo, capacitismo, colonialismo, clasismo, heterosexismo, etc.

Un aspecto clave de esta dimensión es la capacidad de quienes operan el sistema para reconocer y mitigar el impacto de sus propias percepciones y sesgos en el proceso investigativo. La formación debe incluir técnicas y estrategias para identificar y contrarrestar estos sesgos, promoviendo una práctica forense más equitativa y justa, además del análisis de contexto y el análisis de estereotipos como ejemplos. Esto implica una constante autoevaluación y una apertura al aprendizaje continuo, así como una disposición para ajustar y mejorar los métodos de trabajo en respuesta a nuevas evidencias y reflexiones críticas.

Esta dimensión también implica la necesidad de educar a quienes investigan para que comprendan y aborden las causas sociales subyacentes que propician el crimen, recolectando evidencia que ilumine estas realidades y proponga soluciones de reparación integrales. Una reparación efectiva debe considerar acciones como la restitución, indemnización, rehabilitación, satisfacción y garantías de no repetición, cubriendo dimensiones individuales, colectivas, materiales, morales y simbólicas. Además, es crucial reflexionar sobre cómo las prácticas de quienes operan el sistema de justicia deben orientarse hacia la justicia transformadora. A partir de sentencias, esta forma de justicia busca promover cambios estructurales que aseguren la no repetición y el respeto por los derechos humanos.

VII. CONCLUSIÓN

Las dimensiones de análisis de la práctica forense que hemos presentado son herramientas pedagógicas clave para la educación de operadores del sistema de justicia con perspectiva de derechos humanos. Para desarrollar estas dimensiones, es esencial que la formación incluya el estudio de casos paradigmáticos, las sentencias de cortes internacionales, la revisión de convenciones internacionales, la sistematización de experiencias prácticas, los avances del conocimiento científico y los informes que ayuden al análisis del contexto de los fenómenos de violencia. Esta integración de elementos ayuda a que quienes operan el sistema de justicia tengan la formación suficiente para realizar intervenciones en casos de manera equitativa y respetuosa de los derechos humanos, adaptándose a los cambios y avances en la práctica disciplinar y científica, así como en la administración de justicia.

La adopción de una perspectiva de derechos humanos en la formación de agentes del sistema de justicia no solo es una necesidad urgente, sino también una obligación ética y moral en la búsqueda de una sociedad más justa e inclusiva. A lo largo de este capítulo, se ha argumentado que la integración de enfoques transdisciplinares y herramientas teóricas, como la interseccionalidad y el pensamiento crítico decolonial, es esencial para abordar las complejidades y desigualdades presentes en el acceso a la justicia.

Es fundamental que la formación judicial no solo implique la transferencia de conocimientos técnicos y normativos, sino que también desarrolle una comprensión profunda de las dinámicas de poder y opresión que afectan a los individuos y comunidades en situación de vulnerabilidad. La educación crítica y la adopción de enfoques participativos y democráticos en su formación pueden transformar significativamente la práctica judicial, promoviendo una justicia más transparente, equitativa y efectiva.

Además, la implementación de una estructura horizontal en las relaciones de poder dentro del sistema de justicia puede contribuir a la erradicación de la impunidad y la corrupción, fortaleciendo así la confianza pública en las instituciones judiciales. La formación transdisciplinaria y la perspectiva de derechos humanos deben convertirse en pilares fundamentales en la capacitación de quienes funjan como agentes del sistema de justicia, asegurando que tales profesionales dominen los conocimientos y competencias necesarias para enfrentar los desafíos contemporáneos y proteger los derechos fundamentales de todas las personas.

En definitiva, la adopción de una perspectiva de derechos humanos en la formación de agentes judiciales es esencial para construir un sistema de justicia que refleje los más altos estándares éticos y legales. Es imperativo que las instituciones judiciales y educativas adopten estas recomendaciones y enfoques para garantizar un acceso pleno y equitativo a la justicia para todas las personas. Solo a través de una formación integral y crítica, que promueva la dignidad humana y los derechos humanos, se puede lograr una verdadera transformación del sistema de justicia y, por ende, de la sociedad en su conjunto.

VIII. REFERENCIAS

Abramovich, V. "Una aproximación al enfoque de derechos en las estrategias y políticas de desarrollo". Revista de la CEPAL, 2006(88), 35–50. https://doi.org/10.18356/a48f3cca-es, 2006.

Angelini, S. O. Aportes al concepto de vulnerabilidad psicosocial desde los derechos humanos. IV Congreso Internacional de Investigación de la Facultad de Psicología de la Universidad Nacional de La Plata, 188–190, 2013.

Ansolabehere, K. Los derechos humanos en los estudios sociojurídicos. En Estévez, A. & Vázquez, D., (Eds.), Los derechos humanos en las ciencias sociales. Una perspectiva multidisciplinaria. FLACSO México: UNAM, CISAN, 2019.

Ansolabehere, K. La respuesta a la violencia. El caso de la Oficina del Alto Comisionado para los Derechos Humanos en México. En Adriana Estévez & D. Vázquez (Eds.), Derechos humanos y transformación política en contextos de violencia (pp. 165–196). FLACSO México: UNAM, CISAN, 2015.

Bourdieu, P. Capital cultural, escuela y espacio social. Jiménez, I. (Trad.). México: Siglo XXI editores, 1997.

Corach, I., Wulfsohn, A., & Di Nella, Y. Aportes de la psicología para una delimitación del concepto daño psíquico (distinción entre "daño psíquico" y "daño psicológico"). En Y. Di Nella (Ed.), Psicología forense y derechos humanos. Vol. 1. la práctica psicojurídica ante el nuevo paradigma jus-humanista (pp. 307–325). Koyatun, 2008.

Estévez, A., & Vázquez, D. Introducción. En Estévez, A., & Vázquez, D., (Eds.), Los derechos humanos en las ciencias sociales. Una perspectiva multidisciplinaria (pp. 13–20). FLACSO México: UNAM, CISAN, 2019.

Foucault, M. Un diálogo sobre el poder y otras conversaciones. M. Morey (Trad.). Madrid: Alianza, 2001.

Freire, P. La educación como práctica de la libertad. México: Siglo XXI, 2011.

Freire, P. Pedagogía de los sueños posibles: Por qué docentes y alumnos necesitan reinventarse en cada momento de la historia. Primera edición. México: Siglo XXI, 2016.

Güendel, L. La política pública y la ciudadanía desde el enfoque de los derechos humanos: La búsqueda por una nueva utopía. En S. Reuben (Ed.), Política social: vínculo entre Estado y sociedad (pp. 169–2018). UCR, 2000.

Gutiérrez Rivas, R. Prólogo. En Estévez, A., & Vázquez, D., (Eds.), Los derechos humanos en las ciencias sociales. Una perspectiva multidisciplinaria (pp. 9–12). FLACSO México: UNAM, CISAN, 2019.

Hernández, M. Á. El Acceso a la Justicia, un enfoque desde los derechos humanos. https://www.academia.edu/1030270/El_Acceso_a_la_Justicia_un_enfoque_desde_los_derechos_humanos?auto=citations&from=-cover_pagc, 2000.

Martín-Baró, I. Hacia una psicología de la liberación. Revista Electrónica de Intervención Psicosocial y Psicología Comunitaria, 1(2), 7–14, 2006.

Ministerio de Justicia y del Derecho. Guía frente a la aplicación de los enfoques diferenciales en los mecanismos de justicia transicional: usos y adaptación de buenas prácticas. Gobierno de Colombia, Fundación Panamericana para el Desarrollo – FUPAD, 2022.

National Research Council. Strengthening Forensic Science in the United States: A Path Forward. The National Academies Press, 2009.

Oficina del Alto Comisionado de las Naciones Unidas para los Derechos Humanos. Preguntas frecuentes sobre el enfoque de derechos humanos en la cooperación para el desarrollo. Naciones Unidas, 2006.

ONU Mujeres. Justicia Transformadora: Un enfoque feminista sobre la reparación integral para las mujeres víctimas de violencia, 2015.

Sánchez-Corral Fernández, E. Introducción. En E. Sánchez-Corral Fernández, H. A. Yam Chalé, & E. Molina Cañizo (Eds.), Protección legal para personas en condición de vulnerabilidad: Guía para profesionales de la salud mental (pp. 9–16). Universidad Iberoamericana, 2021.

Segato, R.. Contra-pedagogías de la crueldad. Prometeo Libros, 2021.

Solís Umaña, S. El Enfoque de Derechos. Aspectos Teóricos y Conceptuales. Escuela de Trabajo Social, 2003.

Turvey, B. E., & Coronado, A. Criminal Psychology: Forensic Examination Protocols. Elsevier Science, 2022.

Valenzuela Arce, J. M. La danza de los extintos. Juvenicidio, violencias y poderes sicarios en América Latina. Universidad de Guadalajara: El Colegio de la Frontera Norte, 2022.

VARIOS. Manual sobre los efectos de los estereotipos en la impartición de justicia. Suprema Corte de Justicia de la Nación, 2022.

VARIOS. Reflexiones y Senti-pensares Psicosociales sobre el Acompañamiento con Personas Víctimas de Tortura en México. Aluna Acompañamiento Psicosocial, AC. https://www.alunapsicosocial.org/single-post/reflexiones-y-sentipensares-psicosociales-sobre-el-acompa%C3%B1amiento-con-personas-v%C3%ADctimas-de-tortura, 2022.

Vielma Luna, O., Ugalde Ramírez, R., & Ruiz Canizales, R. Presentación. En Vielma Luna, O., Ugalde Ramírez, r., & Ruiz Canizales, R., (Eds.), Verdad, Memoria y Justicia (pp. 13–21). Gedisa, 2020.

Weber, M. Sociología del poder. Los tipos de dominación. Abellán, G.J. (Trad.). Madrid: Alianza, 2007.

Teatro jurídico para la educación en derechos humanos: una Experiencia Académico-Cultural en la Universidad de Guadalajara

Sergio Israel Quiñonez Rodríguez[1]

SUMARIO: I. INTRODUCCIÓN. II. TEATRO Y EDUCACIÓN EN DERECHOS HUMANOS. III. LA EXPERIENCIA ACADÉMICO-CULTURAL DEL TEATRO JURÍDICO. IV. CONCLUSIONES. V. REFERENCIAS.

I. INTRODUCCIÓN

En el Centro Universitario de Ciencias Sociales y Humanidades de la Universidad de Guadalajara, se implementó un ejercicio experimental con la incorporación de un taller de teatro para el desarrollo de las habilidades blandas, socio-emocionales y profesionales para los estudiantes de la carrera de Abogado, al poco tiempo el proyecto maduraría, de tal suerte que se reconocería como experiencia de práctica docente innovadora que, conjuntando la metodología teatral con la pedagogía del derecho permitió ofrecer una estrategia formativa, caracterizándose por tener una perspectiva la difusión y divulgación de los derechos humanos con sentido crítico y propositivo.

---

1 Profesor Investigador en el Centro Universitario de Ciencias Sociales y Humanidades de la Universidad de Guadalajara, responsable académico del Laboratorio Escénico para el Análisis Jurídico y Social. Es Abogado y Maestro en Derecho por la Universidad de Guadalajara y candidato a Doctor en Desarrollo Humano por la Universidad Antropológica de Guadalajara.

Las y los estudiantes han abordado el estudio del fenómeno jurídico a través de representaciones de casos judiciales y políticos-sociales, rebasando los propios límites de la enseñanza clásica de una disciplina tan tradicional y rígida como lo es el derecho y abonar con un recurso educativo para la paz y la cultura de los derechos humanos. Tomando en cuenta las bondades de las estrategias educativas del teatro, se inicia en febrero de 2022 el primer taller de teatro con miras a un contenido jurídico-social y de corte experimental, cuyo nombre además de permitir cierta identidad y relación con la formación de estudiantes de derecho, buscó ser un recurso pedagógico complementario en la formación de competencias para las disciplinas del derecho, con base en las investigaciones hechas por Agudelo, Delghans y Parra, en la que demuestran al teatro como estrategia pedagógica con potencial de situar una ruta triangular de análisis, entre los problemas sociales, el derecho y la escuela de derecho[2].

Reconociendo que el derecho es una disciplina, a la que se le caracteriza por su rigidez práctica, su saber técnico en un lenguaje encriptado, su relación con el uso y ejercicio del poder político, la formalidad en exceso, la sacramentalidad y el peso de su tradición costumbrista y dogmática, son las razones de que su enseñanza se basa en estos mismos elementos y reproduce condiciones poco liberadoras, flexibles y creativas, y que preocupa la ausencia de formación en humanidades, la sensibilidad ética y estética que acompañe el proceso de entendimiento de la realidad humana y sus problemas más urgentes, como la desigualdad y la nula justicia social en el horizonte global.

Muchos profesores corren la suerte docente, despreocupados del contexto social, de enseñar derecho desde el aspecto técnico y con un marcado acento de orgullo sobre sus logros personales, menospreciando la realidad y construyendo ficciones que desper-

---

2 C. Agudelo, A. Delghans y J. Parra. *El teatro como estrategia didáctica en la enseñanza-aprendizaje de las ciencias jurídicas.* Universidad Sergio Arboleda, 2015.

sonalizan al derecho y convierten su enseñanza en algo maquinal y descontextualizado[3]. La formación de abogados está comprometida con una falsa expectativa de oportunidades laborales reales y suficientes, reduciendo la experiencia universitaria e intelectual a un mecanismo para licitar el eventual ejercicio de la profesión, que al menos en la Universidad de Guadalajara, está secuestrada por abogados procesalistas —que son los docentes— con clara afinidad positivista y desprovistos de ofrecer una formación integral en perspectiva de derechos humanos.

La pedagogía teatral es la disciplina que conjunta teatro con educación. Surgió en Europa después de la Segunda Guerra Mundial, dando respuesta a la necesidad de innovar en metodologías que fortalecieran el proceso de aprendizaje para la reconstrucción social, cultural, política y económica de aquel entonces. Podríamos identificar que sus orígenes se remontan al propio surgimiento de la Declaración Universal de los Derechos Humanos en 1948, como una respuesta cultural en aras de un nuevo paradigma social. Sus principios son: ser una metodología activa, relativa al mundo afectivo de las personas; que priorice el desarrollo de la vocación humana por sobre la artística; el entendimiento de la capacidad del juego dramático del ser humano como el recurso educativo fundamental; el respeto a la naturaleza y las posibilidades objetivas de las personas, según la etapa del desarrollo del juego; entender la herramienta como una actitud educativa más que como una técnica pedagógica; y, privilegiar el proceso de aprendizaje en lo artístico expresivo, más allá del resultado técnico teatral[4].

Así, es que se ha reconocido la necesidad de desarrollar una herramienta didáctica propia para la carrera, que estimule la imaginación, la creatividad y el sentido humano de la profesión

---

3 J. Garza. *No estudies derecho. Una revisión a la función social de los abogados.* Taurus. 2023.

4 V. García-Huidobro. *Pedagogía Teatral: metodología activa en el aula.* Ediciones Universidad Católica de Chile. 2008, pp. 15-18.

jurídica, al mismo tiempo de generar en las y los estudiantes la reflexión crítica del derecho y de la profesión, repensar la doctrina clásica y el paradigma positivista del derecho a la luz de las necesidades sociales y culturales contemporáneas, con mayor acercamiento a la realidad y el ánimo de convertir al estudiante en un agente de cambio social con miras al compromiso con los derechos humanos y la paz global, es así como se ha encontrado en el teatro las técnicas y los recursos más adecuados para lograr este difícil pero no imposible propósito, donde la ficción se inspira en la realidad y los procesos de aprendizaje son flexibles, moldeables y experimentales.

II. TEATRO Y EDUCACIÓN EN DERECHOS HUMANOS

A lo largo de la historia, la humanidad ha sido afectada por determinadas situaciones, y ha sido sometida a prueba de severas crisis que han permitido el replanteamiento de sus márgenes civilizatorios, así cada una de las etapas se han visto reflejadas en sus actividades cotidianas y artísticas. Al mostrar al humano el espacio escénico ha buscado manifestar sus problemáticas sociales, existenciales y políticas[5], así es como el teatro desde sus orígenes ha servido de ventana a la realidad y de escaparate para las manifestaciones sociales que con el arte escénico reflexionan e interpretan los fenómenos de la humanidad, aquí el campo del derecho como producto cultural para el equilibrio de las fuerzas sociales y de las estructuras del poder, toma un papel relevante en la manera en que puede ser abordado, creado y cuestionado desde una representación hecha en la ficción como lo es el teatro.

Así el teatro se configura en un espacio para el ensayo, que de manera ficticia, las situaciones de conflicto e injusticia social do-

---

[5] E. Robles. "Teatro, un espacio para participar del diálogo en busca de la transformación social". *Contribuciones desde Coatepec.* 2022, p. 3.

tan a las personas del proceso creativo y habilidades que generarán motores hacia una sociedad más justa, equitativa y solidaria[6].

"Las obras teatrales que buscan un encuentro con el público conllevan una responsabilidad social; parten de una comprensión del mundo para tratar de transmitirla. A estas puestas en escena se les denominará obras teatrales con compromiso de transformación social"[7]. No es posible la transformación social sin el derecho, como no hay derecho posible sin la dinámica social que lo crea, el derecho es un arte al convertirlo en argumento o ley, y al tener elementos narrativos y literarios venidos de la abstracción, se puede interpretar en un texto dramático y hasta el momento del montaje escénico. El teatro ofrece una gran cantidad de posibilidades de exploración emocional, intercambio de sentimientos, saberes cotidianos y técnicos, así como el ensayo de una sociedad más justa y bajo el razonamiento de los derechos humanos.

La pedagogía teatral es la disciplina que une el teatro o arte dramático con el proceso educativo, con él se pretende dar respuestas a las propias necesidades de la enseñanza con la finalidad de reconstruir social, cultural, política y económicamente a los grupos humanos, fungiendo como herramienta de desarrollo frente a los contextos de las poblaciones menos favorecidas[8], implicando la justicia social como el tema central de sus objetivos, con ello podemos situar una pedagogía teatral aplicada a la enseñanza del derecho, tanto para la formación universitaria de

---

6 C. Caravaca y L. Pedregal. "El teatro social como herramientas de intervención socioeducativa". ArtsEduca. 2020. Disponible en: file:///C:/Users/secre/Downloads/Dialnet-ElTeatroSocialComoHerramienta-DeIntervencion
Socio ed-7609934.pdf

7 Ibidem.

8 S. Burmeister. "Pedagogía teatral y Derechos Humanos: una puerta para el autoconocimiento". *Revista Latinoamericana de Derechos Humanos.* 2021, p.195. Disponible en:
http://portal.amelica.org/ameli/journal/393/3932576009/3932576009.pdf

abogados así como para la formación ciudadana para la vida democrática, la observación y garantía efectiva de cumplimiento de los derechos humanos.

La experiencia de la práctica educativa empleando el teatro para la enseñanza-aprendizaje de los derechos humanos y la divulgación de la cultura jurídica, deja demostrada las fuertes contribuciones intelectuales y socio-emocionales, que bien, como herramienta didáctica fortalece la formación de profesionistas de las distintas disciplinas jurídicas, así como la promoción y divulgación del conocimiento alrededor del derecho: "la educación es un derecho que permite el desarrollo humano en todas sus dimensiones y ámbitos de desarrollo, sin embargo, también puede construirse en una herramienta para reproducir, reafirmar y legitimar relaciones de poder inequitativas"[9]; de tal afirmación establecemos las bases para proponer un modelo de enseñanza horizontal que propicie el desarrollo, emancipe al estudiante de las fuerzas opresivas del sistema económico y político, situándose en el centro de su proceso educativo. "Esto implica el reconocimiento crítico de la razón de esta situación, a fin de lograr, a través de una acción transformadora que incida sobre la realidad, la instauración de una situación diferente, que posibilite la búsqueda del ser más"[10].

Estableciendo que en la actualidad la comunidad docente debe reconocer las condiciones contextuales en las que la formación de los profesionales del derecho han de modificar y demandar un perfil profesional que pueda atender las necesidades de un mundo globalizado y tecnologizado, exige soluciones sistémicas e integrales a los problemas sociales, culturales, económicos y políticos, que por las propias condiciones materiales de un mundo occidentalizado y de capital, ha generado profundas desigualdades sociales:

---

9 M. Jaimes, op. cit., p. 149.

10 P. Freire. *Pedagogía del oprimido*. Siglo XXI, 1975, p. 28.

> La enseñanza del Derecho debe abandonar, por su parte, una concepción como proceso, encargada sólo de certificar el flujo de conocimientos jurídicos, y, por el contrario, debe propiciar un entorno que habilite una educación interdisciplinaria y debe fomentar condiciones para que los estudiantes adopten puntos de vista críticos sobre las condiciones en las que se desarrollarán[11].

Así pues, el teatro otorga la oportunidad de recrear contextos, problematizar los hechos externos situados en la realidad y proponer diálogos que propongan soluciones y entendimiento crítico complejo, con ayuda de la creatividad y la imaginación de lo posible. Es una vía de comunicación eficaz, donde los públicos pueden dialogar con sus propias ideas, apreciar la exposición de una historia hacia su propia sensibilización ética y estética.

¿Cómo surge la intersección del derecho como objeto de enseñanza-aprendizaje y el teatro como recurso educativo? Tendríamos que advertir que la complejidad del universo jurídico le precede la acción social y su comprensión y ejecución resultan en paradigmas legislativos y judiciales, pero también educativos dentro del paradigma de los derechos humanos, y si bien nos referimos a la promoción de los derechos y obligaciones de la ciudadanía, por otro lado, a la formación profesional de los operarios de las disciplinas jurídicas:

> Desde el momento en que el derecho no proviene de la autogeneración normativa, sino de específicos fenómenos sociales, la comprensión de esos fenómenos es pertinente para el entendimiento del derecho en México, [...]. En nuestro país, y como producto de una tradición en la forma de identificar, conceptualizar, interpretar y explicar el derecho, el mismo es visto siempre como un fenómeno reducible a la normatividad. [...] como un fenómeno atemporal, autogenerado y sistematizado en las normas [...]. Si por el contrario, insistimos que el derecho proviene de factores sociales variados, tendremos que sustituir las tres características apuntadas por las de historicidad, generación social y positividad, lo cual nos conduce a dos puntos: tratar de dar cuenta de las formas en que actualmente se manifiesta el derecho y sus posibles consecuen-

---

11 J. Garza, op. cit., p. 142.

> cias, y establecer una forma más adecuada de estudio de aquella que tradicionalmente seguimos[12].

Así, el arte dramático encuentra un propósito en un contexto donde la formación de los profesionales del derecho ha perdido sentido de realidad y se ha reducido al intento de transmitir saberes dogmáticos sin conciencia de su origen, necesidad, utilidad y trascendencia; y así, en cierta medida "desplazar los aprendizajes academicistas centrados en la erudición"[13] y proponer un abordaje mayéutico, contemplativo y crítico de los hechos sociales con la consecuente proyección normativa de la realidad en un contexto donde se trata ampliar las libertades civiles y el reconocimiento de prerrogativas para la protección y el reconocimiento de la dignidad humana.

La formación en las artes o la educación artística propiamente dicha contiene fuertes elementos sociales y culturales que son necesarios para acercar a los estudiantes al capital cultural de su pueblo, para su uso y disfrute, la sensibilidad artística se desarrolla principalmente en la escuela con acercamiento a las expresiones que van de lo popular a lo clásico, llevándolo al entorno de lo cotidiano y de experiencia viva en contacto con su cultura[14].

Tomando en cuenta la literatura en la materia, estudios realizados sobre los efectos del teatro en entornos escolares crearon muchos beneficios, directamente relacionados con las asignaturas de los planes de estudios en ámbitos educativos y, con el de-

---

12 J. Cossío. *Cambio social y cambio jurídico.* ITAM / Miguel Ángel Porrúa. 2001, p. 11.

13 M. Jaimes. "El teatro y la educación en derechos humanos. Una estrategia para analizar la educación formal en la facultad de derecho de CECAR." *Revista Reencuentro UAM.* 2015, p. 154. Disponible en: https://www.redalyc.org/articulo.oa?id=34046812010.

14 S. Torres. "El Teatro y su enfoque pedagógico como asignatura obligatoria en el currículum escolar de Argentina: Ley Federal de Educación de 1993". *Educación artística: revista de investigación.* 2021, p. 147. Disponible en: https://doi.org/10.7203/eari.12.20612.

sarrollo integral de la propia persona, tal como lo sugiere una investigación uruguaya que ha identificado que teatro aplicado, principalmente: convierte los conceptos abstractos en conceptos concretos; aborda los contenidos curriculares desde una perspectiva más atractiva; mejora el vocabulario; acerca el aprendizaje al mundo real y práctico; posibilita reflexionar a los alumnos sobre lo que hacen y comparar sus opiniones con las de los demás; promueve la tolerancia y el respeto; habilita su autocontrol y su autoestima; y, propicia un sentimiento de libertad acompañado de responsabilidad[15].

La expresión teatral se contagia, como se contagian los hábitos, los gestos o el lenguaje verbal. En ese contagio, no imitación, se pasa la posibilidad de transmisión de lo teatral[16], tomando posición en el aparato formativo, en la escuela y posterior ejercicio de la profesión con una especie de transmisión de comportamientos y disposiciones personales para la escenificación de solución de problemas en la vida real. Por ello "el teatro encuentra su razón de ser en el mismo hombre y su entorno social; como expresión humana y reflejo de una realidad —aparente o precisa— que se resume en la suma de todos los géneros artísticos y es por tanto, un medio de expresión universal"[17].

Por tanto, la implementación del teatro en la formación jurídica de tipo profesional, requiere de un acercamiento a la realidad social y la casuística judicial, generando una inmersión temprana y moldeable según la necesidad educativa, y visto como la representación de un fenómeno observable desde la ficción dramática, ofrece un recurso educativo de aplicación general y de inmersión

---

15 J. Guillen. "El teatro una necesidad educativa". Administración Nacional de Educación Pública, República del Uruguay. 2022. Disponible en: https://uruguayeduca.anep.edu.uy/sites/default/files/2022-08/Texto%20teatro.pdf

16 L. Poveda. *Teatro Oculto para el Desarrollo Integral.* Ed. Sant Quirze de Vallés. 1988, p. 21.

17 A. Andrade. *Elementos de Teatro.* Trillas. 2020, p. 11.

al campo próximo a la realidad, ya que en el trasfondo didáctico existe un aprovechamiento de las narrativas de las historias de los pueblos, sus conquistas sociales y la construcción de una paradigma jurídico en derechos humanos, en el que educadores-artistas y estudiantes-público desarrollan una dialéctica en los bordes del criticismo jurídico y la hermenéutica de los derechos fundamentales.

III. LA EXPERIENCIA ACADÉMICO-CULTURAL DEL TEATRO JURÍDICO

El primer objetivo planteado en la estrategia didáctica del teatro jurídico, fue plantear una herramienta en la que de manera lúdica, acompañara al estudiante en su formación como profesional del derecho, estableciendo en el escenario la representación de diversas realidades (obras de teatro) y confrontarlas con los conocimientos teóricos (del saber jurídico) que los estudiantes irían adquiriendo para hilvanar un ejercicio hermenéutico de comprensión de los fenómenos jurídicos y de formulación de posibles discusiones y soluciones a los problemas socio-legales, socio-judiciales, socio-legislativos y socio-culturales. El uso del arte dramático como objetivo, implicaría una novedad en los métodos de enseñanza-aprendizaje en la carrera de Abogado en la Universidad de Guadalajara.

Los productos escénicos o espectáculos de teatro a presentar, se dirigieron en un primer momento a un público concentrado en los propios estudiantes de derecho que asistirían a las funciones, posteriormente a partir de una minuciosa curaduría de textos se estableció la finalidad de que las obras de teatro pudieran promover, difundir y divulgar el conocimiento jurídico a un público más amplio al punto de que fueran del interés y gusto general, hasta que las actividades compartieron cartelera con la oferta teatral local.

El énfasis estuvo en promover la importancia del derecho en la sociedad como factor de equilibrio político y como disciplina que propone soluciones o previsiones a los seres humanos en su circunstancia política y cultural. Por otra parte, el difundir en lenguaje llano y en un ejercicio de representación de casos, el uso del derecho para propiciar la acción social en búsqueda de la justicia colectiva y el respeto irrestricto a los derechos humanos. A su vez, reservando también un eje de divulgación del saber jurídico, de manera más especializada para estudiantes, profesores y la comunidad que converge en las disciplinas del derecho.

Hubo un desafío: hacer visible en escena los hechos de injusticia, el acto irreparable, la historia irreversible, las violencias cotidianas. Aparejado se encontró el compromiso social de dar voz a los oprimidos, representar sus causas y analizar las circunstancias políticas, legislativas y judiciales, identificando y haciendo conciencia de la relación existente entre la realidad social y la ficción jurídica que se presenta como mecanismo de poder, a veces de equilibrio y otras de control, en aras de la paz social y la justicia y otras muchas veces en favor del mantenimiento del estatus quo de las clases dominantes.

La utilización del teatro para la formación de abogados propone la preparación integral de profesionistas, con un desarrollo equilibrado tanto de sus habilidades duras como de las habilidades blandas, que no solo les faculten en el uso y dominio de saberes técnico-jurídicos, sino que también descubran competencias en cuanto a inteligencia emocional, habilidad para la comunicación, empatía, sensibilidad social y una postura ética en favor de los derechos humanos. Aquí, la creatividad tiene un rol importante, ya que este proceso ilustra los temas de clase e incentivan su participación; los juicios, que son el centro de atención de todo abogado postulante, requieren su simulación[18] en el proceso formativo, y la escenificación de la realidad de estos procedimientos judiciales, ensayan el futuro inmediato de los abogados en ciernes.

---

[18] C. Agudelo, A. Delghans y J. Parra, op. cit., p. 222.

El uso de la oratoria y el diálogo resultan indispensables en el ejercicio del derecho, pues los juristas necesitan hablar correctamente[19] y el teatro otorga el desarrollo de esta competencia, con alta capacidad de argumentación.

El proyecto surgió como estrategia didáctica pero también como ejercicio para afianzar los lazos de integración entre la comunidad universitaria, el fomento artístico y la oferta de espacios para la manifestación de las humanidades que promovieran los derechos humanos modernizando y actualizando la enseñanza del derecho con opciones inmersivas, experienciales y humanísticas como lo es el teatro.

El taller semillero, inició actividades en febrero de 2022, con 48 estudiantes participantes, iniciando con una serie de contenidos introductorios al arte teatral, teoría e historia; para pasar a las actividades de expresión dramática con un sistema de ejercicios y técnicas con el objetivo de desarrollar un teatro universitario para la comprensión humana y jurídica, así como para favorecer escenarios de soluciones a los problemas de la sociedad. Terminados los trabajos del taller y debido a los logros de los estudiantes en cuanto a sus competencias escénicas se decidió fundar con esa primera generación la Compañía de Teatro Jurídico, bajo esa marca y después de varios meses de preparación se presentaría el primer montaje formal: *"Allá, en Ayutla de Los Libres"*, un drama documental, basado en hechos reales, que expone un caso de referencia jurídica nacional por el abordaje de intersecciones en materia de derechos humanos: justicia con perspectiva de pueblos originarios y de género, teoría del caso, presunción de inocencia y debido proceso. Se trató de un contundente y emocional montaje ambientado con una sobria escenografía, creativa utilería y vestuarios, todo diseñado y elaborado por los mismos jóvenes estudiantes. La obra da cuenta de una mujer indígena que después de ser juzgada bajo los usos y costumbres de su pueblo, fue presentada a las autoridades ministeriales por el presunto parricidio de su me-

19 Ibidem.

nor hijo recién nacido, situación de la que siempre existió duda razonable y fue sentenciada a más de treinta años de prisión, años adelante en su condena de prisión el caso logró reabrirse a partir de un juicio de amparo que la Suprema Corte de Justicia de la Nación atraje en el 2012 y que daría por resultado la libertad de la quejosa y asentamiento de un precedente para la historia judicial de nuestro país. Este montaje fue estrenado el 18 de mayo de 2022 con tres funciones, fue tal el éxito y la demanda que para mayo de 2024 esta obra se ha presentado 16 veces en el propio recinto teatral de la Compañía como fuera de éste en otras ciudades del Estado de Jalisco.

Para octubre de 2022, la Compañía presentó: *"Miren al cielo, son luces de bengala"*, una pieza histórica basada en los sucesos del Movimiento Estudiantil en México de 1968, que tuvo como objetivo analizar, además de sus dimensiones sociales, políticas y culturales, las características propias del expediente judicial de quienes vivieron prisión política por su participación en dicho movimiento. Este trabajo fue montado con la participación de 18 actrices y actores, vestuarios de época y una sencilla escenografía que se acompañó con un complejo y artesanal diseño de iluminación que ambientaron cada escena en un recorrido narrativo que revisó el proceso histórico-judicial de aquel lamentable evento que sentaría las bases para la lucha por un cambio hacia la democracia en nuestro país y la lucha por los derechos humanos.

Rápidamente ambos montajes constituyeron elementos de referencia didáctica en unidades de aprendizaje como: Teoría de los Derechos Humanos, Sociología Jurídica, Estudios de Casos, Derecho Constitucional, Derecho Penal y Teoría de las Estructuras Políticas y de Gobierno, materias donde sus respectivos programas demandan la revisión de una serie de implicaciones casuísticas y que el proyecto del teatro jurídico ha podido representar para el análisis y documentación de estos casos.

Un mes antes, en septiembre, fue convocado una segunda edición del taller de teatro jurídico, donde participaron 21 estudiantes, este grupo fue responsable de las festividades del Día de

Muertos, presentando un espectáculo performático, *"Mictlán: teatro, danza y poesía"*, donde se dieron cita para conmemorar esta fecha a través de la historia y mito que narran la fusión de las culturas durante la colonización y el sincretismo creado en esta celebración nacional, para guardar memoria de este proceso que abre debate respecto del encuentro de dos mundos y el destino que tendría la humanidad a partir de esta fusión cultural.

Para el mes de enero de 2023 los trabajos comienzan con miras a montar tres nuevos proyectos durante marzo, así es como después de una búsqueda y elección de textos que pudieran tener relevancia con temas sobre los derechos de las mujeres y perspectiva de género.

Así, se estrenaría *"Nosotras las peores, en defensa de los derechos de las mujeres"*, de la autoría de Rocío García e Inet Simental, que en un espacio de ficción en un interesante y violento juicio se dan cita: Hipatia de Alejandría y Olimpia de Gouges, siendo defendidas por la aparición de Sor Juana Inés de la Cruz, que bajo el yugo de un tribunal misógino son sentenciadas por la injusta historia. La obra busca advertir las desigualdades de género y la violencia hacia las mujeres, exponiendo la vida y obra de tres mujeres de distintos tiempos cuyo legado científico, político y literario siguen vigente en nuestros días.

Posteriormente, fue estrenada la obra: *"Mujer, sufragio y latín"*, de la pluma de Inet Simental, con tres actrices y un actor en escena, este montaje construye una historia onírica donde en un viaje en tren (a la democracia), las sufragistas mexicanas Hermila Galindo y Elvia Carrillo Puerto coinciden con la sufragista norteamericana Alice Paul, en dicho viaje comparten sus luchas, triunfos y fracasos. Se trata de un drama que expone el largo camino en las batallas para lograr los derechos de las mujeres al voto y ocupar cargos de elección popular, referentes para los derechos humanos de las mujeres y su incorporación a la vida pública de manera activa y con poder en toma de decisiones políticas. Para completar la trilogía se montó una obra titulada: *"Juana Belén, estrella de la tarde"* también de la autoría de Inet Simental, la cual trata de un documental biográfico de la luchadora social: Juana Belén Gutiérrez de Mendoza, precursora del feminismo en México y una figura muy importante durante la Revolución, quien dedicó su vida al periodismo y a la lucha por las injusticias sociales. Juarista, magonista y zapatista defendió sus ideales hasta el día de su muerte.

En el mes de abril se estrenaría *"Luz de gas"* de Patrick Hamilton, montaje que trata sobre las profundidades de la mentalidad criminal a partir del fenómeno psicológico del mismo nombre. Esta obra expone la problemática de la violencia psicológica ejercida en las relaciones de pareja, es un manifiesto por la reivindicación de los derechos y libertades de las mujeres, al tiempo de ser un *thriller* que habla de la deontología policial y los referentes éticos en una investigación criminal. Una obra de carácter que explota las capacidades histriónicas de los estudiantes cada vez más cercanos al teatro de carácter y a un nivel de teatro profesional y no solo universitario.

Posteriormente, vendría el título: *"Tengo derecho a existir"*, una obra que hace evidentes las condiciones de discriminación histórica a la población que vive con VIH, una obra de protesta contra el estigma, la desinformación, el terrorismo sanitario y un fuerte reclamo en escena por el derecho a la salud y a una vida sin discriminación. Más adelante se presentaría la obra: *"Esquizofrenia"*, un texto del dramaturgo uruguayo Santiago Sanguinetti, que expone la dimensión cultural y el indebido estigma sobre las personas que padecen tal trastorno mental y cómo es que se proyecta su vivencia frente a los ojos del mundo. Una obra que intenta humanizar lo que medios de comunicación y la cultura popular ha falseado, criminalizado y ha hecho mofa de los seres humanos con este padecimiento. Se trató de un trabajo escénico para la reflexión y el cuestionamiento.

Para cerrar el año 2023, la Compañía presentó *"La excepción y la regla"*, del maestro Bertolt Brecht, una interesante farsa que desnuda la perversidad de la explotación laboral, los abusos de autoridad y la corrupción en el sistema de justicia. Una obra que incomoda por la cruda crítica al sistema capitalista, a la clase empresarial y la severidad con la que trata el infortunio del desposeído de ser presa de un sistema de justicia parcial, corrupto y al servicio de las élites.

En el mes de marzo de 2024, llega la obra *"Lilith vs. Eva"* de la escritora tamaulipeca Lorena Illoldi, esta pieza es una exposición de la vida cotidiana en los escenarios patriarcales, donde se hace una dura crítica a las instituciones como la familia y el matrimonio, se cuestiona la maternidad y las violencias a las que las mujeres están expuestas.

Desde finales de 2023, se estaría preparando la obra más ambiciosa de la Compañía, finalmente en abril del 2024 se estrenaría el gran clásico de William Shakespeare: *"Hamlet"*, que con maestría literaria la obra enmarca el tema de la justicia, la venganza y la corrupción moral, permitiendo una reflexión sobre los grandes inconvenientes de la venganza privada y la necesidad de establecer en toda sociedad un sistema de justicia independiente alejado del poder político, el rumor y la discordia. En este mismo año llegaría al escenario: *"Pedro y el Capitán"* de Mario Benedetti, una obra imperdible de teatro social y de protesta. Inspirada en las dictaduras militares de los años 70´s en América del Sur, se denuncia la tortura como mecanismo de represión y política de estado para combatir a la oposición, se trata de un doloroso trance de la vida a la muerte, entre un torturado y un torturador, ambas víctimas de un sistema con toda ausencia de derechos humanos y referentes morales sobre el respeto a la vida humana.

Así pues, la práctica del teatro para la enseñanza-aprendizaje del derecho y los derechos humanos, dinamiza su proceso en sí mismo, los montajes, previo estudio de caso y revisión de texto, propician el diálogo con las disciplinas jurídicas y su materialización estética que ha servido de medio para la divulgación de la cultura jurídica con principal énfasis en los derechos humanos y la cultura de paz. El público, posteriormente se involucra como parte del proceso al recuperar la experiencia de espectador y así pueda construir desde su razonamiento, horizontes de análisis y reflexión de los fenómenos jurídicos y sociales. Al cierre del mes de mayo de 2024, la agrupación ha presentado 78 funciones en 13 obras distintas, llegando a un público que suma los 6,147 asistentes al Teatro Jurídico en apenas dos años de vida.

Del ejercicio que se ha desarrollado se han logrado establecer dos ejes de impacto formativo: el participativo y el receptivo, de los cuales se han identificado resultados en cuanto a habilidades y competencias:

Impacto formativo participativo.— Referente a los estudiantes integrados, sea bien a la Compañía de Teatro como residentes, o bien, los miembros temporales en el Taller de Teatro, quienes viven en primera persona la experiencia de trabajar y montar las obras de teatro como primeros sujetos de acercamiento, aprendizaje y proceso vivencial. En este grupo, se desenvuelven:

a. *Habilidades y competencias:* El aprender a hacer, para con sus propias experiencias, intuición y capacidad para resolver problemas puedan llevar a cabo el montaje total de una obra de teatro, desde la reflexión y memorización del texto, la construcción de los personajes, la ambientación de las escenas, la producción de escenografías, utilerías, vestuarios y diseños lumínicos y hasta musicales. Pensar críticamente, a partir del estudio de aspectos teóricos y revisión de casos y de la memoria histórica a representar que permiten el descubrimiento y exploración del conocimiento en diversas disciplinas no solo del derecho sino de la ciencia en general para vincularlo con los propósitos y objetivos escénicos de cada obra.

b. *Actitudes y valores:* Sensibilización estética, concientización de la realidad social y sus problemas, promoción humanista de la paz, los derechos humanos, la justicia social y la cultura de la no discriminación, la comprensión de la literatura universal como medio de enriquecimiento humano, el trabajo en equipo y la gestión de problemas, el autoconocimiento y desarrollo de autoestima.

Impacto formativo receptivo.— Con relación al público que asiste como espectadores de las obras de teatro, apreciando los recursos escénicos y dramáticos explora las posibilidades intelectuales a partir del discurso y la narrativa, infiriendo relaciones de causa-efecto del fenómeno jurídico y de los procesos socio-políticos.

c. *Habilidades y competencias:* Participa como agente en formación frente a los recursos de comunicación que le llevan a la reflexión intelectual y la educación sobre los tópicos del Derecho contenidos en los montajes. Así aprende el Derecho y se involucra en la cultura jurídica en la vivencia de las escenas y la exposición de los casos e historias.

d. *Actitudes y valores:* La capacidad de introspección sobre cómo relaciona el mundo con sus ideas, se forma como público estimulando su sensibilidad estética, desarrolla un ánimo hacia el cambio frente a los problemas sociales con conciencia de la urgencia de la paz global y la justicia social.

IV. CONCLUSIONES

Los retos actuales de la enseñanza del derecho dirigen el derrotero hacia estrategias didácticas que propicien la comprensión y entendimiento del mundo moderno y permanente cambio, reconociendo la tradición costumbrista y sacralidad del derecho, pero no como los elementos contextuales de su enseñanza, sino con la posibilidad de poder adoptar herramientas de aprendizaje innovadoras, creativas y revolucionarias. Todo desde la perspectiva horizontal de los derechos humanos y la cultura de paz.

Es por ello, que el uso del teatro como método didáctico ha tenido un impacto positivo, referido por los propios estudiantes que han integrado la agrupación, generando en ellos significativos cambios y ampliación de conciencia: mejoramiento y ampliación del razonamiento del derecho y el fenómeno socio-jurídico, la estimulación de la creatividad, el desarrollo de empatía y habilidades de comunicación e integración social, inteligencia emocional y habilidades para la solución de controversias, así como una sólida formación en derechos humanos.

El teatro es arte vivo, forma parte de toda cultura y civilización, el teatro además de ser entretenimiento es una herramienta de comunicación y de manera emergente surge como un vehículo educativo cargado de estímulos y abanicos sensoriales con gran capacidad para desarrollar competencias intelectuales, técnicas y emocionales para toda persona de cualquier edad o contexto social. Resulta una vía idónea para la difusión de la cultura de los derechos humanos, propiciando la cohesión social, el empoderamiento colectivo y la conciencia de los factores que generan la desigualdad y las asimetrías sociales.

Existen una gran cantidad de experiencias globales donde el trabajo con el teatro ha fomentado el desarrollo personal y social, como fuente de transformación colectiva, participativa y democrática, de ahí el valor que se le atribuye como sólida herramienta educativa. En ella, se potencia la creatividad, la imaginación y la capacidad expresiva, la "educación con y en el teatro" crea y refuerza vínculos afectivos, logrando afianzar la participación solidaria con altos valores humanos dentro de la comunidad.

En el aspecto socio-emocional, el teatro tiene la gracia de promover actitudes de respeto, aceptación, tolerancia y alto sentido de responsabilidad. Fortalece con mecanismos lúdicos la inventiva, el razonamiento lógico y crítico, la intelectualidad multi e interdisciplinaria, habilidades no solo para el campo profesional sino para la vida cotidiana.

"La educación jurídica debe estar fundamentada en una responsabilidad colectiva respecto a las implicaciones del Derecho como mediador de la vida en comunidad",[20] de ahí que las actividades colectivas y artísticas como lo es el teatro toman un papel importante en la manera que pueden aportar a la construcción de paradigmas educativos, la formación ciudadana, la educación

---

[20] J. Garza, op. cit., p. 143.

para el entendimiento de las normas, la vida en paz y el respeto a la dignidad del otro: los derechos humanos.

Sin duda y con la elección correcta de los textos que se representen, el teatro ofrece alto potencial para la enseñanza-aprendizaje del derecho y la divulgación de la cultura jurídica. Primero, entre los agentes que desarrollan el trabajo dramatúrgico y actoral, como sujetos emisores del mensaje y provocadores de la escena; segundo, el público que asiste y se contagia del teatro, como sujetos receptores del mensaje, propiciando en ellos la estimulación intelectual, la incomodidad ante la injusticia expuesta.

El teatro aplicado para la enseñanza del derecho y los derechos humanos en el Centro Universitario de Ciencias Sociales y Humanidades de la Universidad de Guadalajara ha favorecido el proceso de enseñanza-aprendizaje de los diversos tópicos de la carrera de Abogado, los recursos lúdicos y humanistas han acompañado a los estudiantes de manera positiva para el mejoramiento de sus habilidades sociales y su salud emocional. Además de ser un poderoso recurso de difusión y educación en derechos humanos.

V. REFERENCIAS

Agudelo, C., Delghans, A., Parra, J. *El teatro como estrategia didáctica en la enseñanza-aprendizaje de las ciencias jurídicas.* Universidad Sergio Arboleda. 2015.

Andrade, Aida. Elementos de Teatro. Trillas. 2020.

Burmeister, Sandra. (2021). "Pedagogía teatral y Derechos Humanos: una puerta para el autoconocimiento". Revista Latinoamericana de Derechos Humanos. 2021.

Disponible en: http://portal.amelica.org/ameli/journal/393/3932576009/3932576009.pdf

Caravaca, Carmen y Pedregal, Luna. "El teatro social como herramientas de intervención socioeducativa". ArtsEduca. 2020. Disponible en: file:///C:/Users/secre/Downloads/Dialnet-ElTeatroSocialComoHerramientaDeIntervencion Socioed-7609934.pdf

Cossío, José. Cambio social y cambio jurídico. ITAM / Miguel Ángel Porrúa. 2001.

García-Huidobro, Verónica. Pedagogía Teatral: metodología activa en el aula. Ediciones Universidad Católica de Chile. 2008.

Freire, Paulo. Pedagogía del oprimido. Siglo XXI, 1975.

Garza, Juan. No estudies derecho. Una revisión a la función social de los abogados. Taurus. 2023.

Guillen, Jesús. "El teatro una necesidad educativa". Administración Nacional de Educación Pública, República del Uruguay. 2022. Disponible en: https://uruguayeduca.anep.edu.uy/sites/default/files/2022-08/Texto%20teatro.pdf

Jaimes, Margarita. "El teatro y la educación en derechos humanos. Una estrategia para analizar la educación formal en la facultad de derecho de CECAR. Revista Reencuentro UAM. Disponible en: https://www.redalyc.org/articulo.oa?id=34046812010

Poveda, Lola. Teatro Oculto para el Desarrollo Integral. Ed. Sant Quirze de Vallés. 1988.

Robles, Eliasib. H., (2022). "Teatro, un espacio para participar del diálogo en busca de la transformación social." Contribuciones desde Coatepec, 2022.

Torres, Sara. "El Teatro y su enfoque pedagógico como asignatura obligatoria en el currículum escolar de Argentina: Ley Federal de Educación de 1993." Educación artística: revista de investigación. 2021. Disponible en: https://doi.org/10.7203/eari.12.20612

El Contexto Político, Económico y Social Existente ante la Creación de la Red y la Autonomía de la Universidad de Guadalajara, 1988-1995

Andrés Valdez Zepeda[1]

SUMARIO: I. INTRODUCCIÓN. II. EL CONTEXTO INTERNO EN LA UNIVERSIDAD DE GUADALAJARA. III. EL CONTEXTO EXTERNO. IV. LA CREACIÓN DE LA RED UNIVERSIDAD DE GUADALAJARA. V. A MANERA DE CONCLUSIÓN. VI. REFERENCIAS.

I. INTRODUCCIÓN

La palabra contexto proviene del latín "*contextus*" que se compone de dos vocablos: "con" que significa de manera global o completa y "*textus*" que significa tejido o entrelazado. En este sentido, el contexto hace referencia a un entendimiento más amplio o completo de un hecho o fenómeno determinado y que se encuentra entrelazado con otros hechos o realidades.

El contexto puede definirse como el conjunto de circunstancias que se producen o presentan alrededor de un hecho o situación determinada y que permite una mejor comprensión y entendimiento de este.

[1] Maestro en administración pública y doctor en estudios latinoamericanos con especialidad en ciencia política por la Universidad de Nuevo México (USA). Actualmente trabaja como profesor e investigador en el Centro Universitario del Sur de la Universidad de Guadalajara y funge como secretario académico del mismo desde 2019. andres.zepeda@cusur.udg.mx

Existen diferentes tipos de contextos: en primer lugar, están los contextos interno y externo que se presentan en toda organización. En segundo lugar, el contexto político, económico y social que incide en los hechos o situaciones que se presentan.

Ahora bien, tomar en cuenta el contexto ayuda a una mejor comprensión, a darle mayor sentido y significado y a dotar de un mejor marco de entendimiento al hecho histórico.

De ahí la importancia de describir y analizar el contexto en el que se creó la Red Universitaria, cuando el 9 de enero de 1994 el Congreso del Estado de Jalisco aprobó la nueva Ley Orgánica de la Universidad de Guadalajara, publicada en el periódico oficial "El Estado de Jalisco", el 15 de enero de ese mismo año.

De igual forma, no se puede entender en su justa dimensión, la inauguración de la Real (y Literaria) Universidad de Guadalajara en 1792, si no conocemos a cabalidad los cambios políticos, económicos y sociales que se estaban generando en Europa producto de la Ilustración (1750-1790) y el triunfo de la Revolución Francesa (1789); el inicio de la Revolución Industrial (1760) y el surgimiento del capitalismo. Tampoco podemos entender la creación de la Universidad de Guadalajara en 1925, sino conocemos el contexto generado por la revolución mexicana (1910-1924) y las demandas sociales reivindicatorias de educación popular. De la misma manera, no podemos entender la creación de la Red Universitaria en 1994, si no conocemos el contexto internacional, nacional y local predominante en el ámbito político, económico y social en esos años.

Este escrito tiene como objetivo describir y analizar el contexto político, económico y social predominante a nivel local, nacional e internacional ante la creación de la Red Universitaria y obtener la autonomía y hacer algunas reflexiones a 30 años de la aprobación de la actual Ley Orgánica de la Universidad de Guadalajara.

Este es un estudio descriptivo que busca dar cuenta del contexto predominante a fines de la década de los ochenta e inicios de los noventa del siglo próximo pasado (XX), en el que se impulsó la creación de la Red Universitaria para lograr una mejor interpretación de este hecho histórico para la educación del Occidente de México y su importante proceso transformador.

En el primer apartado, se hace una breve descripción del contexto interno que vivió la Universidad de Guadalajara a fines de la década de los ochenta e inicios de los noventa del siglo XX. En el segundo apartado, se describe el contexto externo en materia política, económica y social predominante a nivel internacional, nacional y local durante los últimos años de la década de los ochenta y principios de los noventa. En el tercer apartado, se detalla el proceso de obtención de la autonomía y de la creación de la Red Universitaria por los órganos institucionales de gobierno. En el cuarto apartado y último, se hacen algunas consideraciones finales, a manera de conclusión.

II. EL CONTEXTO INTERNO EN LA UNIVERSIDAD DE GUADALAJARA

En 1988 fue electo presidente de México Carlos Salinas de Gortari quien durante su mandato intensificó las políticas económicas de corte neoliberal que había iniciado en 1982 Miguel de la Madrid Hurtado, distanciándose de las políticas nacionalistas de corte neokeynesiano que impulsaron sus antecesores desde la década de los treinta. Durante su periodo de gobierno Salinas (1988-1994) impulsó una gran reforma de la administración pública, que incluyó la reducción del tamaño del Estado, la privatización de empresas públicas y la modernización del sistema educativo nacional (Villapando, *et al*, 2011).

En Jalisco, fue electo (el 4 de diciembre de 1988) como gobernador constitucional del estado de Jalisco, Guillermo Cosío Vidaurri, candidato del otrora partido hegemónico de Estado, como se le denominaba al Partido Revolucionario Institucional (PRI). Rindió protesta el 1 de marzo de 1989.

El primero de abril de 1989, asumió la rectoría de la Universidad de Guadalajara, Raúl Padilla López, designado rector por parte del gobernador del estado de Jalisco, Guillermo Cosío Vidaurri, seleccionado de una terna que le propusiera al ejecutivo estatal el Consejo General Universitario, como máximo órgano de gobierno de la institución (Ruiz, 2001).

El primer conflicto que tuvo que enfrentar Raúl Padilla López, como rector de la Universidad de Guadalajara, fue dotar a la institución de la necesaria gobernabilidad que requiere toda universidad, ya que los "poderes fácticos" de ese entonces querían imponer sus condiciones y designar a los principales líderes de los organismos gremiales y a los directivos e integrantes de los órganos de gobierno institucional.

Esto es, ante la llegada de Raúl Padilla López a la rectoría de la Universidad y por los desacuerdos del nuevo rector con la dirección del entonces grupo hegemónico que dirigía a la institución, se generó una fuerte ruptura al interior del denominado "grupo universidad", formándose dos grandes bloques: uno dirigido por el Ing. Álvaro Ramírez Ladewig y otro por parte del nuevo rector de la Universidad de Guadalajara. El conflicto duró varios meses, tiempo en el cual hubo enfrentamientos violentos y "toma" de escuelas y facultades, así como del edificio de rectoría por parte del grupo disidente a la rectoría, quien demandaba la renuncia de Raúl Padilla López como rector (Monterrubio, 1996).

Finalmente, con el respaldo del gobierno estatal y federal, el bloque encabezado por el rector se impuso y logró el control de la institución, impulsado la creación de la Federación de Estudiantes Universitarios (1992), el Sindicato de Trabajadores Académicos de la Universidad de Guadalajara (STAUDG) que nació bajo el nombre inicial de Asociación de Personal Académico de la Universidad de Guadalajara y quien sustituyó a la Federación de Profesores Universitarios (FPU). También se renovó la dirección del Sindicato Único de Trabajadores de la Universidad de Guadalajara. Estos nuevos organismos gremiales fueron alternos a los antiguos organismos (Federación de Estudiantes de Guadalajara y FPU) existentes y que seguían bajo el control del viejo grupo hegemónico que lideraba el Ing. Álvaro Ramírez Ladewig.

III. EL CONTEXTO EXTERNO

La creación de la Red Universitaria se dio en un contexto internacional, nacional y local turbulento, caracterizado por profundos cambios políticos a nivel global, una crisis económica y un clima de violencia sin precedente a nivel nacional y tiempos de incertidumbre y zozobra social a nivel local.

A. El contexto internacional

La década de los ochenta culminó con la caída del Muro de Berlín y el fin de la "Guerra Fría" en noviembre del 1989 (De la Guardia, 2019), que había dividido al mundo en dos grandes bloques: el conjunto de países capitalistas liderados por Estados Unidos de América (EUA) y el bloque de naciones socialistas, capitaneado por la Unión de Repúblicas Soviéticas Socialistas (URSS). Sin embargo, en 1991, después de un fuerte intento reformador denominado Perestroika e impulsado por Mijaíl Gorbachov, que, por cierto, fracasa, desaparece la URSS y se disuelve el denominado Pacto de Varsovia. Boris Yeltsin asume el poder en Rusia e impulsa una economía de mercado (Carrere, 2001).

De esta forma, se creó un nuevo orden mundial liderado por Estados Unidos y se impusieron una serie de políticas económicas de corte neoliberal, caracterizadas por el predominio del mercado, la reducción del Estado, las privatizaciones de empresas públicas y el control salarial. Estas políticas fueron conocidas como el Consenso de Washington. En 1992 se firmó el Tratado de Maastricht, que dio pie a lo que hoy es la Unión Europea y que posibilitó la emisión de una moneda única (el euro) y el libre tránsito de personas y mercancías (López, 1992).

En 1991, inició la guerra de EUA contra Irak, denominada Operación del Desierto, y en 1992 dio inicio la desintegración de Yugoslavia y la guerra de Bosnia y Herzegovina. En esos años, China ingresó a la Organización Mundial de Comercio (OMC) y se convirtió en un gran motor de la economía mundial.

De esta manera, se impuso el capitalismo como un sistema hegemónico que demandó también la modernización de las instituciones educativas a nivel global, orientadas a lograr nuevos estándares relacionados con la productividad, la calidad, así como la alta calificación y profesionalización de la mano de obra.

B. El contexto político nacional

Como se observó, a nivel internacional predominaba un contexto turbulento y a nivel nacional, también se presentaron varios acontecimientos políticos que dan cuenta de los tiempos aciagos que se vivían en México al inicio de la década de los noventa. A continuación, se describen los principales eventos que conforman el contexto en el que se conforma la Red Universitaria.

El primero de enero de 1994, el Ejército Zapatista de Liberación Nacional (EZLN) publicó un manifiesto en el que declaraba la guerra al Estado Mexicano y tomó por las armas cinco cabeceras municipales del estado de Chiapas (Saavedra, 2010). Este fue un movimiento rebelde armado cuya principal reivindicación era la justicia y el tema indígena, planteando además la demanda de restitución de tierras arrebatadas por los caciques a los indígenas y campesinos, así como la necesidad de mejorar sus condiciones políticas, económicas y sociales de este sector social.

El 23 de marzo de 1994, fue asesinado el candidato a la presidencia de la república, Luis Donaldo Colosio Murrieta, mientras asistía a un mitin proselitista realizado en la ciudad de Tijuana, hecho que también consternó a la nación y generó un sentimiento de temor y zozobra entre amplios sectores de la población (Riva Palacio, 2021). La versión oficial sobre la muerte de Colosio señaló que fue asesinado por Mario Aburto, un tirador solitario sin fines políticos. Sin embargo, este asesinato fue considerado por algunos sectores sociales como un crimen de Estado, orquestado desde las más altas esferas del poder público de México. Ernesto Zedillo Ponce de León sustituyó a Luis Donaldo Colosio como candidato presidencial del PRI, siendo electo el 21 de agosto de ese mismo año.

El 28 de septiembre de 1994 también fue asesinado José Francisco Ruiz Massieu en la Ciudad de México, quien había sido gobernador constitucional del estado de Guerrero y a la fecha de su asesinato era secretario general del Partido Revolucionario Institucional (PRI) y cuñado del presidente Carlos Salinas de Gortari (Trueba, 1994).

C. *El contexto económico nacional*

El primero de diciembre de 1994 asumió la presidencia de la República Ernesto Zedillo Ponce de León, sustituyendo a Carlos Salinas de Gortari. Sin embargo, para el 20 de diciembre de ese año y ante el alto déficit fiscal, comercial, de balanza de pagos y de cuenta corriente que existía en el país, así como por las bajas reservas internacionales de México y el aumento de las tasas de interés por parte de la Reserva Federal de los Estados Unidos de América, se generó una severa crisis económica afectando a amplios sectores de la población mexicana (Banda y Chacón, 2005).

Esta crisis causó una devaluación del trescientos por ciento del peso con respecto del dólar, la pérdida de millones de empleos y el cierre de miles de empresas. Para tratar de salir de esta crisis, denominada el "efecto tequila" y también "el error de diciembre", el gobierno de México tuvo que acudir al endeudamiento, por lo cual solicitó a Estados Unidos de América una línea de crédito por el orden de los 20 mil millones de dólares.

Bajo el gobierno neoliberal de Carlos Salinas de Gortari (1988-1994), se había impulsado la política de apertura comercial y la firma de tratados de libre comercio con varios países, bajo la premisa que esta política económica de apertura de las fronteras detonaría el desarrollo económico y mejoraría el bienestar social. Por tal motivo, el 1 de enero de 1994, se firmó el Tratado de Libre Comercio de América del Norte signado por Estados Unidos, Canadá y México; es decir, un hecho histórico para México (Toro, 2020).

Este tratado generó un aumento de las exportaciones de nuestro país e incidió en el crecimiento económico, pero no logró una distribución equitativa de la riqueza ni el mejoramiento de la calidad de vida de los mexicanos.

D. *El contexto político local*

El 22 de abril de 1992, se presentó una gran explosión en la zona oriente de la ciudad de Guadalajara, causando 210 muertes, cientos de heridos y la destrucción de cientos de casas y de varios kilómetros de calles. Ante la gravedad de la tragedia, las acusaciones por negligencia, la presión social y un manejo inadecuado del conflicto por parte del gobernador del estado, Guillermo Cosío Vidaurri, fue obligado a pedir licencia de su cargo y en su lugar fue nombrado el 1 de mayo de 1992 como gobernador interino Carlos Rivera Aceves.

La Universidad de Guadalajara, bajo la rectoría de Raúl Padilla López, jugó un papel muy importante, actuando de manera solidaria con los damnificados del 22 de abril y apoyó las acciones gubernamentales y sociales para la recuperación de la zona y de la comunidad afectada. Con este hecho solidario, se refrendó el vínculo y el apoyo del Gobierno del Estado de Jalisco con la Universidad y su rector.

Por otro lado, el 24 de mayo de 1993, fue asesinado el cardenal Juan Jesús Posadas Ocampo en el estacionamiento del aeropuerto internacional Miguel Hidalgo de la ciudad de Guadalajara, hecho que consternó a la opinión pública local y nacional. La versión oficial de este asesinato por parte del gobierno federal estableció que el cardenal fue víctima del fuego cruzado de una balacera entre narcotraficantes.

Finalmente, el 12 de febrero de 1995, se realizaron las elecciones para integrar los poderes públicos en el estado de Jalisco y sus municipios. De acuerdo con los resultados electorales, Alberto Cárdenas Jiménez, candidato del Partido Acción Nacional, fue electo como gobernador del estado, logrando obtener el 52.74 por ciento de los votos contra el 37.11 por ciento de votos de su principal opositor, Eugenio Ruiz Orozco, candidato del Partido Revolucionario Institucional. Con esta elección, dio inicio al proceso de alternancia política en el Estado, ya que, por primera vez en la historia moderna de Jalisco, un candidato opositor logró vencer al candidato del otrora partido hegemónico de Estado. Durante el gobierno de Cárdenas Jiménez se presentaron diferentes conflictos con la Universidad de Guadalajara, sobre todo, en materia de apoyos presupuestales y por el manejo de los hospitales civiles de Guadalajara que funcionan como hospitales escuela. Además, en mayo de 1995 fue asesinado el procurador de justicia del estado de Jalisco, Leobardo Larios Guzmán, al parecer por miembros del crimen organizado.

Este contexto turbulento en materia política y económica no desanimó los propósitos de modernización del entonces rector de la Universidad de Guadalajara, ya que desde su arribo a la rectoría Raúl Padilla López asumió el liderazgo de la Universidad con un ánimo reformador planteando la necesidad de realizar una gran reforma académica y administrativa que refundara y modernizara a la institución, descentralizando los servicios educativos y aumentara la calidad y prestigio de la Universidad. Bajo este contexto turbulento en el ámbito político y social (tanto a nivel local y nacional), Raúl Padilla López planteó su proyecto reformador de la institución.

La oportunidad para hacer este planteamiento, en forma inicial, ante las altas autoridades de México y Jalisco, se dio a comienzos de 1992, ya que el 24 de enero de ese año y a petición de la esposa del gobernador, Guadalupe Idolina Gaona Ruiz y por gestiones de la diputada Guadalupe Urzúa Flores, el presidente Carlos Salinas de Gortari y el gobernador del estado, Guillermo Cosío Vidaurri, inauguraron la Preparatoria Regional de San Martín Hidalgo. En el marco de esta inauguración, Raúl Padilla

López les expuso a los mandatarios la necesidad de modernizar y transformar a la Universidad de Guadalajara, descentralizando sus servicios educativos hacia las diferentes regiones del estado de Jalisco. Posteriormente, en otra visita que realizó el presidente Carlos Salinas de Gortari a Lagos de Moreno, el rector de la Universidad de Guadalajara pudo exponer en extenso el proyecto de creación de la red.

Por otro lado, el 2 de septiembre de ese año, el rector propuso ante la comunidad universitaria y sus órganos de gobierno las bases para la discusión de la reforma universitaria y fue hasta el 8 de junio de 1993 cuando se presentó ante el Consejo General Universitario el proyecto de creación de la Red Universidad de Guadalajara, siendo aprobada por ese máximo órgano de gobierno institucional el 22 de octubre de ese año. En mayo de 1994, se aprobaron los dictámenes de creación de los centros universitarios de la red, sobre todo los de carácter regional.

E. El contexto social

Debido a los recurrentes hechos de violencia suscitados a nivel local y nacional y a la crisis económica que azotaba al país, la sociedad jalisciense vivió en esos años tiempos aciagos caracterizados por el temor, la angustia, la frustración y la desesperanza.

La mayoría de la sociedad desconfiaba de los gobernantes, tenía poca credibilidad y confianza en los políticos y deseaba un cambio de régimen que le ofreciera mejores condiciones de existencia y, sobre todo, garantía de seguridad y bienestar.

Fueron tiempos difíciles que erosionaron la legitimidad y credibilidad del entonces partido gobernante (PRI), dando lugar al primer proceso de alternancia política interpartidista en el gobierno del Estado en los tiempos modernos y en el cual la principal universidad pública del estado inició su proceso transformador.

También fueron los tiempos del auge del Cártel de Guadalajara, dedicado al tráfico de drogas en Jalisco y encabezado por

Rafael Caro Quintero, Miguel Ángel Félix Gallardo, Ernesto Fonseca Carrillo, Ignacio "Nacho" Coronel y Amado Carillo Fuentes (Aguilar, 2013).

IV. LA CREACIÓN DE LA RED UNIVERSIDAD DE GUADALAJARA

La creación de la Red Universitaria en 1994 no sólo significó la descentralización de los servicios educativos, sino también la creación de una nueva estructura organizacional a nivel académico y administrativo, de tipo matricial y centrada en los departamentos como las principales unidades académicas y bajo un sistema de créditos. De esta manera, se crearon los centros universitarios temáticos y regionales, las divisiones, los departamentos y las coordinaciones de los programas educativos de pregrado y posgrado, así como las coordinaciones de áreas y las jefaturas de unidad. De igual forma, se creó el Sistema de Educación Media-Superior (SEMS) y ya en el 2005, el Sistema de Universidad Virtual (SUV), que últimamente (en el 2024) se transformó en Dirección de Universidad Virtual y Aprendizaje Digital para toda la Vida (UDG+).

La red se enfocó al cumplimiento de las funciones sustantivas de la universidad, como lo son la docencia, la investigación, la extensión y la difusión de la cultura. Se fortaleció la labor cultural de la Universidad a través de la organización de la Feria Internacional del Libro, el Festival Internacional de Cine, el Festival Papirolas, la Cátedra Latinoamericana Julio Cortázar y el Festival Internacional de Música de Guadalajara.

Si bien el liderazgo del proyecto transformador de la institución lo encabezó Raúl Padilla López, lo cierto es que la creación e impulso de la Red Universitaria en sus primeros años contó con la participación de muchos directivos, profesores, investigadores, estudiantes y trabajadores administrativos y de servicio.

Sin embargo, sobresalen cinco grandes impulsores de la Red Universitaria. Víctor Manuel González Romero, quien fue primero vicerrector ejecutivo de la UDG y después sustituyó a Raúl Padilla López como rector de la Universidad de Guadalajara; Carlos Eduardo Moyado Zapata, quien fue uno de los intelectuales que estuvo detrás de la reforma universitaria; Ruth Padilla Muñoz, quien impulsó la reforma en las escuelas del nivel medio superior de la universidad; Itzcóatl Tonatiuh Bravo Padilla, quien apoyó a la reforma y a Raúl Padilla desde diferentes posiciones de dirección, como el Departamento de Relaciones Públicas, la Coordinación de Extensión, la Dirección de Enseñanza Media Superior y como asesor de la rectoría de la Universidad de Guadalajara, y Rosa Alicia Rojas Paredes, quien fuera Directora de Planeación durante el rectorado de Raúl Padilla López y que junto a Adrián Acosta Silva y otros académicos integraron el Plan de Desarrollo Institucional: Una Visión de Futuro en 1989, documento rector que delineó el proceso transformador de la institución.

La reforma también contó con los apoyos de los líderes gremiales de la Universidad de Guadalajara: Samuel Romero Valle, dirigente magisterial; Celia Fausto Lizaola, dirigente de los trabajadores administrativos y de servicios, y Lorenzo Ángel González Ruiz, primer presidente de la Federación de Estudiantes Universitarios.

La creación de la Red Universitaria y la obtención de la autonomía fue una hazaña digna de titanes, creada en un contexto turbulento que, a pesar de las limitaciones, resistencias y obstáculos, contó con el entusiasmo y el apoyo de miles de jaliscienses que soñaban con modernizar la Universidad de Guadalajara y construir una nueva institución educativa de calidad y prestigio que estuviera al servicio del pueblo de Jalisco.

Con la aprobación de la Ley Orgánica de la Universidad de Guadalajara que creó la nueva estructura en red, también se logró obtener la autonomía universitaria para que esta importante institución educativa del nivel medio y superior pudiera normar su forma de gobierno y determinar su desarrollo académico.

Hoy día, la Universidad forma seres humanos, ciudadanos y profesionales en los diferentes campos del conocimiento, con las competencias teóricas, prácticas y actitudinales necesarias para desarrollarse en un mundo más competitivo y global.

V. A MANERA DE CONCLUSIÓN

Para una correcta interpretación de un determinado hecho histórico es importante contextualizarlo y así poder analizarlo y explicarlo de mejor manera. En el caso de la creación de la Red Universidad de Guadalajara y la obtención de la autonomía universitaria el contexto en el que se promovió influyó, de cierta manera, en el devenir de este importante proyecto transformador.

La Red Universitaria nació en un contexto nacional turbulento caracterizado por la existencia de actos violentos que conmocionaron a la nación y en medio de una severa crisis económica. A nivel internacional, se construía un nuevo orden económico mundial, conocido como el Consenso de Washington bajo la hegemonía de Estados Unidos y se asistía al fin de la denominada "Guerra Fría" y la desaparición de la URSS.

A nivel local, se presentaron una serie de conflictos al interior de la institución que más que desanimar a Raúl Padilla López, principal impulsor de esta Red, templaron su carácter y lo impulsaron a seguir con su proyecto transformador de la Universidad. Una vez resueltos estos conflictos, se generaron las condiciones internas adecuadas para el impulso del proceso de creación y desarrollo de la Red Universitaria.

A nivel nacional, la violencia política, la crisis económica, el conflicto armado en el estado de Chiapas y el temor social generado por los asesinatos de políticos fueron los mantos que cubrieron y entristecieron a la nación en esos años y que generaron el contexto turbulento y aciago en el que nació la Red Universitaria. Sin embargo, a pesar de este contexto nada alentador, el temple y carácter de sus impulsores no decayó, sino al contrario, se fortaleció, buscando los conductos y haciendo la gestión necesaria para conseguir los recursos financieros necesarios para el inicio y desarrollo de este gran proyecto educativo.

Hoy, a 30 años de la formación de la Red y la obtención de la autonomía de la Universidad de Guadalajara se encuentra posicionada como una de las mejores instituciones de educación superior de México y la primera de las universidades estatales (Times, 2024). Su reconocimiento y prestigio académico trasciende fronteras, ya que es considerada una de las mejores universidades de América Latina. Con la creación de la Red Universitaria, los servicios educativos, culturales y científicos que ofrece la institución se acercaron a las diferentes regiones del Estado y en su interior la red significó la modernización de su modelo educativo y su estructura administrativa.

El futuro de esta institución educativa se visualiza promisorio en la naciente sociedad del conocimiento, toda vez que el talento y la creatividad de su comunidad universitaria es cada día más patente y que la Universidad de Guadalajara contará, a partir del 2025, con el presupuesto constitucional (aprobado por el Congreso del Estado de Jalisco el 28 de febrero de 2024) que le permitirá su consolidación financiera y potencializará su desarrollo académico.

VI. REFERENCIAS

Banda, Humberto y Chacón Susana (2005). La Crisis Financiera Mexicana de 1994: Una Visión Político Económica, en Revista Foro Internacional, Vol. XLV, No. 3, Julio-septiembre, El Colegio de México.

Carrere D´Encausse Héléne (2001). Seis Años que Cambiaron al Mundo, 1985-1991. España: Ariel.

De la Guardia, Ricardo Martín (2019 5ª. edición). La Caída del Muro de Berlín: El Fin de la Guerra Fría y el Auge de un Nuevo Movimiento: España: La Esfera de los Libros.

Estrada Saavedra, Marco (2010). Los Indígenas de Chiapas y la Rebelión Zapatista: Microhistorias Políticas. México: El Colegio de México.

Monterrubio, Alfaro Gustavo (1996). Rupturas sin Cambio: Una Interpretación del Conflicto Universitario 1989-1995. México: Monografía.

López Garrido, Diego (1992). El Tratado de Maastricht. España: La Casa del Libro.

Real Ledezma, Juan (2017). Enciclopedia Histórica y Biográfica de la Universidad de Guadalajara. México: Universidad de Guadalajara.

Riva Palacio, Raymundo (2021). Colosio. Crónica del Fracaso de una Proyecto Transexenal. México: Grijalbo.

Rojas Paredes, Rosa Alicia, *et al* (1989). Plan Institucional de Desarrollo de la Universidad de Guadalajara: Visión de Futuro. México: Universidad de Guadalajara.

Ruiz Moreno, Carlos Ramiro (2001). Apuntes para la Historia de la Universidad de Guadalajara. México: Universidad de Guadalajara.

Times Higher Education Impact Ranking for 2004. Top Universities Pursuing Sustainable Development en https://www.timeshighereducation.com/impactrankings. Fecha de consulta, 15 de julio de 2024.

Toro, María Celia (2020). Los Acuerdos Comerciales Regionales y el TLCAN. México: El Colegio de México.

Trueba, Lara José Luis (1994). El Fin del Juego: México, las Elecciones y el Asesinato de José Francisco Ruiz Massieu. México: Planeta.

Valdés, Guillermo (2013). *Historia del narcotráfico en México*. México: Aguilar.

Villalpando, José Manuel y Rosas Alejandro (2011). Los presidentes de México. México: Booket.

Zamora Pierce, Jesús (2014). Ciudadano Cero: El Asesinato de Luis Donaldo Colosio. México: Kindle.

SEGUNDA PARTE
EDUCACIÓN EN PERSPECTIVA DEMOCRÁTICA

Fortalecimiento de la Democracia mediante la Educación en Derechos Humanos

Teresa Magnolia Preciado Rodríguez[1]
Leny Beatriz Ble Acosta[2]

SUMARIO: I. INTRODUCCIÓN. II. LA DEMOCRACIA COMO FORMA DE ORGANIZACIÓN SOCIAL. III. CONSOLIDACIÓN DE LA EDUCACIÓN EN DERECHOS HUMANOS. IV. LA EDUCACIÓN EN DERECHOS HUMANOS Y LA DEMOCRACIA. V. EDUCACIÓN EN DERECHOS HUMANOS PARA EL FUNCIONAMIENTO DEMOCRÁTICO. VI. CONCLUSIONES. VII. REFERENCIAS.

I. INTRODUCCIÓN

En razón del buen funcionamiento del sistema social y político, ha sido prioritario reconocer las implicaciones sociales de diversas técnicas, herramientas, acciones, modelos que permiten la complementariedad de dicho sistema. Es así que, se fortalece teórica y conceptualmente, la educación en derechos humanos como indispensable y complementaria a la educación para abonar a un funcionamiento democrático. Este planteamiento obedece a una construcción dialéctica que reconoce a la persona como actor principal en la disposición de una sociedad democrática fundamental

[1] Doctora en Derecho Electoral por el Tribunal Electoral del Estado de Jalisco. Profesora de Tiempo Completo de la Universidad de Guadalajara, Coordinadora del Doctorado en Derechos Humanos del Centro Universitario de Tonalá. magnolia.preciado@academicos.udg.mx

[2] Maestra en Métodos de Solución de Conflictos y Derechos Humanos por la Universidad Juárez Autónoma de Tabasco (UJAT); estudiante del Doctorado en Derechos Humanos en la Universidad de Guadalajara. leny.ble4564@alumnos.udg.mx

en la conciencia colectiva, tomando la enseñanza de los derechos humanos como medio para transformar prácticas sociales, consideradas no favorables al desarrollo humano y social de la persona.

Como especie humana, siempre ha existido la preocupación por la seguridad, la convivencia con otras especies, bienestar, desarrollo y otros más, buscan hacerle frente a los desafíos sociales, que atenta contra el buen funcionamiento del sistema social, humano y democrático. Por ello, se ha pretendido hacer uso de diversas herramientas para proveer soluciones o posibles opciones para las relaciones de mejora entre las personas, donde han sobresalido herramienta y/o técnicas para alcanzar objetivos puntuales, como la ciencia, la tecnología y de forma reciente la inteligencia artificial. No obstante, socialmente comprendemos el caso de las grandes instituciones que influyen de forma exponencial a la erradicación de dichas dificultades, instituciones como la familia, la religión, el Estado y en razón de este trabajo, la educación.

De esta forma, la educación, como institución social, ha sido abordada en diversos periodos de la historia para cumplir dos funciones duales, en primera instancia, la reproducción del sistema y de forma opuesta, la transformación del mismo. Consecuentemente, se materializa la educación en pro de los derechos humanos y la democracia, que por sí misma es un requisito para la consolidación de los derechos humanos, la democracia y la justicia social en conjunto.

Conviene subrayar que, la educación como derecho humano tiene que ser garantizada para todos sin condicionamientos, donde el Estado adquiere la obligación jurídica y moral de proteger no el derecho, como se ha ponderado, sino a la persona humana bajo los preceptos jurídicos y sociales. Mediante la educación, se pondera a la persona poseedora de dicho derecho y no adornando el derecho como el todo, sino a la dignidad como fundamento inamovible[3].

---

3 P. Jiménez. "La educación como derecho social, humano y fundamental: principios y perspectivas de la educación moderna", *Revista de Investigações Constitucionais*, 2019, p. 669-686.

Lamentablemente, se ha creído que el cumplimiento del derecho a la educación se materializa con infraestructura o accesibilidad, aun así, lejos estamos de esa consolidación material. Sin embargo, considerando que todos los aspectos que componen el proceso educativo, son de importancia insoslayable, se requiere el cumplimiento de la obligatoriedad, principios, ideales, objetivos y procesos que complemente tal derecho. Bajo esta premisa, creemos pertinente la reflexión en razón de la educación en derechos humanos como parte integral para la consolidación de la democracia.

Consideramos abiertamente que los derechos humanos son una construcción moral y jurídica que establece un posicionamiento de la persona por encima de cualquier situación o momento. En razón de esto, en este trabajo hacemos primordial este postulado, ponderando a la persona por encima de conceptos, razonamientos, concepciones políticas que puedan impulsar acciones en razón de falacias sociales confundidas con democracia.

II. LA DEMOCRACIA COMO FORMA DE ORGANIZACIÓN SOCIAL

Reafirmando que los derechos humanos se fundamentan en la propia dignidad del hombre como valor supremo, tanto en lo legal como humano, todo lo que se le pueda colocar para hacer mera decoración, solo distrae los constructos pro-homine que han sido resultado de diversas luchas en favor de la progresividad de los mismos derechos. No obstante, nos encontramos alejados de una consolidación democrática. Así pues, y no en una línea contraria, compartimos lo postulado por Norberto Bobbio, quien sentencia que la democracia perfecta no puede existir, o de hecho no ha existido nunca[4] y como ideal, está diseñada, pero dista de realidad en la democracia concreta.

---

[4] N. Bobbio, Teoría general de la política, Einaudi, Turín, 1999, p. 375.

Somos conscientes que existen diversas realidades aun cuando se habla de un mismo territorio o hasta de un mismo contexto, esto debido a las construcciones y representaciones sociales que se materializan mediante las instituciones. Sin embargo, la libertad que integra a cada persona debe ser respetada y garantizada, por la totalidad de la seguridad jurídica que consolida los derechos humanos[5].

Abocando los criterios internacionales de una forma resumida, ya que no es el objetivo principal en este trabajo, pero sí es pertinente enunciarlo, diversos acuerdos internacionales y las políticas que se derivan de estos, confirma a la educación como indispensable y fundamental para el cumplimiento de los demás derechos, reconociéndolo como imprescindible para el desarrollo humano[6]. Si bien, se ha avanzado en diversas acciones educativas y en razón del derecho a la educación como en la obligatoriedad, en la calidad y en la adaptabilidad. Lastimosamente, el trabajo no ha sido suficiente para consolidar la enseñanza de los derechos humanos, el conocimiento con valores y prácticas dignas que deben ser potencializadas en el aula de clases, y de forma consecuente la materialización de la democracia.

Considerando que, la educación ocupa un rol destacado en la esfera internacional para el cabal cumplimiento de los derechos humanos y como responsabilidad de los Estados a nivel global y de los Estados latinoamericanos en particular, Naciones Unidas y la UNESCO adoptaron mecanismos cuasi tendientes a la exigibilidad y justiciabilidad de dicho derecho con motivo de las acciones democráticas y de democracia en sí mismas[7].

---

5 R. López Sánchez, "La Dignidad Humana en México: su Contenido Esencial a Partir de la Jurisprudencia Alemana y Español", *Boletín Mexicano de Derecho Comparado,* UNAM, México, 2018, p. 135-173.

6 T. González Luna Corvera, "La educación es un derecho, no es un privilegio", Departamento de Estudios en Educación, UdeG, México 2019, p.1-15.

7 M. Lorente Rodríguez; G. Ramón Ruiz, "La educación como derecho: acuerdos, agendas y alcances en la región latinoamericana", *Revista Española de Educación Comparada,* España, 2022, p. 48-64.

El derecho internacional brinda indicadores claves para la consolidación de la educación, y con ello su monitoreo, de los cuales se desprende que la educación debe orientarse hacia el pleno desarrollo de la personalidad humana, y sentido de su obra, hacia la dignidad, fortaleciendo el respeto por los derechos humanos, las libertades fundamentales, y el principio de representación democrática, el cual se basa en acciones no violentas, bajo parámetros políticos y sociales[8] de libertad, igualdad y fraternidad. Por lo que mediante la educación, se debe capacitar para participar efectivamente en una sociedad libre y democrática que siente sus bases en el respeto, la comprensión y la tolerancia[9].

En la actualidad y bajo los requerimientos sociales, se reconoce de suma importancia la necesidad de incluir estos temas en el currículo, como ejes transversales. En este sentido, bajo los parámetros internacionales, la Recomendación 12 de 2002 del Comité de Ministros del Consejo de Europa sobre la Educación para la Ciudadanía Democrática, se reconoce que la educación para la ciudadanía democrática es esencial para promover una sociedad libre, tolerante y justa, que contribuya a defender los valores y principios de la libertad, el pluralismo, los derechos humanos y el imperio de la ley, todos ellos, fundamentos de la democracia[10].

La anterior visión ya había sido incluida por el Sistema Educativo Español, poco después de 1978, cuando se realizó la promulgación de leyes educativas, bajo el mandato constitucional.

---

8 V. Rodríguez Acosta, "Educación para los derechos humanos. Un estudio necesario", *Estudios del Desarrollo Social: Cuba y América Latina,* 2018, p. 160-177.

9 Instituto Federal Electoral, "Principios y valores de la democracia", Cuadernos de Divulgación de la Cultura Democrática, México, s/f. https://portalanterior.ine.mx/documentos/DECEYEC/principios_y_valores_de_la_democ.htm#PRESENTA

10 I. Rodrigo Martín, P. Núñez Gómez, L. Rodrigo Martín, "La educación como herramienta de cambio social: educación en valores y violencia de género", *INTERdisciplina,* UNAM, Volumen 7, número 17, enero–abril 2019, p. 99-118.

Posteriormente, ésta reforma fue reforzada en 2002, cuando el Comité de Ministros del Consejo de Europa realizó diversas recomendaciones a los Estados miembros, muchas de las cuales fueron mencionadas en el Programa Mundial para la Educación en Derechos Humanos del 2005[11]. En virtud de lo anterior, el sistema educativo mexicano al tener una gran influencia de las concepciones europeas, ha retomado esta visión de la educación para la ciudadanía democrática, debido a la consecuente transmisión y puesta en práctica de valores que favorecen la libertad personal, la responsabilidad, y la democracia, que ayuden a superar acciones discriminatorias e inquisitivas. Lo anterior, con el objetivo de buscar el ejercicio de una ciudadanía responsable donde las prácticas participativas activen la vida social, cultural, política con responsabilidad y respeto.

Ahora bien, como es conocido, la democracia en el Estado mexicano no siempre se ha vivido como ahora, debido a que durante su historia y específicamente hablando del siglo XX, su sistema político ha tenido diversos gobiernos de índole autoritario, déspota e incluso, antidemocrático. Tanto es así, que por más de setenta años, México vivió gobernado por un partido político que controló el acceso al poder en todas sus vertientes, mediante diferentes técnicas y mecanismos opresores, a tal grado, que en 1990 el escritor Mario Vargas Llosa, lo llamó por primera vez la dictadura perfecta[12], lo que trajo consigo diversos movimientos, descontentos sociales y rechazo al sistema, los cuales se vieron materializados mediante guerrillas, movimientos sociales, estudiantiles, médicos y otros más.

Y si bien desde los años noventa se dio las primeras pinceladas de la democracia que ahora vivimos en México, con la creación del Instituto Federal Electoral en 1990, ahora Instituto Nacional Electoral, y el Tribunal Electoral del Poder Judicial de la Federa-

---

11 ibide.

12 M. Vargas Llosa, M, "El siglo XX: La experiencia de la Libertad", Encuentro Internacional de la Revista Vuelta. México, 1990.

ción en 1996, tales movimientos de protesta llevaron a la liberación de tal hegemonía partidaria en el año 2000, con el triunfo de Vicente Fox Quesada como primer presidente electo de un partido de oposición, conformándose así, el periodo conocido como *La alternancia partidista,* que da vida a la transformación de la democracia en nuestro país.

Ahora bien, de forma trivial, solemos hacer uso de la palabra democracia, pero pocas son las ocasiones en la que sabemos definirla o conceptualizarla, y para la mayoría su acercamiento es desde el voto y la representación política. A partir de ciertos criterios teóricos, se ha acercado al entendimiento de la democracia de forma directa, liberal, popular, representativa, participativa, deliberativa y más actualmente radical, para ello podríamos revisar las apuestas teóricas desde los clásicos como Montesquieu, Locke, Rosseau y Tocqueville, para seguir en un análisis de la evolución del concepto de democracia hasta nuestros días, desde Roberh Dahl, Giovanni Satori, John Stuart Mill, David Held, Jürgen Habermas, Joshua Cohen y Amy Gutmann, hasta más recientemente Ramón Maiz y Chantal Mouffe, por mencionar algunos[13].

De manera muy general, por democracia se puede entender un régimen en el que todos los ciudadanos adultos tienen derechos políticos, donde, en pocas palabras, existe el sufragio universal[14]. Sin embargo, para la construcción de este trabajo, nos alineamos a la concepción de la democracia propuesta por el INE como la aspiración ideal en la que los miembros de una comunidad, toman decisiones, mismas que regulan la convivencia social [15]. No

---

13 J. Baños, "Teorías de la democracia: debates actuales", *Dossier: Debates de Teoría Política Contemporánea, Andamios,* vol. 2, no. 4, Cd. México, junio, 2006. https://www.scielo.org.mx/scielo.php?script=sci_arttext&pid=S1870-00632006000100002

14 N. Bobbio, "El futuro de la democracia", Fondo de Cultura Económica, México, 2012, p.53.

15 INE e IIJ-UNAM, Faro Democrático: La Democracia en México, hacia un cambio político, México, UNAM, 2024. *https://farodemocratico.juridicas.unam.mx/la-democracia-en-mexico/*

obstante, cada persona se crea una concepción y representación de lo que es o deberá ser la democracia y se apropian significados y dimensiones uniformes, quizás, relacionándola a la forma de gobierno y cómo se eligen a los gobernantes en turno.

Existe empero, una concepción diferente, donde se retoma a la democracia no solo como gobierno o en razón de quién gobierna, sino una concepción menos literal y más compleja y con múltiples significados, aludiendo a ideales, a la forma de vida, régimen, sistema político o como una concepción social y de valores, esto no se contrapone con lo primero, más bien, lo complementa.

Así pues, en estos tiempos, la democracia se comprende como un régimen político, fundamentado en que la titularidad del poder es ejercida por el pueblo, haciendo uso de diversos mecanismos institucionales[16]. Bajo esta premisa se entiende entonces, la existencia de una pluralidad de concepciones de democracia, que van no sólo desde la forma de gobierno, sino también como una serie de valores, conductas, acciones y actitudes que, en su conjunto, favorecen el orden social y político del territorio. Esto se entiendc de esta manera, debido a que el fundamento de la democracia es el auténtico reconocimiento de la dignidad de la persona humana. Es decir, no está en discusión el hecho de que todas las personas son merecedoras de respeto y trato digno, materializándose en tratos responsables y dignos.

Como establece Robinson y Zalaquett la democracia es la forma de organización social y política que mejor garantiza el respeto, el ejercicio y promoción de los derechos humanos[17]. Relación que se puntualiza en el artículo 21, inciso 3, de la Declaración Universal de los Derechos Humanos donde se establece que la

---

16 Biblioteca del Congreso Nacional de Chile. "Guía de Formación Cívica – La Democracia y la Ciudadanía". *https://www.bcn.cl/formacioncivica/detalle_guia?h=10221.3/45671*

17 Facultad de Filosofía Pontificia Universidad Católica de Chile, "Identificando la relación entre democracia y ciudadanía pensamiento crítico y educación ciudadana", 2008, p. 34.

voluntad del pueblo es la base de la autoridad del poder público; esta voluntad se debe expresar mediante elecciones auténticas que habrán de celebrarse periódicamente, por sufragio universal e igual y por voto secreto u otro procedimiento equivalente que garantice la libertad del voto[18]. No obstante, todo es perfectible, esto, desde la configuración institucional de la sociedad en que se vive y en mayor medida en la sociedad latinoamericana y mexicana.

Por lo antes mencionado, se requiere no sólo el conocimiento mínimo de lo que se cree que es la democracia, sino comprender y vivir lo que en la práctica conlleva una vida digna y democrática. Es aquí donde se hace uso del proceso educativo, pero de forma no tradicional, lo que en los últimos 20 años se ha clarificado como la educación en derechos humanos[19].

La función pública de la educación es considerada indispensable, pues desde 1966, después del Pacto Internacional de Derechos Económicos, Sociales y Culturales (PIDESC), declara en sus artículos 13 y 14, la obligación de los Estados parte orientar la educación al desarrollo, la personalidad, la dignidad humana y el respeto a los derechos humanos. En particular, esta obligación es asumida por México a partir de 1981 cuando se adhiere al PIDESC[20], por lo que la educación debe permitir adquirir los conocimientos para garantizar una sociedad libre, tolerante, respetuosa y en paz.

---

18 Asamblea General de las Naciones Unidas, "La Declaración Universal de los Derechos Humanos", artículo 21(3), París, 1948.

19 Oficina del Alto Comisionado de las Naciones Unidas para los Derechos Humanos, UNESCO, 2006. *https://unesdoc.unesco.org/ark:/48223/pf0000147853_spa*

20 Pacto Internacional de Derechos Económicos, Sociales y Culturales, New York, E:UA, 19 diciembre de 1966. *https://legislacion.scjn.gob.mx/Buscador/Paginas/wfArticuladoFast.aspx?q=b/EcoMjefuFeB6DOaNOimA-rOLb4oe0JLU8SqKopawFTHvgW30YkhywXLCKBOfjP05BvJ5dNjLFXf6qB-qn9hlww==*

III. CONSOLIDACIÓN DE LA EDUCACIÓN EN DERECHOS HUMANOS

Nos encontramos viviendo el auge de los derechos humanos, Naciones Unidas ha decretado indispensable la educación en derechos humanos, consolidando que la educación es la base de todos los derechos, toda vez que alienta la defensa de los mismos, al tiempo que permite adquirir una responsabilidad compartida para hacer efectivos los derechos en todas las comunidades[21], fomentando con ello, la convivencia democrática y digna entre ciudadanos. Es así como la educación en derechos humanos viene a ser un peldaño importante en la consolidación de la educación cívica y democrática, requiriendo una educación moral, aludiendo al proceso de perfeccionamiento humano y la aceptación de los derechos de los demás[22].

Mediante la educación en derechos humanos se consolidan herramientas que permitan el empoderamiento del ser humano, a través de saberes que dignifican a la persona, y no porque no se cuente con dignidad o la dignidad sea negociable, sino porque en México, como en mayor parte de Latinoamérica, se atenta ante la integridad de la persona como consecuencia de la deconstrucción que se está viviendo por la constante violencia, inseguridad, desigualdad, e incluso diversidad que no es valorada como riqueza sino como amenaza, y que ocasionan día con día, numerosas violaciones de derechos humanos en contra de la población.

En esta línea, la educación en derechos humanos debe tener el impulso de todos los derechos, y el desarrollo de una cultura democrática y ciudadana para contribuir a la reconstrucción de las relaciones sociales, tan deterioradas hoy en nuestros países.

---

21 Naciones Unidas, "Educación y capacitación en la esfera de los Derechos Humanos", Oficina del Alto Comisionado, s/f. *https://www.ohchr.org/es/resources/educators/human-rights-education-training*

22 R. Echaire Curutchet, D. Tanoni, Daniela, "La Educación como Derecho Humano", *Revista digital Lecturas,* 2020, p, 41-75.

Tal desarrollo requiere la deconstrucción y reconstrucción desde nuevas representaciones sociales con un mínimo de valores y constructos éticos, que se desprenden de la doctrina de la educación en derechos humanos.

La consolidación de la educación en derechos humanos, requiere características interrelacionadas, que permita impulsar los parámetros de calidad, para favorecer las concepciones colectivas por encima de las individuales. Adoptando medidas positivas que permitan la inclusión de cada persona, y favorezca la transmisión de conocimientos relevantes y necesarios para la población, conocimientos que sean propios del sistema cultural y social del momento. Esto, con la intención de dar herramientas que faciliten la convivencia[23].

En vista de que, la aceptación de los derechos de los demás, requiere que las acciones educativas sean construidas desde la dignidad y el respeto mutuo, la incorporación de valores, acciones, actitudes que ayuden a la comprensión de las diversas diferencias de cada persona, pero acentuando su versatilidad en la igualdad de la dignidad, el Pacto Internacional de Derechos Económicos, Sociales y Culturales, insta a los Estados a garantizar, de forma gradual el artículo 13, pues son los Estados quienes tienen la responsabilidad principal de trabajar en favor los componentes de la educación, presuponiendo el desarrollo del sistema educativo.

Consecuentemente, es necesario desarrollar políticas, planes, programas y prácticas que favorezcan este proceso que suscribe el Protocolo adicional a la Convención Americana sobre Derechos Humanos en materia de Derechos Económicos, Sociales y Culturales. Una educación en derechos humanos que beneficie la igualdad de oportunidades, y reconozca la peculiaridad y singularidad de cada Estado parte, para reconstruir una sociedad desde todas sus aristas, enfocada en las habilidades socioemocionales del estu-

---

23 D. Gómez Álvarez, , Marco curricular y Plan de estudios 2022 de la Educación Básica Mexicana, Secretaría de Educación Pública, México, 2022.

diante, que permita su desarrollo y bienestar[24]. Esto implica ir más allá de la realidad que prescribe un proceso netamente formativo.

Por otro lado, la educación desde una perspectiva transversal, está fundamentada en el derecho. La educación responde al propio fin que se demanda a favor de la sociedad. Esto quiere decir que, la educación liberadora, anti opresora, postula una educación moral y una conciencia capaz de transformar la sociedad para hacerla más justa y solidaria.[25] Poniendo en juego el proyecto democrático, justo, pacífico del país.

Dado que existe una crisis democrática o se vislumbran acciones, antidemocráticas, Organismos Internacionales como La UNESCO, La OCDE, La CEPAL, El BM y el BID[26] hacen la aseveración que esto es mucho, gracias al desconocimiento de los derechos y de las obligaciones sociales que como ciudadanos poseemos. Fierro y Ollivier mencionan que dicho desconocimiento, es el resultado de las malas e ineficientes políticas educativas[27], ya que se descuida el principio general de una educación como transmisora de cultura a todos sus integrantes y generadora de principios, valores y acciones que soportan la estructura social.

---

24 Ley General de Educación, 2022, Artículo 16 fracción IX

25 A. Magendzo, "Conversando en torno a la educación en derechos humanos desde una mirada controversial y dilemática", en Educación en Derechos Humanos en América Latina Construyendo perspectivas y trayectorias, de V. Kandel; N. Manchini; M. Penhos, Remedios de Escalada, Lanús, Argentina, 2017, p. 33-39.

26 P. Martínez Contreras, "Organizaciones internacionales y su influencia en la educación mexicana", *Acervo Digital Educativo*, 2022, p.1-9. *https://ade.edugem.gob.mx/bitstream/handle/acervodigitaledu/65148/15EJN323K_Organizaciones%20internacionales%20y%20su%20influencia%20en%20la%20educación%20mexicana.pdf?sequence=1&isAllowed=y*

27 C. Fierro-Evans, B. Fortoul-Ollivier, "MEJORAR LA CONVIVENCIA. Una relectura analítica de experiencias innovadoras en escuelas latinoamericanas", *Revista Mexicana de Investigación Educativa*, vol. 27, núm. 92, 2022, p. 15-45.

IV. LA EDUCACIÓN EN DERECHOS HUMANOS Y LA DEMOCRACIA

Después de clarificar, desde que arista es comprendida la democracia, es pertinente retomar el proceso de la educación en derechos humanos, tomando en cuenta que la educación, por sí sola es un proceso social, que se materializa en cada ser social de forma personal, pero con implicaciones que conlleva las relaciones y representaciones humanas. En esta sintonía, cada sociedad busca por la vía de la educación construir en sus miembros un ideal que le es propio y conveniente, formar ciudadanos que tengan el sentido de pertenencia, humanidad, dignidad, excelencia y buen fin, donde la democracia funja como ideal no solo de gobierno, sino de vida[28].

Como han planteado autores como Ana María Rodino y Abraham Magendzo, la educación es un derecho llave que marca las pautas para que exista una verdadera progresividad e interdependencia entre los derechos[29]. Es por ello, que su relevancia no se evoca a que se contraponga a otros derechos, todo lo contrario, es un derecho que, al formar al individuo, lo forma en el conocimiento de todos los derechos humanos. Por ello, se torna indispensable, la complementariedad entre la educación, la enseñanza de los derechos humanos y la democracia. Pues dicha tríada conceptual, no se logra solo con tener ideas o conocimientos teóricos de tales temas, es pertinente, que dichas concepciones logren embonar de forma práctica desde el compromiso humano y social.

---

28 A. Gómez Téllez; M. Camacho López, "Apuntes sobre el posible origen del derecho educativo en la antigüedad y su necesaria dimensión transformadora", en *La dimensión La dimensión transformadora transformadora del Derecho Educativo del Derecho Educativo,* Red Internacional de Investigación en Derecho Educativo – RIIDE, 2022, p. 11-24.

29 Ana M. Rodino Pierri, Educación y Derechos Humanos: Complementariedades y Sinergias, Conferencia Magistral 2014-2015 Cátedra UNESCO de Educación para la Paz, Puerto Rico: Universidad de Puerto Rico, 2016.

Esto quiere decir que, el proceso de la educación en derechos humanos o educar en y para los derechos humanos y en democracia no está separado, ya que una depende de lo otro. Así pues, si se educa en derechos humanos, en la misma sintonía se está potencializando la democracia y sus acciones, ya que dicho proceso exige la convicción que todas y todos somos constructores de la historia y como tal, es necesario interiorizar nuevos constructos sociales, mediante las representaciones humanas institucionalizadas.

Somos conscientes que el proceso de la educación en derechos humanos tiene un poder de transformación, el cual está compuesto por diversos agentes, como cargas culturales, políticas, económicas y sociales. Recordando que todo es resultado de la concentración de los diferentes tipos de capital[30]. Las instituciones al preocuparse por plantear prácticas transformadoras, no deben alejarse de la educación y de la influencia que la enseñanza tiene en todos los procesos institucionales.

A causa de lo mencionado, se torna prioritario homogeneizar prácticas sociales que dignifiquen; de allí lo importante de replantear acciones que se perfeccionen mediante la educación en derechos humanos, que fortalezcan la democracia y con ello, lograr la modificación del paradigma sociocultural. La educación continúa siendo el proceso mediante el cual se promueve de manera crítica, razonable, reflexiva y autónoma. Precisando la práctica de valores y la concepción moral en sociedad, pero sin dejar a un lado la parte individual de la persona que contribuye a la dimensión social del sujeto y al enriquecimiento de las relaciones ciudadanas.

La educación en derechos humanos necesita ser vista como una proporcionalidad a los intereses personales, como una aproximación a alcanzar las habilidades personales, pero que brinden beneficios sociales. Si aceptamos que la educación en derechos

---

30 P. Bourdieu, 1994, Razones Prácticas, ANAGRAMA Barcelona, p. 99.

humanos es indispensable en la construcción social de los individuos, se reconoce su poder transformador que ayuda a la homogeneización, pero no desde la perspectiva negativa, sino en la sintonía de actuar en favor de las mayorías y del bienestar social. Es decir, así como se muestra la forma para aprender y desarrollar los conocimientos básicos y rígidos, en la educación está la oportunidad de forjar una cultura democrática que favorezca las prácticas humanas en razón de los derechos, más aún en la aceptación de que todos somos garantes de derechos y convivencia democrática.

Por otro lado, la educación en derechos humanos, trabaja la democracia desde la práctica y el diálogo, e invita a la reflexión sobre cómo relacionarse con el entorno, y a la conciencia de que cada persona es sujeto garante de derechos. Es así que, la educación en derechos humanos en favor de la materialización de la democracia se posiciona como necesaria y urgente para que se comprendan los beneficios de dicho proceso educativo[31].

Conviene subrayar lo establecido por Rosa María Mujica, quien menciona que la educación en derechos humanos, es más que teoría, tiene la responsabilidad de promover el respeto y la defensa de la vida y de la dignidad humana, así como impulsar el desarrollo de la persona mediante el respeto del otro ser humano, diferente, pero tan valioso como uno mismo. Ella coloca atención, al mencionar que la educación en derechos humanos puede resumirse y será tan importante como se desea, si tan solo se impulsa el formar ciudadanos reflexivos y críticos, con poder de decisión, capaces de participar en la construcción de una convivencia social democrática, sustentada en el respeto y vigencia de los derechos humanos[32].

Puesto que, promover el desarrollo de actitudes, valores, conductas y comportamientos deseados, abonan a la construcción

---

31 R. María Mujica, "QUÉ ES EDUCAR EN DERECHOS HUMANOS?", *DEHUIDELA Derechos Humanos IDELA*, p. 21-36, *https://www.corteidh.or.cr/tablas/r24456.pdf*

32 ibidem

de una cultura democrática, también es importante que desde la educación en derechos humanos se promueva la responsabilidad que se adquiere al ser parte de la participación social. Esto conlleva la constante reflexión de las principales normas jurídicas e instrumentos legales que se encargan de la protección, progresividad y consolidación de los derechos humanos.

V. EDUCACIÓN EN DERECHOS HUMANOS PARA EL FUNCIONAMIENTO DEMOCRÁTICO

Ahora bien, hablar del funcionamiento democrático se convierte en un debate sin fin, y si se asocia a lo social, es complejo de especificar, dependiendo desde qué arista se comprenda. Cualquier teoría democrática que pretenda ofrecer una base para que todos los seres humanos tengan oportunidades de vida decentes, debe tener en cuenta tanto las desigualdades internas de cada país, así como las complejas intersecciones que resultan de esas desigualdades.

De igual modo, para que se logre un buen funcionamiento democrático, la educación en derechos humanos, tiene la responsabilidad de cambiar las actitudes en relación de cómo y para qué educar. La forma conceptual del buen funcionamiento democrático se encuentra segregado en más de cinco vertientes, pero en esta ocasión, la limitaremos a dos. La primera versa en la distribución y equidad con la que se llega el voto, es quizás lo más representativo de esta postura; la segunda, se rige por el reconocimiento de la ciudadanía.

Respecto del funcionamiento democrático como distribución y equidad, habla de fortalecer el acceso equitativo, de los grupos que han sido segregados y excluidos de las decisiones políticas y económicas por décadas. Pese a todo lo que se ha creído, el funcionamiento democrático no sólo es la distribución de bienes, sino de métodos favorables para unos cuantos. También concierne al acceso al poder, la posibilidad de participar en diferentes espacios públicos, el acceso al conocimiento, la igualdad de oportunidades, el disfrute de los derechos humanos, a la vida digna y un entorno idóneo, promoviendo que todos reciban trato, derechos y obligaciones equitativamente[33].

El discurso político busca convencer que la educación hace a una sociedad democrática y justa, no obstante, apelar a la democracia y al funcionamiento democrático no sólo es el discurso, deben existir prácticas que construyen sentido de pertenencia. Esta temática es crucial para los Organismos Internacionales, el gobierno y la educación, la sociedad civil y cada persona en lo individual, pues, si se busca educar para un funcionamiento democrático, no se deben asumir que todo se ha aprendido, sino que, como parte de todo sistema, el conocimiento debe ser transformado de forma constante.

Así entonces, considerando que el funcionamiento democrático requiere de una capacidad crítica, por lo que es necesario interpretar la información que parte de la realidad social, para lograr una complementariedad entre razones y acciones, que se fortalezcan mediante la reflexión, el análisis y la autoevaluación. Esto es la consumación de integrar teoría, metodología y práctica entre educación y democracia.

En efecto, la sociedad se encuentra viviendo una alteración conductual, resultado de los movimientos sociales y culturales representativos del siglo XX. Por lo cual, es indispensable fortalecer mediante una educación en derechos humanos, la parte moral y de valores que permita aprender a convivir y vivir con los otros en comunidad, reconociendo sus diferencias, pero respetándolas. En este sentido, se apela a la construcción de una democracia que permita la toma de decisiones a partir del reconocimiento de las diferencias como parte de la diversidad social y cultural en la que se vive y no como una amenaza.

---

[33] J. Pérez Sánchez-Cerro, "La Justicia Social y el Derecho Internacional" *Instituto Internacional de Derechos Humanos*, 2020, *https://www.iidhamerica.org/es/revista-digital/la-justicia-social-y-el-derecho-internacional-:257/*

VI. CONCLUSIONES

A lo largo del presente trabajo se hace una reflexión en razón de la necesidad de que la educación en derechos humanos sea componente necesario del derecho a la educación y como derecho en sí mismo, para la construcción de una democracia que permita la toma de decisiones que garanticen una vida digna, como indicador de cambio.

Se presenta la educación en derechos humanos, como parte fundamental en la composición del respeto de los derechos humanos, por lo que se requiere un cambio de prácticas, considerando indispensable una adaptación tridimensional; la educación, la educación en derechos humanos y la democracia. Esto, desde la premisa que la educación en derechos humanos es una nueva construcción que busca reforzar el paradigma que fundamenta la democracia y las responsabilidades que como persona se tiene socialmente.

Así pues, se tienen que ponderar acciones positivas que permitan reflexionar en la urgencia de diseñar políticas educativas que tomen en cuenta las necesidades de todos; no hay que olvidar, que todos somos parte de las decisiones y acciones que se emprenden en la comunidad, si bien existe la división de poderes, para que se pueda garantizar lo que conocemos como democracia representativa, no hay que olvidar que, para fortalecer el funcionamiento del Estado, es pertinente la educación de los derechos humanos.

En países como México, se requiere fortalecer la enseñanza de los derechos humanos para poder convertirnos en una sociedad que fundamente sus acciones en el conocimiento, y de forma consecuente vivir dignamente, esto, hará que se adopten formas de organización, conforme los requerimientos actuales. Sin educación, es imposible disfrutar de la democracia.

Así pues, somos conscientes que se ha avanzado de forma lenta, pero precisa, esto muestra que falta demasiado por realizar. Es por ello que el trabajo de la educación en derechos humanos y la democracia debe ser la formación integral. Asumiendo el compromiso de que los seres humanos se encuentran en constante transformación y que la tarea de deconstrucción, puede no ser tan fácil como se pretende, ya que requiere el considerar a los otros como un medio para lograr la comprensión del entramado y tejido social.

Finalmente, revaloricemos la dimensión del ser humano como persona y ente político, y la parte democrática como la responsabilidad de decidir en favor de la ciudadanía, para generar acciones transformadoras, mediante la articulación de valores, tolerancia, respeto, justicia y solidaridad.

VII. REFERENCIAS

Asamblea General de la ONU. (1948). *Declaración Universal de los Derechos Humanos.* Paris: Naciones Unidas.

Baños J. (2006) "Teorías de la democracia: debates actuales", *Dossier: Debates de Teoría Política Contemporánea, Andamios,* vol. 2, no. 4, Cd. México, junio. https://www.scielo.org.mx/scielo.php?script=sci_arttext&pid=S1870-00632006000100002

Biblioteca del Congreso Nacional de Chile. "Guía de Formación Cívica – La Democracia y la Ciudadanía". https://www.bcn.cl/formacioncivica/detalle_guia?h=10221.3/45671

Cárdenas Buitrago, N. E. (2012). Jürgen Habermas y la educación en derechos humanos. *Magistro,* 17-38.

Fierro-Evans, C. Fortoul-Ollivier, B. (2022). "MEJORAR LA CONVIVENCIA. Una relectura analítica de experiencias innovadoras en escuelas latinoamericanas", Revista Mexicana de Investigación Educativa, vol. 27, núm. 92, 15-45.

Ley General de Educación. (2022). México .

Lorente Rodríguez, M. Ramón Ruiz, G. (2022). La educación como derecho: acuerdos, agendas y alcances en la región latinoamericana. *Revista Española de Educación Comparada,* 48-64.

López Sánchez , R. (2018). La Dignidad Humana en México: su Contenido Esencial a Partir de la Jurisprudencia Alemana y Español. *Boletín Mexicano de Derecho Comparado,* 135-173.

Bobbio, N. (1999). *Teoria generale della politica.* Turin: Einaudi.

Bobbio, N. (2012). "El futuro de la democracia", México, Fondo de Cultura Económica, 53.

Bourdieu, P. (1994). *Razones Prácticas.* Barcelona: ANAGRAMA.

Echaire Curutchet, R. Tanoni, D. (2018). La Educación como Derecho Humano. *Revista digital Lecturas* , 41-75.

González Luna Corvera, T. (2019). La educación es un derecho, no es un privilegio. *Departamento de Estudios en Educación,* 1-15.

Gómez Collado, M. García Hernández, D. (2018). La cultura de paz inicia con la educación en valores. *Estudios de Derecho,* 44-72.

Gómez Álvarez, D. (2022). *Marco curricular y Plan de estudios 2022 de la Educación Básica Mexicana.* México: SEP.

Gómez Téllez, A. O. Camacho López, M. (2022). Apuntes sobre el posible origen del derecho educativo en la antigüedad y su necesaria dimensión transformadora. En F. González Alonso, & A. Villafuerte Vega. Costa Rica: Red Internacional de Investigación en Derecho Educativo – RIIDE.

IIJ-UNAM. I. e. (2024). *FARO DEMOCRÁTICO: LA DEMOCRACIA EN MÉXICO, HACIA UN CAMBIO POLÍTICO.* México: UNAM.

Instituto Federal Electoral, "Principios y valores de la democracia", Cuadernos de Divulgación de la Cultura Democrática, México, s/f. https://portalanterior.ine.mx/documentos/DECEYEC/principios_y_valores_de_la_democ.htm#PRESENTA

Jiménez, P. (2019). La educación como derecho social, humano y fundamental: principios y perspectivas de la educación moderna. *Revista de Investigações Constitucionais,* 669-686.

Magendzo, A. (2017). Conversando en torno a la educación en derechos humanos desde una mirada controversial y dilemática. En V. Kandel, N. Manchini, & M. Penhos, *Educación en Derechos Humanos en América Latina Construyendo perspectivas y trayectorias* (págs. 33-39). Argentina: Remedios de Escalada, Lanús,.

María Rodino, A. (2015). La educación con enfoque de derechos humanos como práctica constructora de inclusión social. *Revista IIDH,* 201-223.

Martínez Contreras, P. (2022). "Organizaciones internacionales y su influencia en la educación mexicana", *Acervo Digital Educativo,* 1-9.

Montoya Zamora, R. (2022). *Del Estado de Derecho Decimonónico al Estado Constitucional y Convencional de Derecho : avances y retos a 10 años de la Reforma Constitucional en materia de derechos humanos.* Ciudad de México: Tirant lo Blanch.

Oficina del Alto Comisionado de las Naciones Unidas "Educación y capacitación en la esfera de los Derechos Humanos", s/f. https://www.ohchr.org/es/resources/educators/human-rights-education-training

Oficina del Alto Comisionado de las Naciones Unidas para los Derechos Humanos, UNESCO, 2006. https://unesdoc.unesco.org/ark:/48223/pf0000147853_spa

Pacto Internacional de Derechos Económicos, Sociales y Culturales, New York, E:UA, 19 diciembre de 1966.

Pérez Sánchez-Cerro, J. (30 de Abril de 2020). *INSTITUTO INTERNACIONAL DE DERECHOS HUMANOS*. Obtenido de INSTITUTO INTERNACIONAL DE DERECHOS HUMANOS: https://www.iidhamerica.org/es/revista-digital/la-justicia-social-y-el-derecho-internacional-:257/

Red-DESC. (1999). *Observación general Nº 11: Planes de acción para la enseñanza primaria.* Obtenido de Red-DESC: https://www.escr-net.org/es/recursos/observacion-general-no-11-planes-accion-para-ensenanza-primaria-articulo-14

Rodríguez Acosta, V. (2018). Educación para los derechos humanos. Un estudio necesario. *Estudios del Desarrollo Social: Cuba y América Latina*, 160-177

UNESCO. (2015). *Education 2030 Incheon Declaration and Framework for Action Towards inclusive and equitable quality education and lifelong learning for all (Final draft for adoption).* Francia: UNESCO.

Vargas Llosa, M. (1990). "El siglo XX: La experiencia de la Libertad", Encuentro Internacional de la Revista Vuelta. México.

La Escuela Pública como centro propedéutico para la democracia y la paz

ALBERTO DE LA ROSA OLVERA[1]
KARLA ALEJANDRA OBREGÓN AVELAR[2]

SUMARIO: I. LA PROGRESIVIDAD DEL DERECHO HUMANO A LA EDUCACIÓN. II. RETOS Y DESAFÍOS DE LA EDUCACIÓN EN MÉXICO. III. ESCUELAS ABIERTAS Y DEMOCRÁTICAS. IV. CONCLUSIONES. V. REFERENCIAS.

I. LA PROGRESIVIDAD DEL DERECHO HUMANO A LA EDUCACIÓN

Si nos remontamos a la historia de las Constituciones, vamos a conocer e identificar cómo el derecho humano a la educación ha ido evolucionando significativamente a lo largo del tiempo. Podemos encontrar, en un primer momento, el reconocimiento de este derecho a recibir instrucción por parte del Estado; mismo que posteriormente se transformó en una obligación para el Estado y para los padres, madres y/o cuidadores, garantizando con ello, la formación de nuestra niñez y de todas las personas, así como para abatir el analfabetismo, lo cual es fundamental para el desarrollo de cualquier sociedad.

---

1 Secretario Ejecutivo de la Comisión Estatal de Derechos Humanos de Durango. Docente de la Facultad de Derecho y Ciencias Políticas de la Universidad Juárez del Estado de Durango.

2 Presidenta de la Comisión Estatal de Derechos Humanos. Docente de la Facultad de Derecho y Ciencias Políticas de la Universidad Juárez del Estado de Durango.

Otro momento importante de su progresividad, es en cuanto a la cobertura educativa, el Estado se ocupó y preocupó por construir espacios educativos por todos los rincones de México así como de Escuelas Normales, para dotar de personal docente preparado y suficiente a todas las instituciones públicas.

Luego de su reconocimiento como derecho humano en 1993, el Estado, comprendió que no solo era necesaria e importante la cobertura de la educación en México, sino que además por diversos factores, entre ellos, la globalización de la competencia económica, era trascendental el ampliar su cobertura, pero además impulsar y mejorar la calidad educativa, para formar a la niñez, juventud y a todas las personas con habilidades y competencias para enfrentar todos los retos que ha traído y sigue trayendo consigo el fenómeno de la globalización, pero además para fortalecer los valores cívicos que hiciera de las niñas, niños y adolescentes, personas comprometidas con el respeto, la paz, la cultura cívica, los valores, con su propio desarrollo y el de la sociedad en general.

Luego entonces, se registran dos acontecimientos importantes. El primero de ellos fue la Alianza por la Calidad de la Educación en México, signada entre el Poder Ejecutivo y el Sindicato de Trabajadores de la Educación (SNTE). Hernández, J. C. A. (2009).

De esta alianza, surgieron programas muy enriquecedores para el fortalecimiento del derecho humano a la educación, tales como "Escuela Siempre Abierta" y "Escuelas de Tiempo Completo", que además de tener como objetivo el dotar de una formación integral a las y los estudiantes de educación básica, buscaban garantizar otros derechos y principios como el interés superior de la niñez, una alimentación sana y equilibrada, la práctica de la cultura física y deporte y el acceso a la cultura, así como el involucramiento de las familias en el cuidado de las escuelas, al constituir en muchos lugares del país, los puntos de encuentro para la enseñanza, el aprendizaje, la convivencia, la cohesión comunitaria y la construcción de comunidades más participativas, democráticas y en paz.

En el año 2013, se llevó a cabo una reforma educativa en la que el eje central fue la calidad de la educación pública en México, centrándose en la cultura de la evaluación para mejorar en las áreas de oportunidad, sin dejar de lado el equipamiento de las instituciones educativas y el ampliar la cobertura. Para esto, se creó un órgano constitucional autónomo especializado en la evaluación de las tareas educativas, que le quitara cualquier sesgo o conflicto de interés, que pudiera darse a través de la secretaría del ramo por las presiones sindicales.

En ese entonces se avanzaba en la calidad docente y en emplear las tecnologías de la información y la comunicación, así como fomentar la cultura cívica y de valores tanto en las familias como en la comunidad mediante la Escuela Siempre Abierta, pues si bien, los centros educativos son empleados como casillas electorales para captar la votación en procesos electorales, estos también pueden ser empleados para fomentar la participación tanto ciudadana como comunitaria y familiar y de esta manera, cumplir con el postulado constitucional de hacer de la democracia no solo un sistema político sino un verdadero estilo de vida basado en el constante mejoramiento económico, político y social.

Cabe destacar que si bien en las instituciones es necesario e importante contar con infraestructura de calidad, equipamiento y nuevas tecnologías, la parte fundamental y más importante son las personas, los seres humanos que lo conforman; las instituciones las hacen las personas y en ello, resulta trascendental no solo sus conocimientos y preparación profesional y académica, sino además su formación integral, el fortalecimiento de sus competencias y capacidades y potenciarlas al máximo, pero además su constante actualización y especialización. Los docentes son un factor clave en la sociedad, pues son quienes transmiten y enseñan el conocimiento y quienes forman a las personas y las presentes y futuras generaciones. La educación es no sólo transmitir conocimiento a una persona que no lo tenía, sino además hacer de esa persona alguien que no existía.

Y es que la educación de calidad, no solamente exigía y sigue exigiendo de manera urgente y apremiante el contar con el libre acceso a la educación, sino también el contar con un programa educativo basado en competencias con perspectiva de derechos humanos, ante el fenómeno del acoso escolar y la inseguridad en el interior exterior de las instituciones educativas.

Sin embargo, el 2019, el poder reformador de la Constitución, modificó sustancialmente el artículo tercero Constitucional, con el objetivo central de eliminar el Instituto de la Evaluación Educativa poniendo en riesgo la calidad educativa, no atendiendo los estudios relacionados con la calidad de la educación en México y el incremento de los casos de acoso conocido como Bullying, así como la deserción escolar, entre otros fenómenos que afectan sustancialmente el desarrollo del País.

A partir de ese entonces, se cancelaron los programas de Escuela Siempre Abierta y Escuelas de Tiempo Completo, bajo el argumento de la austeridad republicana implementada por el gobierno federal, afectando la progresividad del derecho humano a la educación, al poner en riesgo la calidad, pero además la formación de una sociedad más incluyente y participativa.

II. RETOS Y DESAFÍOS DE LA EDUCACIÓN EN MÉXICO

La educación en México enfrenta varios retos críticos, entre los cuales se pueden destacar la inequidad, la inclusión, el analfabetismo, la cobertura, la calidad educativa, y la deserción escolar. La inequidad e inclusión son quizá el desafío más persistente, reflejados en la disparidad de acceso y calidad educativa entre estudiantes de diferentes estratos socioeconómicos y regiones del país. Mientras que algunos estudiantes tienen acceso a escuelas bien equipadas y a programas educativos de alta calidad, otros, especialmente en áreas rurales y comunidades indígenas, enfrentan condiciones precarias y escasez de recursos. Biesta (2016, p. 15).

La calidad educativa es otro reto importante. A pesar de diversos esfuerzos y reformas implementadas en las últimas décadas, el sistema educativo mexicano sigue mostrando deficiencias en términos de calidad. Esto se refleja en los resultados de pruebas internacionales, donde los estudiantes mexicanos suelen ocupar posiciones inferiores en comparación con sus pares de otros países.

Con relación a lo anterior, vale la pena conocer y analizar los siguientes datos:

- Rendimiento Académico (Resultados PISA 2018)
- Lectura: México obtuvo un promedio de 420 puntos en comprensión lectora, colocándose por debajo del promedio de la OCDE de 487 puntos.
- Matemáticas: En matemáticas, México registró 409 puntos, también por debajo del promedio de la OCDE de 489 puntos.
- Ciencias: Con 419 puntos en ciencias, los estudiantes mexicanos se situaron debajo del promedio de la OCDE, que fue de 489 puntos.

Podemos observar como México está por debajo de la media en estos resultados, lo que sin duda representa un gran reto urgente e inmediato, pues no hay mejor inversión que la que se haga en educación de una sociedad.

Por otra parte, la deserción escolar es un problema especialmente notable en el nivel medio superior. Factores socioeconómicos, como la necesidad de contribuir al ingreso familiar, el embarazo adolescente, junto con la percepción de que la educación no es pertinente o suficientemente atractiva o de que no garantiza un trabajo y por ende mejores condiciones de vida, llevan a un alto número de jóvenes a abandonar sus estudios prematuramente; sin omitir los obstáculos para lograr la eficiencia terminal en las instituciones de educación superior, lo cual representa otro gran reto, ya que un gran número de personas que terminan sus estudios de educación superior, no terminan su titulación.

Respecto del tema de violencia escolar, la Comisión Estatal de Derechos Humanos de Durango realizó un análisis sobre las quejas presentadas con motivo del *bullying escolar,* resultando lo siguiente:

- Del periodo comprendido de 2018 a 2023, se recibieron 5,478 quejas por violencia escolar.
- La mayor incidencia es en primarias y secundarias. Ocupan el primer lugar las primarias con una frecuencia de 53 expedientes, mismos que se acumulan en la capital del estado y de los cuales 39 casos fueron por "golpes" o violencia física.

Mientras tanto, en el año 2023, este organismo protector de derechos humanos en el estado de Durango, recibió un total de 220 quejas en contra de instituciones educativas de nivel básico, media superior y superior, en los que siguen imperando las escuelas primarias y secundarias con 77 y 73 quejas, respectivamente.

Los principales conceptos de violación en derechos humanos son trato cruel, inhumano o degradante con un total de 26 quejas, así como omitir brindar protección y auxilio, teniendo la obligación de hacerlo, con un total de 21 quejas.

Con los datos anteriormente citados, se pretende hacer visible la importancia de la participación activa no solo del triángulo virtuoso que se citó a principios del presente artículo, sino también de la sociedad civil organizada en torno a la construcción de ambientes escolares de respeto a los derechos humanos y sobre todo, de construcción de una cultura de paz. Es aquí donde la Comisión Estatal de Derechos Humanos detecta un área de oportunidad importante, por ello en Durango se ha promovido e impulsado el entreveramiento de la Comisión Estatal de Derechos Humanos con la sociedad y gobierno por la educación.

En este sentido, este órgano constitucional autónomo, ha coadyuvado en impulsar la democracia como estilo de vida desde la educación con tres acciones y programas importantes, en los que la premisa ha sido generar la cultura participativa en la toma de decisiones de cada centro escolar, desde la creación de un programa de auto cuidado en materia de seguridad ciudadana con la perspectiva de derechos humanos en la revisión de mochilas para que las y los estudiantes no ingresen sustancias dañinas y/o armas de fuego o punzocortantes, hasta llevar programas relativos a la construcción de una cultura de paz a través de la formación de competencias y habilidades en los estudiantes y personal docente y administrativo en 8 componentes tomando como base los que la UNESCO ha considerado fundamentales para formar a las personas en agentes constructores de paz:

1. Escucha Activa;
2. Auto conciencia;
3. Comunicación interpersonal e intercultural;
4. Pensamiento crítico;
5. Sensibilidad y respeto a diferencias religiosas, culturales y de género, con apertura a la "otredad";
6. Nutrir valores: respeto, empatía, responsabilidad, reconciliación y perdón,
7. Colaboración y trabajo en equipo
8. Mediación, conciliación y negociación;

Todas estas habilidades son esenciales, hoy destacamos los Mecanismos Alternos para la Solución de Controversias (MASC) como herramienta indispensable para la resolución pacífica de conflictos, ya que en México recientemente se cuenta con una nueva Ley General de MASC, que da cumplimiento y vida al artículo 17 constitucional que establece textualmente:

> "Artículo 17. Ninguna persona podrá hacerse justicia por sí misma, ni ejercer violencia para reclamar su derecho.
>
> Toda persona tiene derecho a que se le administre justicia por tribunales que estarán expeditos para impartirla en los plazos y términos que fijen las leyes, emitiendo sus resoluciones de manera

> pronta, completa e imparcial. Su servicio será gratuito, quedando, en consecuencia, prohibidas las costas judiciales.
>
> **Siempre que no se afecte la igualdad entre las partes, el debido proceso u otros derechos en los juicios o procedimientos seguidos en forma de juicio, las autoridades deberán privilegiar la solución del conflicto sobre los formalismos procedimentales.** (Párrafo adicionado DOF 15-09-2017).
>
> El Congreso de la Unión expedirá las leyes que regulen las acciones colectivas. Tales leyes determinarán las materias de aplicación, los procedimientos judiciales y los mecanismos de reparación del daño. Los jueces federales conocerán de forma exclusiva sobre estos procedimientos y mecanismos.
>
> **Las leyes preverán mecanismos alternativos de solución de controversias. En la materia penal regularán su aplicación, asegurarán la reparación del daño y establecerán los casos en los que se requerirá supervisión judicial."** *Lo resaltado con negritas es propio.* CPEUM (2024, p. 19).

Todo esto va encaminado a cumplir con lo establecido en la Convención de los Derechos de los Niños, específicamente con el derecho número 10, el cual reconoce el derecho a recibir una educación que fomente la solidaridad, la amistad y la justicia entre todo el mundo.

Al llevar la participación activa de las y los integrantes de las comunidades escolares, se materializa esa disposición constitucional de hacer de la democracia un estilo de vida desde la educación pública en México y es lo que se abordará en el siguiente punto.

El problema de la violencia escolar requiere de acciones profundas que promuevan la transformación estructural y cultural de la violencia, que involucren a niños, niñas, jóvenes, docentes, directivos, padres de familia y autoridades educativas, en el diseño e implementación de herramientas y mecanismos que permitan el involucramientos activo de todos en un proceso de identificación oportuna y reconocimiento del problema, para en forma paulatina ir generando acciones no-violentas (como parte de una metodología participativa para influir en el curso y resolución pacífica de un conflicto), que configuren los espacios escolares y comunitarios en ambientes de participación, respeto, tolerancia, armonía y paz.

III. ESCUELAS ABIERTAS Y DEMOCRÁTICAS

La Escuela Siempre Abierta, pudiera transformarse en Escuela Abierta y Democrática, pues la apertura, genera participación en la toma de decisiones, transparencia y rendición de cuentas, así como un punto de encuentro para la facilitación de programas de activación física, acceso al arte y la cultura, sin omitir el retomar la Escuela para Padres, que también se ha ido perdiendo y por tanto esa vinculación de personal administrativo y docente con esta parte de la comunidad escolar.

Es así que, la Comisión Estatal de Derechos Humanos de Durango ha implementado un programa de formación de agentes transformadores y constructores de paz, el cual contempla la participación activa de las personas beneficiarias, quienes eligen a los integrantes de este programa y estos, hacen una consulta interna para definir el nombre específico del programa en su escuela.

Con esto, se fomenta la implementación de la participación en la toma de decisiones y esto viene a coadyuvar en hacer de la democracia un estilo de vida, pero, además, se contribuye a formar líderes mediadores que construyen la cultura de la paz en sus entornos escolar, familiar y comunitario al aprender a utilizar y emplear los Mecanismos Alternativos para la Solución de Controversias.

Todo esto va encaminado a fortalecer la democracia en México, pues en los últimos años ha habido un debilitamiento de las instituciones sobre todo de quienes operan la organización y calificación de las elecciones, así como de quienes fomentan la rendición de cuentas a través de la transparencia y el acceso a la información pública.

Por ello, es que a continuación se enumeran los desafíos que presenta la democracia mexicana para que pueda convertirse en un modo de vida basado en el constante mejoramiento, económico político y social del pueblo, conforme lo dispone la Constitución Mexicana:

> La democracia como estilo de vida en México representa un ideal hacia el cual se han dirigido numerosos esfuerzos y transformaciones a lo largo de su historia. La transición hacia este ideal no solo implica cambios en las estructuras políticas y en los procesos electorales, sino también una profunda transformación cultural y en la manera en que los ciudadanos se relacionan entre sí y con el Estado. Ramos, C. A. L. (2011).

La democracia como estilo de vida en México es un objetivo que requiere el compromiso continuo de todos los sectores de la sociedad. Implica una constante evaluación y fortalecimiento de las instituciones democráticas, así como el fomento de una cultura de participación, respeto, y diálogo entre los ciudadanos y para facilitar este camino, se requiere analizar y profundizar en los siguientes tópicos:

1. Participación ciudadana: Es esencial para una democracia viva. No se limita al voto en elecciones, sino que abarca la participación en consultas públicas, el activismo social, la colaboración en proyectos comunitarios y la vigilancia de la acción gubernamental. La Escuela Pública debe convertirse en centro propedéutico de la democracia, en donde los temas torales de la institución como de la comunidad, se consulten para fomentar también la corresponsabilidad social y la construcción de soluciones desde abajo, pues nadie mejor que la propia comunidad tiene la mayor parte de las veces las alternativas de solución más viables a sus propias problemáticas.
2. Educación para la democracia: La educación juega un papel crucial en las sociedades y por tanto en el desarrollo de una cultura democrática. Esto incluye no solo la educación formal en las escuelas, sino también la educación cívica a lo largo de la vida que promueva y nutra valores, como el respeto, empatía, responsabilidad, reconciliación, perdón, diálogo y el compromiso cívico. La democracia constitucional se fortalecerá con la promoción del derecho humano a la paz, reconocido en el artículo tercero de la Constitución Política del Estado de Durango, mismo que cuenta con su

ley reglamentaria para construir la cultura de la paz en la entidad y además con la Ley de Salud Mental para Durango, y qué mejor que hacerlo desde la Escuela Pública.

Cabe destacar en este punto que, el que el orden jurídico constitucional establezca con claridad preceptos relativos a garantizar la paz como fin del Estado y del Derecho y además como derecho humano, resulta fundamental para fortalecer y consolidar los fines y el ámbito de competencia de las Organismos Públicos Defensores de Derechos Humanos, como instituciones autónomas, técnicas y especializadas en la promoción, respeto, protección y defensa de los Derechos Humanos, Obregón Avelar (2024, p. 293).

> "Cuando el Derecho Humano a la Paz se incorpora de manera efectiva y transversal, se fomenta un entorno propicio para el respeto y la protección de los derechos humanos." Obregón Avelar (2024, p. 297).

3. Respeto por la legalidad y el Estado de Derecho. La confianza en las instituciones y en el cumplimiento de la ley es fundamental. El respeto por las reglas del juego democrático garantiza que las disputas se resuelvan de manera pacífica y conforme a derecho. Si bien en los últimos años se ha demeritado la confianza de los órganos constitucionales autónomos, la colaboración entre estos con los demás poderes constituidos y la sociedad civil, ha sido fundamental para el desarrollo humano y social, así como para la suma de esfuerzos y que las personas palpen y vivan los resultados, elevándose con ello, los niveles de confiabilidad institucional.

4. Pluralismo y tolerancia. Una democracia saludable se nutre de la diversidad de opiniones y creencias, la otredad. El respeto por las diferencias y la capacidad de diálogo y negociación son esenciales para la convivencia pacífica. Por esto es que, desde la Comisión Estatal de Derechos Humanos de Durango, se promueven proyectos piloto como el programa de Niñez y Juventud Constructora de Paz, así como

el de Agentes Transformadores Constructores de Paz, a través d ellos cuales se brindan herramientas, habilidades y competencias entre las que destacan las de mediación para resolver de manera pacífica los conflictos que surjan en sus entornos escolares, familia o comunidad, destacando los resultados obtenidos a través de la mediación entre pares, es decir que los propios niños, niñas, adolescentes tengan esas habilidades y capacidad de solucionar sus propios conflictos, respetándose con esto los derechos de los NNA y convirtiéndolos realmente en sujetos de derechos no objeto de derechos.

Como resultado de estas iniciáticas, los jóvenes de bachillerato llevaron a cabo una mediación para resolver un conflicto que había en un salón de cuarto grado de una escuela primaria, en donde había presunción de violencia escolar y finalmente, las niñas y niños involucrados, llegaron a un acuerdo pacífico que puso fin al conflicto. Además, estos jóvenes que se han formado ya como agentes constructores de paz han estado capacitando y compartiendo su experiencia a docentes incluso de instituciones de educación superior.

5. Transparencia y rendición de cuentas. Todas las personas, deben tener acceso a información veraz y oportuna sobre la gestión pública, y los servidores públicos deben rendir cuentas de sus acciones. La transparencia fortalece la confianza en las instituciones y previene y desalienta la corrupción. En Durango, el Instituto Duranguense de Acceso a la Información Pública y Protección de Datos Personales (IDAIP), cuenta con un programa denominado Plan DAI, en donde acuden a colonias y escuelas a fomentar el derecho humano a saber.

Estas acciones realizadas por los organismos constitucionalmente autónomos al ser vinculadas colaborativamente con las instituciones educativas, pueden marcar una diferencia en la formación de una sociedad más desarrollada, participativa, democrática y en paz.

IV. CONCLUSIONES

PRIMERA.— La educación y la democracia son un binomio que debe considerarse indisoluble e indispensable para el desarrollo de las sociedades, pues implica formación, participación transparencia, rendición de cuentas y una cultura de la paz, que se traduce en el respeto a los derechos humanos.

SEGUNDA.— La Escuela Pública debe fortalecerse mediante el diseño, creación y evaluación de políticas públicas que implique la participación de las comunidades no solo escolares sino de toda la población en donde se encuentran las instituciones educativas, para que vuelvan a ser y se fortalezcan como el punto de encuentro y no, el punto de desencuentro o de violencia.

TERCERA.— La sociedad civil organizada no solo puede observar sino colaborar para la consolidación de una educación pública de calidad que fomente y nutra los valores democráticos y de derechos humanos.

V. REFERENCIAS

Biesta, G. (2016). Democracia, ciudadanía y educación: de la socialización a la subjetivación. *Foro de Educación*, *14*(20), 21-34. https://doi.org/10.14516/fde.2016.014.020.003.

Carbonell, M. (2014). Teoría de los derechos humanos y del control de convencionalidad.

Convención de los derechos de los niños.

Constitución Política de los Estados Unidos Mexicanos.

Departamento de Estadística de la Comisión Estatal de Derechos Humanos de Durango.

Hernández, J. C. A. (2009). La profesionalización de los maestros y la alianza por la calidad de la educación. *Revista Legislativa de Estudios Sociales y de*

Opinión Pública, 2(4), 9-42. https://dialnet.unirioja.es/descarga/articulo/3224141.pdf.

Obregón Avelar, Karla Alejandra (2024). Retos y perspectivas de la Justicia Constitucional en México, *La inclusión del Derecho a la Paz como Derecho Humano: Una perspectiva integral,* Ed. Tirant lo blanch.

PISA 2018 Results (Volume I). (2019). En *Programme for international student assessment/Internationale Schulleistungsstudie.* https://doi.org/10.1787/5f07c754-en.

Ramos, C. A. L. (2011). Democracia y educación. *EDUCACIÓN y CIENCIA, 9,* 1-3. https://dialnet.unirioja.es/descarga/articulo/7981729.pdf

Sierra, J. M. O., & Zubizarreta, A. C. (2017). Educación y democracia: la escuela como "espacio" de participación. *Revista Iberoamericana de Educación, 75*(2), 89-108. https://doi.org/10.35362/rie7522635.

La Educación Sexual Integral: Una Estrategia para la Construcción de Espacios Educativos Democráticos e Inclusivos

José Alejandro Juárez González[1]
Claudia Margarita Navarro Herrera[2]

SUMARIO: I. INTRODUCCIÓN. II. LA EDUCACIÓN SEXUAL INTEGRAL. III. ESPACIOS EDUCATIVOS DEMOCRÁTICOS E INCLUSIVOS. IV. CONCLUSIONES. VI. REFERENCIAS.

I. INTRODUCCIÓN

El interés y preocupación internacional de orientar y promover una educación sexual integral (ESI), forma parte de las agendas de organismos tales como la OMS, la UNESCO y la UNICEF, Women y Unicef. (2018). El propósito es facilitar a niños, jóvenes, adultos y ancianos, el libre ejercicio de sus derechos sexuales y reproductivos.

---

1 José Alejandro Juárez González. Licenciado en Historia, maestro en Administración Pública y doctor en Investigación e Innovación Educativa. Profesor e investigador de tiempo completo en el Departamento de Artes y Humanidades del Centro Universitario del Sur, con antigüedad de treinta y cuatro años. Universidad de Guadalajara.

2 Claudia Margarita Navarro Herrera. Licenciada en Psicología, maestra en Psicología Educativa y sexóloga. Profesora e investigadora en el Departamento de Artes y Humanidades del Centro Universitario del Sur, con antigüedad de treinta y dos años. Universidad de Guadalajara.

En nuestro país son múltiples las dificultades asociadas a una incipiente educación sexual; embarazos adolescentes, abuso sexual, adicción a la pornografía, infecciones de transmisión sexual (ITS), violencia de género, abuso sexual, homofobia, transfobia y crímenes de odio, entre otras. Problemáticas que podrían ser enfrentadas si se incorporara curricular, transversal y permanentemente la formación integral en sexualidad humana, en el sistema educativo nacional, así como en las diferentes iniciativas de educación no formal. Esto no quiere decir que no se hayan hecho grandes esfuerzos al respecto; el compromiso de instituciones educativas, organismos y colectivos no gubernamentales para promover un ejercicio informado, libre y responsable de la sexualidad ha sido constante, sin embargo, no se han obtenido los resultados esperados.

El desarrollo de políticas en educación, salud sexual y reproductiva, debe ser conjunta, entre todos los implicados desde la planeación de las iniciativas públicas, los organismos no gubernamentales, el sector salud y la población civil, sólo a través de la participación activa se logrará edificar una perspectiva que priorice los derechos humanos y que permita plantear políticas de mejora social democráticas, justas e igualitaria. Morlachetti, (2006).

El propósito de este trabajo es presentar a la educación integral de la sexualidad, como una estrategia para la construcción de espacios educativos democráticos e inclusivos, para lo que se desarrolla, el concepto y fundamentos de este tipo de educación sexual, para posteriormente vincularla a la construcción de espacios educativos democráticos e inclusivos y finalmente plantear algunas conclusiones al respecto.

II. LA EDUCACIÓN SEXUAL INTEGRAL

A través del tiempo la educación sexual se ha ido modificando, en sus inicios surge estrechamente vinculada a la biología de la reproducción y la salud sexual; en el caso de nuestro país Zavala (2019) señala que en 1931 la Sociedad Mexicana de Eugenesia (SME) propuso un plan para promover la educación sexual, específicamente para prevenir las enfermedades venéreas y el alcoholismo. Así mismo en 1932, el Bloque Nacional de Mujeres Revolucionarias, solicitó a la Secretaría de Educación Pública, que incluyera la educación sexual en el plan de estudios de las escuelas secundarias técnicas industriales, secretariales y comerciales.

Posteriormente a una serie de disputas, entre los conservadores, los liberales, las instituciones educativas, los padres de familia y frecuentes quemas públicas de libros de texto, finalmente la incipiente educación sexual formó parte de los programas de estudio de educación básica en 1974, Sandoval y Rangel, (2021). No fue hasta una década más tarde, en 1982, que la educación sexual, promovió abiertamente el uso del condón, como una medida preventiva; esto como consecuencia de la aparición del VIH. A partir de entonces, se han ido incluyendo poco a poco algunos contenidos, tales como la diversidad, la salud, el género y los derechos sexuales y reproductivos. Gutiérrez, y Saldaña, (2017).

Pasar de la visión biomédica de la tradicional educación sexual a una indudable educación sexual integral, que abarque la complejidad del hecho sexual; sigue siendo un buen deseo que, debido a las arraigadas creencias y mitos; así como a la validación de viejos prejuicios morales hetero-normados; está lejos de ser una realidad. Desafortunadamente es frecuente encontrar entre las distintas iniciativas educativas una gran distancia entre el discurso políticamente correcto y la realidad cotidiana de la educación; esto es tan común que estas prácticas nos parecen correctas y en el nombre de "lo mejor para todos" se validan prejuicios y mitos que justifican la separación y la exclusión; tal es el caso de las escuelas para niños y otras diferentes para niñas, los adiestramientos técnicos, en mecánica o carpintería considerados apropiados para los jovencitos y los secretariales o de corte y confección para las jovencitas, así como los uniformes y el arreglo de cabello específicos propios para cada uno de los géneros. Sin embargo y a pesar de que han existido múltiples iniciativas, no dejaban de ser esfuerzos desarticulados temporales y aislados; que no han tenido los resultados deseados.

Paulatinamente se fueron divulgando estudios sexológicos, con una fundamentación científica, que fortalecieron, los contenidos y las estrategias de la entonces educación sexual. Gracias a los estudios del Kinsey (1948), se estableció la primera escala sobre la heterosexualidad-homosexualidad, se obtuvieron las primeras publicaciones acerca del comportamiento sexual de las personas, con lo que se da inicio a las evidencias empíricas acerca de la orientación sexual y las diferentes prácticas y las expresiones comportamentales de la sexualidad. En este mismo sentido Masters y Johnson, (1967), fueron los primeros en describir la anatomía y fisiología de la respuesta sexual humana y sus disfunciones, para posteriormente plantear uno de los primeros modelos integrales para su tratamiento, temática en la que Kaplan, (1978), y Jurgenson, (1986); entre otros tantos contribuyeron notablemente. Estos primeros trabajos, se realizaron con mucha dificultad, pues no había mucha apertura a la investigación experimental en temas sexuales y en cierto sentido el rigor científico con el que fueron realizados es muy variado, pero sí representan el inicio de la investigación sexológica basada en evidencia.

Es la Organización Mundial de la salud (2006), la que emite el concepto contemporáneo de la sexualidad, que constituye un aspecto central del ser humano, presente durante toda su vida y que incluye el sexo, las identidades y los papeles de género, el erotismo, el placer, la intimidad, la reproducción y la orientación sexual y se caracteriza por la conjunción de factores biológicos, psicológicos, sociales, económicos, políticos, culturales, éticos, legales, históricos, religiosos y espirituales. Declaración con la que el tradicional concepto de la sexualidad, que solo la consideraba como una aspecto biológico y reproductivo, es sustituido por esta conceptualización más amplia e integrativa.

Recientemente, la Unesco (2018), define la Educación Integral en Sexualidad, por sus siglas (EIS), como un proceso, establecido en un currículo, para enseñar y aprender sobre los aspectos cognitivos, emocionales, físicos y sociales de la sexualidad. Que tiene el propósito de formar a los estudiantes mediante conocimientos, habilidades, actitudes y valores, para promover su salud, su bienestar y dignidad; así como a desarrollar relaciones respetuosas basadas en el ejercicio de sus derechos.

En este mismo sentido, la International Planned Parenthood Federation (IPPF), la educación sexual integral es una intervención educativa, con el propósito de generar conocimientos, actitudes y habilidades en las áreas de género, la salud sexual y reproductiva, la ciudadanía sexual, el placer, la violencia, la diversidad y las relaciones humanas. Yankah, (2016).

Entendida así la educación sexual integral, es dinámica y propicia la toma de decisiones informadas, libres para un ejercicio saludable de la sexualidad. Oliveros, Mejía, y Vásquez, (2023).

Así mismo, la transversalidad y continuidad de los contenidos de la educación sexual integral, son elementos indispensables que se ajustan a las recomendaciones internacionales para fomentar la salud sexual y el bienestar de jóvenes y adultos. Esto se refiere a la posibilidad de aprender de forma dinámica, estableciendo relaciones con otras disciplinas y entre la teoría y la práctica. Rojas, de Castro y otros (2017).

El fundamento de la educación integral de la sexualidad, son los derechos humanos, específicamente los derechos sexuales y reproductivos y el desarrollo de un pensamiento crítico y autónomo; su importancia reside en dotar a los estudiantes del conocimiento, las habilidades y las actitudes para ejercer de forma saludable su sexualidad. De forma general la educación integral de la sexualidad sensibiliza y promueve una cultura para el bienestar y la inclusión, así mismo tiempo que rechaza la violencia y la discriminación.

Considerando su relación con el aprendizaje y con los factores cognoscitivos, afectivos y sociales que en ella participan, pedagógicamente la educación sexual integral, puede nutrirse de las teorías humanistas, las pedagogías críticas y la educación popular.

El paradigma humanista se enfoca en el crecimiento y desarrollo personal, considerando los aspectos psicológicos, sociales y afectivos, así como sus valores y motivaciones. Navy, (2020). Por su parte la pedagogía crítica promueve el desarrollo del pensamiento crítico, necesario para formar individuos capaces de reconocer las estructuras sociales, el poder y la desigualdad e intervenir para construir una sociedad más justa. Soto, (2021).

Finalmente, la educación popular, reconoce la importancia de la educación sexual, integral, para propiciar mediante la socialización, una educación inclusiva y democrática. En estos enfoques pueden articularse el desarrollo personal con el social para finalmente construir visiones más positivas y saludables sobre el hecho sexual. Para obtener buenos resultados es necesario que la educación sea entendida como un proceso permanente y participativo, sólo así la educación sexual integral, puede ser entendida como es una valiosa herramienta para generar comunidades educativas democráticas y respetuosas de la diversidad.

III. ESPACIOS EDUCATIVOS DEMOCRÁTICOS E INCLUSIVOS

Un derecho humano fundamental es el derecho a la educación, que incluye necesariamente la formación en el ámbito sexual; la educación sexual integral, está comprometida con los ideales de la democracia, que proclaman el respeto a la libertad y el consentimiento. Solo así se puede garantizar la igualdad y el pleno ejercicio de los derechos sexuales y reproductivos.

Algunas iniciativas internacionales, tales como el Programa de Educación para la Sexualidad y Construcción de Ciudadanía, iniciativa del Ministerio de Educación Nacional y el Fondo de Población de las Naciones Unidas (UNFPA), se plantea la necesidad de construir una política de educación sexual, respetuosa de los derechos humanos, sexuales y reproductivos. Su propósito es incentivar el desarrollo de proyectos destinados a una educación sexual que respete la dignidad humana, valore la diversidad y promueva la sana convivencia, pacífica, equitativa y democrática, Ortiz, Ulloa y Villalobos (2010),

Hablar de espacios educativos democráticos, es hablar de comunidades educativas que impulsan la toma de decisiones informadas, considerando siempre el bienestar individual, así como el de toda la comunidad, preservando la dignidad humana. La intención de una educación democrática es abordar la negociación y el consenso para el logro de metas comunes y la solución de conflictos, mediante el desarrollo de habilidades cognitivas, éticas y emocionales, promoviendo siempre, la empatía, el respeto y la libertad de elección de todos los implicados. La práctica de la educación democrática no siempre es sencilla, pues requiere de una actitud crítica, de la capacidad de argumentar racional y pacíficamente, de la disposición para comprometerse y de la defensa de los valores de igualdad y libertad; condiciones que no siempre se logran.

Coincidiendo con esta importante concepción de la educación participativa, Beane, (1999), señala siete condiciones para crear y mantener en las instituciones escolares una forma de vida democrática:

- Libre circulación de ideas, para que las personas estén informadas al máximo.
- Fe en la capacidad individual y colectiva de crear posibilidades de resolver problemas
- Uso de la reflexión crítica y del análisis para valorar ideas, problemas y políticas
- Preocupación por el bienestar de otros y por el bien común
- Preocupación por la dignidad y los derechos de los individuos y las minorías
- Comprensión de que la democracia debe guiar nuestra vida.
- Organización de instituciones para promover y ampliar la forma de vida democrática.

Es importante enfatizar el hecho de que darle vida a la democracia en los diversos proyectos educativos, no es un hecho fortuito, sino que es el resultado de múltiples y constantes iniciativas, un esfuerzo permanente organizado y sistematizado.

Junto con el ejercicio democrático en los espacios educativos, la práctica de la inclusión es indispensable para formar íntegramente en el tema sexual. Históricamente cuando se habla de inclusión educativa se suele referir a temas relacionados con discapacidad. El concepto de inclusión ha tenido múltiples interpretaciones, en 2017, la Organización de las Naciones Unidas (ONU) la conceptualizó como: una educación fundamentada en los principios de equidad, igualdad y accesibilidad, cuyo propósito es la atención a las necesidades educativas, como eje del desarrollo de todos los individuos; así mismo se hace hincapié en la necesidad de garantizar el derecho de todos a la misma, sin distinción ni privilegio.

Para algunos autores Patterson, (1995), es una forma de vivir, en donde todos se sientan incluidos, en este mismo sentido, Pearpoint y Forest, (1999) agregan que es contraria a la exclusión. Otros más se refieren a la educación inclusiva como un derecho, Echeita y Ainscow, (2011) y Escudero, (2012) y algunos más como un sistema educativo, Armstrong, (1999) o proceso formativo participativo Ainscow, (2001). Todas estas aportaciones son valiosas en sí mismas, sin embargo, el reto es crear, a partir de los conceptos, en la cotidianidad espacios educativos democráticos y comprensivos ante las diferencias.

A pesar de lo relevante del tema, la educación inclusiva, es aún incipiente, especialmente cuando se refiere a la sexualidad humana y la diversidad de sus manifestaciones. Las contradicciones y tensiones se ponen de manifiesto, cuando en las comunidades educativas, se presenta algún caso, que provoca a las conciencias y atenta contra las buenas costumbres. Como evidencia de ello se puede mencionar, que de acuerdo a la Primera Encuesta Nacional al bullying homofóbico en México (2012), el 92% de los adolescentes han sido víctimas de insultos debido a su orientación sexual, su apariencia física o su forma de vestir; es decir por no seguir los lineamientos marcados socialmente como propios de un género. Solo de este tema, que ha causado mucha polémica, son numerosos los autores que señalan la presencia de este fenómeno en las instituciones educativas; Malamud, (2013), el bullying homofóbico con Salinas (2010), la discriminación con List (2016), la homofobia por Fernández (2011), y Serrano (2012), hasta las actitudes con Delgado y Young (2013). Al respecto se puede decir, que cada una de las temáticas relacionadas con la sexualidad, puede ocasionar el mismo o un mayor número de disputas y problemáticas, que ponen de manifiesto que los anhelos y los buenos propósitos educativos incluyentes, se ponen a prueba y no siempre se obtienen resultados positivos.

Como ya se mencionó con anterioridad, es a mediados del siglo XIX que surge el estudio científico de la sexualidad humana, y afloran los primeros estudios y tratados de los aspectos biológicos del sexo y la reproducción humana. Paulatinamente y a pesar de la oposición y algunas expresiones de odio, se fue reuniendo evidencia suficiente para validar estudios antropológicos, psicológicos y sociales que aportaron nuevas formas de concebir la sexualidad humana.

Con el paso del tiempo y con la finalidad de estudiar la complejidad de la sexualidad humana de forma integral se desarrolló la sexología, como una disciplina que integra los elementos biopsicosociales de este complejo tema. Hoy en día y a pesar de estos avances, el tema de la sexualidad humana sigue causando polémica e hiriendo susceptibilidades. Sin embargo, a pesar de estos aciertos, los ideales de democracia e inclusión, útiles para guiar y prevenir cualquier tipo de discriminación, a causa de expresiones o manifestaciones de la sexualidad, están lejos de pasar a ser acciones concretas en el aprendizaje y enseñanza de la sexualidad humana.

La inquietud por brindar una educación sexual integral, en el sistema educativo, ha surgido de la necesidad de practicar una educación para todos, con una perspectiva basada en los derechos humanos. La responsabilidad de los educadores es tener una actitud positiva y una formación científica sobre la sexualidad humana, para posteriormente tener la posibilidad de educar a niños, jóvenes y adultos, para crear espacios educativos sensibles, humanos saludables y equitativos.

Un aspecto especialmente relevante en la formación de espacios educativos democráticos e incluyentes, es la dimensión ética que los preside. La educación integral de la sexualidad plantea la toma de decisiones informada, consensuada y respetuosa cimentada en una ética de las relaciones sexuales y amorosas, basada en la libertad, para decidir sobre la construcción de su propia historia sexual. De igual forma implica el reconocimiento de todas las dimensiones y la complejidad que integra la sexualidad humana, en cada una de las etapas del desarrollo del ser humano. De acuerdo a Sánchez, (2017); el contexto apropiado para generar estos espacios educativos son las llamadas comunidades justas, que fomentan el desarrollo del razonamiento crítico y el comportamiento ético. Estas comunidades educativas mantendrían una ética más bien universal, con el propósito de priorizar el bienestar propio y el del otro. Esta actitud ética se construye mediante el diálogo argumentado, abierto y universal, y se concreta en siete principios éticos: el consentimiento, el placer y bienestar compartidos, la Igualdad, la honestidad, la salud, la diversidad y los cuidados. Principios que guían una buena práctica y la construcción de una tan necesaria ética, que respete la diversidad de expresiones y prácticas en relación a la sexualidad. Principios que tendrán que ser objeto de enseñanza en la educación integral, que requiere conjuntar esfuerzos y crear iniciativas; entre las políticas públicas, las instituciones educativas, los organismos no gubernamentales, los padres de familia, las instituciones de salud y la sociedad civil en general, para poder alcanzar los propósitos esperados. Al respecto, es importante destacar la participación de los padres quienes finalmente son los responsables de crear las condiciones necesarias en el hogar para brindar la información, la confianza, la atenta escucha, y el ejemplo, para resolver las dudas que sus hijos les planteen respecto de la sexualidad y poder de esta manera educar considerando siempre la actitud ética y moral.

IV. CONCLUSIONES

El sustento de la educación sexual integral, está pensado desde y para el ejercicio de los derechos humanos fundamentales, tales como el derecho a la educación y la salud; y estará siempre presente como su eje orientador.

Los principios de este enfoque en derechos, que orientan la educación sexual integral son su carácter universal, subrayando el derecho a la salud, específicamente la sexual y reproductiva y su contribución al desarrollo humano. De igual forma, lo son el respeto, el consentimiento y la secrecía.

El enfoque integral, de la educación sexual, incluye las dimensiones; biológica, social e histórica, psicológica y la erótica de la sexualidad, así como su interrelación, en cada una de las etapas de la vida.

En su enfoque, se debe considerar las perspectivas de género y la interculturalidad, dedicada la primera de ellas, a la comprensión de la vida de hombres y mujeres y la relación entre ambos y al cuestionamiento de estereotipos y mitos al respecto, Y la segunda orientada al intercambio y la convivencia respetuosa entre personas con diferente origen étnico y cultural, para garantizar la participación, la colaboración, la equidad y la no discriminación, en los procesos educativos.

Los distintos organismos gubernamentales y dependencias educativas y de salud, son primordialmente los responsables de hacer las gestiones necesarias para la oportuna actuación y respeto por esos derechos.

La educación sexual integral, pertinente, equitativa y de calidad, es un derecho de todos, debido a que es indispensable para que el ser humano se desarrolle a plenitud, en todos los ámbitos de su vida.

Para poder cumplir con su propósito, la educación sexual integral, requiere estar sustentada de una base, que la sustente y organice, desde la definición de las políticas públicas, su incorporación al sistema educativo, el sector salud, organismos no gubernamentales, padres de familia y la sociedad civil; sólo así se garantiza que sea un proceso participativo, respetuoso e incluyente.

Los educadores en sexualidad humana deben estar formados específicamente para ello mediante; una información científica, una actitud ética, contar con un sustento pedagógico humanista, crítico y popular que sea a fin con una práctica didáctica participativa, respetuosa e incluyente.

La educación sexual integral es fundamental para brindar herramientas y recursos, para que los educandos logren hacerle frente a la toma de decisiones respecto de su propia sexualidad, considerando siempre la información científica, sus necesidades, gustos y contextos.

La intervención en educación integral de la sexualidad humana, puede dedicarse a la promoción, y la prevención de la salud sexual y reproductiva, así como en la intervención remedial para la solución de problemas emergentes.

La educación sexual integral es una educación a lo largo de toda la vida, debido a que es una dimensión central en la vida del ser humano, que está presente en todas las etapas y ámbitos de su desarrollo.

En cuanto a los contenidos a desarrollar, se debe poner especial atención, a los siguientes aspectos: inicialmente es importante conocer a las necesidades, características y el contexto de la población y/o grupo con el que se va a trabajar; posteriormente se deben considerar los propósitos y objetivos lograr, también es importante conocer el tiempo y recursos con los que se cuenta y posteriormente se tendrán que diseñar las actividades y su secuencia, así como reunir o diseñar los materiales a utilizar.

Un aspecto esencialmente relevante es el dedicado a la evaluación de los logros obtenidos, mediante el proceso educativo, pues un educador responsable, necesariamente dedicara una buena parte a realizar una valoración objetiva de los aspectos a mejorar en los todos los aspectos que integran una estrategia y/o diseño educativo, esto será de vital importancia para posteriores intervenciones educativas.

Con la argumentación presentada las ventajas de contar con una educación integral, son múltiples, al ser una herramienta para que los individuos modifiquen sus conocimientos, actitudes, valores, prácticas, y desarrollen habilidades para la vida para tomar decisiones informadas, racionales, conscientes, libres y responsables, sobre su vida personal y especialmente su sexualidad.

Finalmente, el reconocimiento de la educación sexual integral, es una práctica liberadora que puede hacer realidad la formación de espacios educativos democráticos e inclusivos, que empoderen a los sujetos para ejercer y vivir su sexualidad a plenitud.

V. REFERENCIAS

1ra. Encuesta Nacional sobre Bullying Homofóbico, 15 de mayo del 2012. Comisión Nacional de los Derechos Humanos en México.

Apple, M. (1999). Escuelas democráticas. Morata.

Delgado, S., & Young, C. (2012). Diferencias de actitud ante la homosexualidad entre los estudiantes universitarios de la Ciudad de México. *Odiseo Revista electrónica de pedagogía, 9,* 18.

Echeita Sarrionandia, G., & Ainscow, M. (2011). La educación inclusiva como derecho. Marco de referencia y pautas de acción para el desarrollo de una revolución pendiente.

Escudero Muñoz, J. M. (2012). La educación inclusiva, una cuestión de derecho. Education Siglo XXI, 30(2), 109–128.

Gaete, A., & Luna, L. (2019). Educación inclusiva y democracia. *Revista Fuentes, 21 (2), 161-175.*

Gutiérrez, M. E., & Saldaña, R. G. (2017). Educación Sexual en México ¿Misión de la casa o de la escuela? *Educación y Salud Boletín Científico Instituto de Ciencias de la Salud Universidad Autónoma del Estado de Hidalgo, 5*(10).

Hopenhayn, M. (2006). Reunión de expertos sobre población, desigualdades y derechos humanos: Desigualdades Sociales y derechos humanos: Hacia un pacto de protección social (CELADE, División de la Población de la CEPAL). Santiago de Chile: CEPAL.

Jurgenson, J. L. Á. G. (1986). Sexoterapia integral. Editorial El Manual Moderno.

Kaplan, H. S. (1978). Manual ilustrado de terapia sexual. Buenos Aires, Argentina: Grijalbo.

Lamas, M. (2012). Dimensiones de la diferencia. In Género, cultura y sociedad (pp. 1-24). Editorial Fontamara.

List R. Mauricio (2016). Los universitarios frente a la homofobia. El caso de la Benemérita Universidad Autónoma de Puebla. Sinéctica, Revista Electrónica de Educación, (46),1-15.

Malamud, F. (2013). Convivencia, disciplina y violencia en las escuelas 2002-2011.

Masters, W. H. y Johnson V. E. (1967). Respuesta sexual humana. Buenos Aires, Argentina: Intermédica.

Morlachetti, A. (2006). Políticas de salud sexual y reproductiva para adolescentes y jóvenes: Un enfoque desde los derechos humanos. Reunión de Expertos sobre Población, Desigualdades y Derechos Humanos, 26.

Navy, SL (2020). Teoría de la motivación humana: Abraham Maslow. *Educación científica en teoría y práctica: una guía introductoria a la teoría del aprendizaje* , 17-28.

Oliveros, L. M., Mejía, A., & Vásquez, E. (2023). Información recibida sobre salud sexual y reproductiva asociada a conductas sexuales en universitarias. Medellín, Colombia 2021. Revista de la Universidad Industrial de Santander. Salud, 55.

Ortíz Restrepo, M., Ulloa Maturana, M. J., & Villalobos González, M. (2012). En busca de una sexualidad verdaderamente humana (Bachelor's thesis, Universidad de La Sabana).

Pearpoint, J. y M. Forest (1999): «Prólogo». En S. Stainback y W. Stainback: Aulas inclusivas. Madrid: Narcea, pp. 15-18.

Rojas, Rosalba, Castro, Filipa de, Villalobos, Aremis, Allen-Leigh, Betania, Romero, Martin, Braverman-Bronstein, Ariela, & Uribe, Patricia. (2017). Educación sexual integral: cobertura, homogeneidad, integralidad y continuidad en escuelas de México. *Salud Pública de México, 59*(1), 19-27. https://doi.org/10.21149/8411

Ronconi, Liliana, Espiñeira, Brenda, & Guzmán, Soledad. (2023). Educación sexual integral en América Latina y el caribe: Dónde estamos y hacia dónde deberíamos ir. *Latin american legal studies, 11*(1), 246-296.

Salinas, H. (2010). Bullying homofóbico. Acoso y maltrato en las aulas universitarias por motivos de identidad sexo-genérica. En Florilegio de deseos. Nuevos enfoques, estudios y escenarios de la disidencia sexual y genérica (pp. 259-277). México: Eon/Benemérita Universidad Autónoma de Puebla

Sánchez, F. L. (2016). *Ética de las relaciones sexuales y amorosas.* Ediciones Pirámide.

Sandoval, S. C., & Rangel, Y. P. (2021). Resistencia y oposición a contenidos de educación sexual en libros de texto gratuitos en México: 1974 y 2006. *Revista Brasileira de História da Educação, 21,* e171.

Serrano, F.J., Gómez, A., Amat, L.M. y López, A. (2012). Aproximación a la homofobia desde la perspectiva de los estudiantes de Educación Social de la Universidad de Murcia. Tejuelo, 1(6), 74-88.

Soto, A. B. (2021). Educación social, educación alternativa y las escuelas de segunda oportunidad: perspectivas globales y latinoamericanas. RES: Revista de Educación Social, 32, 129-155.

Unesco (2018). Orientaciones técnicas internacionales sobre educación en sexualidad: Un enfoque basado en la evidencia. Unesco. https://bit.ly/2EqQCRW [Links]

UNESCO. (2017). A guide for ensuring inclusion and equity in education. París: UNESCO

Women, U. N., & Unicef. (2018). Orientaciones técnicas internacionales sobre educación en sexualidad: un enfoque basado en la evidencia. Unesco Publishing.

Yankah, E. (2016). Marco internacional para la educación en sexualidad. Enfoques basados en evidencia para la educación en sexualidad: una perspectiva global, 17-32.

Zavala Ramírez, M. D. C. (2019). ¿De quién son los niños? Estado, familia y educación sexual en México en la década de 1930. Signos históricos, 21(41), 154-191.

Educación y Democracia en el Siglo XXI en América Latina: Nuevas Tendencias Educativas en el Nivel Superior

Andrés Valdez Zepeda[1]
Delia Amparo Huerta Franco[2]
Erika Yaneth Camacho Murillo[3]

SUMARIO: I. INTRODUCCIÓN. II. NUEVAS TENDENCIAS EDUCATIVAS. III. A MANERA DE CONCLUSIÓN. IV. REFERENCIAS.

I. INTRODUCCIÓN

La educación formal ha jugado un papel muy importante en el desarrollo de la humanidad. Desde el inicio de la escuela como institución, a través de la educación oral en Grecia y Roma (Alon-

1 (ORCID 0000-0002-4287-2638) es maestro en administración pública y doctor en estudios latinoamericanos con especialidad en ciencia política por la Universidad de Nuevo México (USA). Actualmente labora como profesor e investigador del Centro Universitario del Sur de la Universidad de Guadalajara. andres.zepeda@cusur.udg.mx

2 (ORCID 0000-0003-4948-0626) es maestra en administración de la educación por la Universidad de Nuevo México (USA). Actualmente forma parte del claustro docente del Centro Universitario de Ciencias Económico Administrativas de la Universidad de Guadalajara. avaldezepeda@gmail.com

3 Profesora del CUCEA de la Universidad de Guadalajara. Tiene su maestría en dirección de mercadotecnia por la Universidad de Guadalajara. Actualmente, trabaja como coordinadora de la licenciatura en Negocios Internacionales del Centro Universitario del Sur de la Universidad de Guadalajara. camachomurillo@cusur.udg.mx.

so, 2012) o en el tiempo de las grandes civilizaciones prehispánicas en el Tepochcalli o el Calmecac, durante el auge del imperio azteca (Escalante, 2010), pasando por la construcción del primer colegio en 1284 en Cambridge Inglaterra, hasta la actualidad con el establecimiento de las escuelas virtuales, la educación ha sido considerada como una inversión que la sociedad hace en aras de su progreso y desarrollo (Alonso, 2012).

De esta forma, a lo largo de la historia ha adaptado diferentes modelos de organización y se han implementado diferentes programas, políticas y acciones educativas, que en su devenir han conformado verdaderas tendencias educativas (Corts, et al, 2016). Tal ha sido, por ejemplo, la educación escolástica durante la Edad Media o la "educación fabril" durante el nacimiento del capitalismo en el siglo XVIII en los años de la revolución industrial (Negrin, 2009).

Hoy día, la educación como proceso relacional y formativo ha evolucionado enormemente alcanzando nuevos estadios de desarrollo y se han generado nuevas tendencias y prácticas educativas que son importante sistematizar. Aquí se presenta un breve resumen de estas nuevas tendencias y prácticas educativas en el siglo XXI, de cara al propio proceso de democratización que está experimentando la región desde la década de los ochenta del siglo XX.

Este escrito tiene como objetivo describir brevemente el estado que guardan las nuevas tendencias y prácticas educativas en América latina, así como dar cuenta del fundamento y espíritu filosófico central que sustentan dichas tendencias, hoy día en boga en varios países del subcontinente latinoamericano, todo esto bajo el nuevo contexto de democratización que se vive en la región.

II. NUEVAS TENDENCIAS EDUCATIVAS

¿Qué es una tendencia educativa y cuáles son las más importantes hoy día en América latina?

Una tendencia educativa es una práctica escolar utilizada por múltiples instituciones educativas en un momento y tiempo determinado, misma que es considerada como de avanzada y la cual resulta útil para cumplir con la misión y los objetivos de dichas instituciones.

De acuerdo con Pirela (2007), la tendencia educativa es considerada como el conjunto de ideas que se orientan en una dirección específica, referida a las concepciones de educación y del currículo como elemento mediador entre la teoría educativa y su práctica. Es decir, representa el conjunto de ideas, concepciones, políticas y prácticas predominantes en un tiempo y espacio determinado.

Las tendencias educativas predominantes, hoy día en América latina en el contexto de cambio democrático que experimenta la región, son las siguientes:

A. Amigable

La nueva tendencia de la educación a nivel global es su carácter amigable con el ser humano, ya que la educación no se debe considerar como algo que implique sufrimiento y sacrificio por parte de una persona. Amigable es sinónimo de accesible y agradable, fácil de entender y procesar por parte de los educandos. Alejado de conceptos como rudeza, violencia, castigo, alta complejidad y autoritarismo, característico del pasado. Esta concepción, difiere de la educación del pasado, misma que fue fielmente reflejada en la pintura de Francisco de Goya intitulada "La Letra con Sangre Entra" o "Escena de escuela", que se encuentra en el Museo de Zaragoza, España, que refleja una crítica a la vieja forma de enseñar que se sustentaba en la coerción y los castigos.[4]

---

[4] Entre 1780 y 1785 el pintor español Francisco de Goya plasmó el cuadro "La letra con sangre entra", que, de cierta manera, reflejaba el modelo pedagógico predominante en su época. Es decir, que el aprendizaje de una disciplina científica implicaba un sufrimiento y que el docen-

Una educación amigable también implica que los materiales educativos y los medios por los cuales se imparten clases también sean accesibles, amenos e interesantes para los alumnos, ya que una educación que se presenta como compleja, difícil y aburrida generalmente no logra captar el interés ni generar la motivación de los alumnos.

Esta nueva tendencia educativa parte de la hipótesis de que una educación amigable, en un entorno amigable, con un facilitador amigable en una institución amigable con los principales sujetos del proceso educativo (alumnos-docentes) generan mejores condiciones para el aprendizaje de los educandos y el cumplimiento de la misión institucional.

B. Emocional

La educación de hoy está centrada no solo en educar la razón y el entendimiento, sino también en que los alumnos entiendan, eduquen y controlen sus emociones. En las aulas virtuales o presenciales de América Latina, se fomenta la pasión y el amor por aprender, ya que el cerebro humano solo aprende si hay emoción de por medio (Mora 2019). Una educación centrada en el conocimiento y la movilización de las emociones resulta más atractiva y motivante para los alumnos y genera, lo que se ha denominado, un aprendizaje emocional (Rodríguez, 2012 y González, 2021).

Las emociones juegan un papel muy importante en las personas, ya que son una guía para tomar decisiones y una manera práctica de reflejar sus estados mentales (Damacio, 2016). De ahí, la importancia de conocer las emociones propias y las ajenas como parte del proceso formativo en las instituciones de educación de este subcontinente.

---

te tendría que usar métodos coercitivos para lograr que los alumnos aprendieran.

C. Flexible

La característica distintiva de la educación actual en el mundo es la flexibilidad. Flexibilidad en sus medios, sus horarios, sus formatos y en los métodos de evaluar el aprendizaje. La flexibilidad no puede ser entendida como contraria al rigor ni a la calidad y la excelencia académica, sino al contrario, por medio de la flexibilidad, poder alcanzar altos estándares de desempeño y mejorar el aprendizaje.

La educación flexible, tanto en su modalidad logística como pedagógica (Collis y Moonen, 2006) implica diversificar las formas de aprender, así como mayores y mejores opciones para que los alumnos puedan participar, de manera más activa, en el proceso de enseñanza-aprendizaje. En esta nueva tendencia, el encontrar y crear, más que el recibir, generando el deseo de los alumnos por el aprendizaje, se constituye como parte central de esta nueva tendencia educativa.

La educación flexible o adaptable ofrece a los educandos diferentes opciones de dónde, cómo y cuándo estudiar y aprender, ya que, como su nombre lo indica, es flexible en los tiempos, espacios y modos de ofrecer y recibir los contenidos educativos.

Esta flexibilidad, se hizo más necesaria en América Latina a partir de la llegada de la pandemia de Covid 19 a inicios del 2020, ya que la gran mayoría de las instituciones educativas tuvieron que adoptar modelos administrativos y pedagógicos más flexibles para seguir cumpliendo con sus objetivos organizacionales.

D. Mediada por dispositivos tecnológicos

La tecnología ha revolucionado también la educación y la ha hecho más accesible a diferentes públicos. Las nuevas tendencias educativas consideran muy importante el uso de dispositivos y paquetes tecnológicos que acerquen la educación a la sociedad y le ayuden en su proceso de crecimiento personal, desarrollo de su talento y en la generación de valor. De hecho, no puede entenderse la educación de hoy en América Latina y el mundo sin el uso y acompañamiento de la tecnología en los diferentes procesos de enseñanza-aprendizaje.

De cierta manera, la educación siempre ha estado mediada por la tecnología (Cabero, 2006). Desde el lenguaje y el habla humana, como tecnología creada por el hombre para comunicarse, hasta las nuevas plataformas para la educación virtual, como los MOOC, Moodle y *Google Meet*, entre otros, la tecnología ha jugado un papel muy importante en los procesos educativos.

Ante la llegada de la Pandemia por Covid 19, la presencia de la tecnología en los procesos educativos prácticamente se generalizó transitando hacia formatos virtuales y a distancia en los procesos de enseñanza aprendizaje.

E. Integral

La formación de los estudiantes busca ser integral, incluyendo competencias técnicas (saber hacer) cognitivas (saber teórico) y actitudinales (saber ser y saber estar), tratando de lograr el pleno desarrollo autónomo de las personas, así como fomentando el respeto de las libertades propias y de terceros. En consecuencia, existen una tendencia en la región de incluir, como parte de la curricular y no solo de forma complementaria, también unidades de aprendizaje que fomentan y desarrollan habilidades y competencias deportivas, culturales, sociales y cívicas para preparar a los egresados para la vida y el trabajo, contemplando en sus estudios la totalidad de las funciones humanas (Tobón, 2013).

La idea detrás de esta nueva tendencia educativa es potencializar las habilidades prácticas, lingüísticas, relacionales, psicomotoras, socio emocionales e intelectuales de los estudiantes.

La formación integral es el ideal de todo sistema educativo, que incluya, en la currícula de las instituciones de educación, el reconocimiento con valor en créditos de actividades deportivas, cursos de artes, talleres artísticos, actividades de formación cívica y, en general, toda actividad escolarizada o no (prácticas de campo o prácticas profesionales) que sea educativa y ayude en la formación integral de los alumnos.

F. Multidisciplinaria

La nueva tendencia educativa en América Latina, además de la integralidad, privilegia los enfoques multi, inter y transdisciplinares para el análisis de los problemas y fenómenos estudiados en los espacios escolares. Una educación contextualizada y universal que reconoce el valor de la pluralidad de enfoques, paradigmas y perspectivas de estudio. Esta nueva tendencia incluye la educación multicultural, reconociendo y valorando, en su justa dimensión, las diferencias culturales existentes entre las personas, los grupos y las naciones, valorando la riqueza de la pluralidad de enfoques y culturas (Tobón, 2013).

Esta nueva tendencia internacional, está muy relacionada con la formación multicultural que parte, en primera instancia, del reconocimiento de la diversidad cultural de los alumnos y, en segunda instancia, se apoyan en la libertad de cátedra que, como derecho laboral, gozan los profesores.

La formación multicultural considera que muchos de los sistemas educativos actuales segmentan en disciplinas el conocimiento y lo que se requiere es tener un enfoque holístico, que sea integrador de diferentes disciplinas para poder lograr un mejor aprendizaje y resolver, de esta forma, de mejor manera los problemas y desafíos de la vida que se presenten.

G. Autogestiva

La nueva tendencia educativa considera la autogestión del aprendizaje como un proceso formativo esencial, misma que inculca entre los estudiantes la necesidad y la filosofía de convertirse en los arquitectos de su propia formación profesional, sin depender de un profesor o facilitador. Esto implica la capacidad de los alumnos para conocer sus propias maneras, estilos y modos de aprender y, en consecuencia, definir sus propias estrategias y métodos para alcanzar los aprendizajes requeridos.

La formación autogestiva implica la capacidad del alumno de ser autodidacta, instruyéndose o aprendiendo por sí mismo, sin la necesidad de contar con algún profesor o facilitador (Chan y Tiburcio, 2002). Esta nueva tendencia, reconoce que el aprendizaje se puede generar a lo largo de la vida y que la institución escolar no puede detentar el monopolio de la educación. Es decir, se parte de la concepción de que el aprendizaje se puede dar desde cualquier lugar, en cualquier momento a través de cualquier medio.

H. Sostenible

La nueva tendencia educativa a nivel global y en desarrollo en América latina consiste en orientar los esfuerzos de la educación al cumplimiento de los 17 objetivos de desarrollo sostenible de la Organización de las Naciones Unidas (ONU). Estos objetivos son el fin de la pobreza, hambre cero, salud y bienestar, educación de calidad, igualdad de género, agua limpia y saneamiento, energía asequible y no contaminante, trabajo decente y crecimiento económico, industria, innovación e infraestructura, reducción de las desigualdades, ciudades y comunidades sostenibles, producción y consumo responsable, acción por el clima, vida submarina, vida de ecosistemas terrestres, paz, justicia e instituciones sólidas y alianzas para lograr los objetivos.

Esta nueva tendencia, implica educar para el desarrollo sostenible, revisando y estudiando temas en el espacio escolar como el calentamiento global, el cambio climático, la economía circular y el consumo sostenible, entre otros, tratando de formar la conciencia entre el alumnado para la preservación y el cuidado del medio ambiente (Matos y Flores, 2018).

I. Glocal

Es una perspectiva o enfoque para impulsar y entender los procesos educativos de manera global, pero con la idea de poder aplicarlos a nivel local. Es decir, tener una visión universal del conocimiento, pero una aplicación local de los mismos, ya que la educación que se imparta se tiene que adecuar a las condiciones locales y regionales. La g*localización* es entendida como el proceso de adaptación de los conocimientos globales a realidades locales (Izquierdo, 2012), buscando su aplicabilidad en casos concretos.

Esta nueva tendencia educativa, implica un conocimiento local y el desarrollo del pensamiento analítico y crítico en los alumnos, así como una vinculación con las necesidades y problemas de la comunidad en la que se encuentra asentada la institución escolar.

J. Permanente

La educación como proceso formativo no se agota ni se reduce a su etapa escolarizada, sino que se aprende a lo largo de la vida, en la escuela y fuera de ella, a lo largo de toda la existencia de las personas. Es un aprendizaje continuo y permanente formal e informal que cubre las diferentes etapas de desarrollo de las personas, que convierten sus vivencias cotidianas en verdaderas experiencias de aprendizaje dentro de la nueva sociedad del conocimiento (Tedesco, 2000). La educación permanente está presente en todos los niveles y etapas de la vida, considerando que toda experiencia humana o vivencia que se tenga representa en sí un aprendizaje que ayuda al crecimiento de las personas. Implica una conceptualización centrada en la persona que aprende y no en la que enseña.

La formación permanente implica una actualización profesional a lo largo de la vida y no solamente durante la etapa escolar, aprendido antes de la escuela, durante la escuela y después de la escuela. Implica un aprendizaje continuo de las personas, que les agregue valor y les dote de los conocimientos y competencias necesarias para enfrentar los desafíos de la vida y resolver los diferentes problemas que se les presenten.

K. *Activa*

El aprendizaje activo implica un mayor involucramiento de los estudiantes en sus procesos formativos, buscando desarrollar competencias analíticas, críticas y actitudinales favorables para su formación profesional autogestiva. Participación, interacción, colaboración e inclusión son procesos que se privilegian e involucran en el aprendizaje activo como parte de esta nueva tendencia educativa, donde el alumno construye su propio conocimiento a partir de la interacción social y la realización de actividades grupales prácticas de aprendizaje, como la solución de problemas, los estudios de caso, así como otro tipo de actividades como la gamificación y el aula invertida, entre otras (Busquiel y Boillos, 2021).

Esta nueva tendencia educativa implica el aprender haciendo, usando un enfoque pedagógico más personalizado que convierte al estudiante en el protagonista de su formación profesional, buscando desarrollar, al máximo, sus propias capacidades y talentos.

L. *Personalizada*

La personalización de educación también es una nueva tendencia a nivel global y también presente en América Latina, que incluye una atención más individual o personalizada de los servicios educativos, de acuerdo con las características distintivas y necesidades de formación de los alumnos en lo individual. El aprendizaje personalizado se ajusta a las necesidades formativas de los alumnos en lo particular, así como a sus intereses y sus fortalezas. Se parte de la idea de que cada individuo es diferente y tiene también distinta personalidad y forma de aprender. Además, cada persona tiene una realidad y se desenvuelve en un contexto social diferente. En consecuencia, la educación que recibe cada persona debe ser diferente, adecuada a su propia realidad y circunstancia específica.

La educación personalizada considera que los individuos aprenden de forma distinta y a ritmos diferentes, por lo que se respeta su individualidad y se fomenta el desarrollo de su capacidad creadora, el espíritu crítico y la cooperación con los demás.

M. Humanista

La educación humanista pone en el centro del proceso de aprendizaje al ser humano, buscando siempre su progreso, desarrollo y libertad. Todo el proceso educativo y los aprendizajes obtenidos están orientados a lograr la formación integral de las personas, desarrollar sus competencias y su talento, así como formarlos para que logren independencia de criterio, capacidad de análisis crítico y uso racional de los recursos con los que cuenta. El fin último de la educación es humanizar al hombre, dotarlo de un sentido de solidaridad, inclusión y sana convivencia con los demás. La educación humanista busca el mejoramiento de la calidad de vida de las personas y el desarrollo pleno de los individuos, así como fomentar la convivencia armónica y pacífica.

La nueva escuela humanista centra su esfuerzo educativo en la enseñanza y puesta en práctica de valores y principios éticos, fermentando la tolerancia de los alumnos a las ideas de los demás, evitando la discriminación y la violencia, así como, fomentando la cooperación y el trabajo en equipo.

N. Prospectiva

La nueva tendencia educativa es formar profesionales no para el pasado, incluso ni siquiera para el presente, sino para el futuro. Esto implica el conocimiento de las nuevas tendencias del mercado laboral, las nuevas carreras del futuro y los nuevos escenarios de desarrollo de la educación del mañana. Preparar a los jóvenes para que se desempeñen exitosamente y se desarrollen ante los nuevos escenarios y las nuevas tendencias globales y regionales que se les presenten. Es decir, diagnosticar las principales necesidades y tendencias del futuro y formar a los educandos para que se puedan insertar favorablemente en el nuevo contexto social, cultural, tecnológico y laboral.

Esta nueva tendencia, analiza los avances y tendencias en materia tecnológica, pedagógica y cognitiva, para incorporar estas nuevas tendencias al proceso de enseñanza-aprendizaje, propio en la labor formativa de los alumnos.

O. Informal

La informalización del aprendizaje, también se constituye como una nueva tendencia, debido al avance de las nuevas tecnologías de la información y las comunicaciones. Esto es, el aprendizaje no sólo es formal, ni se presenta solo en los horarios de clase y ni se imparte exclusivamente por la institución escolar. El aprendizaje se da en todo momento, desde cualquier espacio y toda experiencia y actividad del ser humano se puede convertir en aprendizaje. Se aprende fuera de la escuela, dentro de la escuela y después de la escuela.

Esta nueva tendencia de educación considera que tanto lo formal como lo informal son importantes en el proceso formativo del alumno, por lo que replantea la necesidad de aprender a través de la experiencia y la solución práctica de los problemas que se les presentan a los alumnos a lo largo de la vida.

P. Certificada

La certificación de saberes y competencias por parte de instituciones acreditadas es otra tendencia de la educación superior en América Latina. Esta tendencia, parte del hecho de que el aprendizaje se da a lo largo de la vida y que la universidad no posee el monopolio del conocimiento, sino que éste se forma, transmite y recrea por diferentes medios y en distintos espacios. Es decir, la universidad es un espacio privilegiado para la creación y transmisión de conocimientos, pero no es la única institución donde se puede aprender.

Las universidades líderes están evolucionando para transformarse en instituciones que certifican los saberes y competencias de los individuos, ya que, muchas de las veces, las personas adquieren conocimientos, habilidades y destrezas en sus hogares o en sus trabajos, pero no cuentan con certificados o estudios escolarizados de carácter formal.

La certificación implica la validación académica por parte de una institución educativa de las competencias adquiridas por los individuos, generalmente, fuera de la institución escolar. De esta manera, las instituciones educativas validan y certifican, a través de la fijación y evaluación de estándares y parámetros académicos, las habilidades y destrezas de los individuos que buscan obtener dicha certificación.

Q. Deslocalizada

Con el avance y socialización de las nuevas tecnologías de la información y las telecomunicaciones, los conocimientos están al alcance de las personas que estén interesadas en aprender y potencializar sus competencias. Ahora, se puede aprender desde cualquier lugar: en la escuela, el hogar, el trabajo, el parque, la oficina y cualquier otro lugar. Solo se requiere tener acceso a internet y a un dispositivo tecnológico, como puede ser, por ejemplo, un celular, una tableta o una computadora. Es decir, el conocimiento ya no está localizado en algún lugar, como puede ser en algún centro educativo o en un laboratorio de investigación científica. Ahora una gran parte de la información está en la "nube" digital y está puede ser accedido desde cualquier parte del orbe. En este sentido, la movilidad de los individuos y de sus procesos de aprendizaje ha posibilitado una deslocalización del conocimiento y el aprendizaje móvil.

Esta nueva tendencia educativa, que nace propiamente en el ámbito empresarial para significar el traslado de una actividad industrial de un país a otro, implica que los procesos formativos ya no tienen un lugar específico para ser impartidos y que se puede estar en cualquier parte del mundo desde donde se puede aprender y facilitar el proceso de enseñanza-aprendizaje.

R. Práctica

Una nueva tendencia en la educación es la transición de los conocimientos teóricos y la información hacia el aprendizaje práctico, también tratando de migrar del "paradigma del conocimiento" hacia el "paradigma de la sabiduría", sustentado en el conocimiento práctico.

Para apropiarse y desarrollar el conocimiento práctico, se hace necesario usar nuevas técnicas didácticas en las instituciones educativas, como lo son el aula invertida, la gamificación, el *deep learning*, el aprendizaje basado en problemas y los análisis de caso, entre otros.

La sabiduría consiste en saber utilizar los conocimientos que posee un individuo para lograr sus objetivos, poder resolver problemas y anticipar soluciones a escenarios futuros adversos. En este sentido, la nueva tendencia educativa es el tránsito del conocimiento a la sabiduría.

Al respecto de esta nueva tendencia educativa, Confucio, señaló "me lo contaron y lo olvidé, lo vi y lo entendí, lo hice y lo aprendí." Es decir, el aprendizaje significativo está en relación con la práctica, ya que el hacer las cosas genera un aprendizaje.

S. Ética y cívica

Una nueva tendencia educativa es la incorporación de referentes éticos y la educación cívica en los procesos formativos de los alumnos, con el objetivo no sólo de formar profesionales, sino también ciudadanos con conciencia social responsables e interesados en los asuntos que se suceden en su entorno.

La ética incorporada a los procesos formativos permite definir horizontes y fijar límites de comportamiento de lo que es bueno y necesario para la sociedad y de aquello que no lo es. El civismo, por su parte, permite forjar la conciencia social necesaria para la construcción de ciudadanía y la participación de las personas en los asuntos comunitarios.

La formación integral, incluye la revisión de aspectos éticos y cívicos, como parte de la currícula, con el fin de contribuir a la construcción de ciudadanía y a la formación de profesionales comprometidos con las principales causas de la sociedad.

T. Inclusiva

La educación inclusiva no solo se refiere a que todas las personas, sin distingo alguno, puedan acceder al conocimiento y tengan un espacio dentro de la institución educativa, sino implica también un modelo educativo y una práctica pedagógica orientada a lograr que todos los alumnos, por igual, obtengan los conocimientos y las competencias necesarias para formarse como profesionales en los diferentes campos del conocimiento. Implica también una filosofía con valores y principios democráticos que sustentan a esta nueva tendencia educativa, buscando el bien común y el desarrollo integral de las personas.

La educación inclusiva también implica satisfacer las necesidades de formación y capacitación de todos los alumnos, basado en el respeto, la aceptación y el apoyo a todos los alumnos por igual.

III. A MANERA DE CONCLUSIÓN

América latina experimentó un proceso de democratización de sus sistemas políticos a partir de la década de los ochenta del siglo XX, transitando de sistemas autoritarios a sistemas políticos plurales y competitivos, sustentados en principios y valores democráticos. De esta forma, de dictaduras y golpes de Estado, que fue muy característico de su pasado, cambiaron en los últimos años a sistemas democráticos, ya que la gran mayoría de las naciones de esta región, viven actualmente bajo sistemas de cuño democrático.

La democratización de los sistemas políticos posibilitó la realización de cambios profundos en otras áreas del desarrollo nacional, como es el caso de la educación. En este campo, la región experimenta, hoy día, nuevas tendencias de desarrollo que están transformando no sólo la forma de impulsar los procesos educativos, sino también en los objetivos, métodos, estrategias y, sobre todo, en la filosofía que sustenta dichas transformaciones. De hecho, el proceso de democratización del sistema político también ha incidido en la democratización de las instituciones de educación, principalmente del nivel superior.

Estas macro y micro tendencias marcarán el futuro de la educación, de la sociedad y del mercado laboral, por lo que es muy importante conocerlas y, sobre todo, estar preparado para insertarse y formar parte de ellas y no ser rebasados por la realidad.

La educación representa una grandiosa experiencia de crecimiento personal y profesional, que coadyuva al progreso y desarrollo de la sociedad, misma que está en constante transformación y que, de cierta manera, forma parte de los cambios políticos que se están viviendo en esta región. De hecho, la democracia que se está experimentando en América Latina ha posibilitado el desarrollo de estas nuevas tendencias educativas que buscan, como objetivo central, el progreso y bienestar de las personas y sus comunidades.

Es por ello, que, como profesores, investigadores o gestores educativos, debemos estar actualizados y preparados para el inminente cambio que se está experimentando en la región y, sobre todo, mantenernos informados sobre las principales tendencias de desarrollo de la educación a nivel global y local.

IV. REFERENCIAS

Alonso Salas, Antonio (2012). Historia General de la Educación. México: Red Tercer Milenio.

Busquiel Roberto y Boillo Fernando (2021). La educación activa. Madrid: MIAC.

Cabero Almenara Julio (2006). Nuevas Tecnologías Aplicadas a la Educación. España: MC Graw Hill Interamericana de España.

Chan Nuñez, Maria Elena y Tiburcio Silver Adriana (2002). Guia para la elaboración de materiales educativos orientados al aprendizaje autogestivo. México. Universidad de Guadalajara.

Corts Giner, María Isabel et al (1996). Historia de la educación: Cuestiones Previas y Perspectivas Actuales. España:

Escalante Montalvo, Pablo (2010). La Etapa Indígena. La Educación en México. México: El Colegio de México.

Gomez Herandez Patricia, Garcia Barragan Alba y Mobguye Lopez carlos (2016). La cultura de los MOOCs. Madrid: Ed. Síntesis.

Gonzalez Gil, Franscisco. Aprendizaje Emocional en https://estilosdeaprendizaje.org/aprendizaje-emocional.htm. Fecha de consulta: 16 de julio del 2021.

Izquierdo Labella Luis (2012). Comunicación Glocal. España: Tirant lo Blanch.

Matos Meléndez Bárbara B. y Flores Guerrero, Martha A. (2020). Educación ambiental para el desarrollo sostenible del presente milenio. Perú: ECOE ediciones.

Mora Teruel, Francisco, "El Cerebro sólo aprende si hay emoción." En Educación 3.0, https://www.educaciontrespuntocero.com/entrevistas/francisco-mora-el-cerebro-solo-aprende-si-hay-emocion/ Fecha de recuperación: 10 de marzo del 2021.

Negrín Fajardo, Olegario (2009). Historia de la educación. Madrid: Ed. Universitaria Ramón Arces Castellanos.

Pérez Gómez Ángel I. (2020). Pedagogía para Tiempos de Perplejidad. De la información a la Sabiduría. España: Homo Sapiens.

Pirela Morillo, Joahnn (2007). Las Tendencias educativas del siglo XXI y el currículum de las escuelas de bibliotecología, archivología y ciencias de la información de México y Venezuela, Revista de Investigación Biblio, Vol. 21, No. 43, Ciudad de México, julio/ diciembre del 2007.

Rodríguez Palmero, Ma. Luz (2012). La Teoría del Aprendizaje Significativo en la Psicología Cognitiva. Barcelona: Editorial Octaedro.

Tedesco Juan Carlos (2000). Educar en la sociedad del conocimiento. México: Fondo de Cultura Económica.

Tobón, Sergio (2013). Formación integral y competencias: pensamiento complejo, currículo, didáctica y evaluación. Bogotá: Ed. ECOE.

La educación en perspectiva de derechos humanos y democracia

Luz Elena Corona Loya[1]
J. Guadalupe Michel Parra[2]

"En la educación, muchas naciones se juegan su futuro. Para el tema de derechos humanos, la educación, además de ser en sí misma un derecho, es un arma muy potente y muy necesaria, indispensable por muchos y variados motivos".

I. INTRODUCCIÓN

La educación desempeña un papel fundamental en la promoción y protección de los derechos humanos y la democracia. A lo largo de la historia, se ha reconocido que una ciudadanía informada y consciente es esencial para el funcionamiento adecuado

1 PhD. del Doctorado en Derecho por Investigación, por el Instituto de Estudios Jurídicos (IDEJ), Profesora de Tiempo Completo del Centro Universitario del Sur, de la Universidad de Guadalajara, adscrita al Departamento de Ciencias Sociales.

2 Doctor en Ciencias Ambientales por la Universidad Autónoma de Guerrero, Director del Instituto Lago de Zapotlán en Cuencas, Profesor Titular C, del Centro Universitario del Sur, de la Universidad de Guadalajara.

de una sociedad democrática y para garantizar el respeto y la dignidad de todos los individuos.

En este texto, explicaremos cómo la educación puede contribuir a la promoción de los derechos humanos y la consolidación de la democracia, analizando su impacto en la formación de ciudadanos comprometidos y en la creación de sociedades más justas y equitativas.

Además, presentaremos programas en los que ya se está trabajando para incluir la educación en los diferentes estratos de la población, no solo como un evento único, sino como un conjunto de planes que a través de los años busca abarcar a toda la población, educarla en materia de derechos humanos y darles las herramientas para que participen en las decisiones sociales, políticas, económicas, culturales y todas las posibles en las que puedan presentar su palabra, hacer valer sus derechos y ser parte de la democracia.

Justificación e importancia de la educación en derechos humanos y democracia Relación entre la educación, los derechos humanos y la democracia

Para poder exponer la interrelación entre la educación, los derechos humanos y la democracia, es necesario definir los conceptos de la educación, los derechos humanos, la educación en derechos humanos y la democracia.

La educación consiste en la preparación y formación para inquirir y buscar con sabiduría e inteligencia, aumentar el saber, dar sagacidad al pensamiento, aprender de la experiencia, aprender de otros. Es el intento humano más importante entre los hombres para transformarse y mantenerse unidos siendo parte uno del otro en la estructura de la cultura diferenciándose e identificándose a través de intercambios simbólicos y materiales.

Los Derechos Humanos son el conjunto de prerrogativas sustentadas en la dignidad humana, cuya realización efectiva resulta indispensable para el desarrollo integral de la persona. Este conjunto de prerrogativas es inherentes a todos los seres humanos, sin distinción alguna de nacionalidad, lugar de residencia, sexo, origen nacional o étnico, color, religión, lengua, o cualquier otra condición.

La Educación en Derechos Humanos es un mecanismo esencial para la conformación de una sociedad en la que primen la tolerancia, la libertad y el respeto a los derechos humanos. Pretende además transmitir conocimientos sobre los derechos humanos, sino desarrollar actitudes de respeto y compromiso hacia ellos, de forma que sirva a la transformación de la sociedad y a la resolución de los grandes problemas de la humanidad, tanto a escala local como global.

La democracia es una de las formas de gobierno en que puede ejercerse el poder político del y para el pueblo, y se puede definir como un método o un conjunto de reglas de procedimiento para la constitución del gobierno y para la formación de las decisiones políticas, más que de una determinada ideología.

Entonces, para poder hablar de educación, es imprescindible mencionar a los derechos humanos, y para hablar de derechos humanos, no puede faltar la educación. Estos conceptos van de la mano en el contexto de que la educación es un derecho que se consigna en la Declaración Universal de los Derechos Humanos, en su artículo 26, donde se menciona: "La educación tendrá por objeto el pleno desarrollo de la personalidad humana y el fortalecimiento del respeto a los derechos humanos y a las libertades fundamentales; favorecerá la comprensión, la tolerancia y la amistad entre todas las naciones y todos los grupos étnicos o religiosos...". Además, es necesaria la educación para conocer los derechos humanos, no solo en el sentido de obtener los conocimientos y comprender la información, sino que es una actividad necesaria para lograr el respeto a los derechos humanos, la cual incita a la participación de la toma de decisiones y a su cumplimiento.

Para asegurarnos que la gente conozca sus derechos, y aún más, que pueda exigirlos, es fundamental asegurar que las personas puedan participar plenamente en todos los procesos de toma de decisiones que afectan a su vida —en los ámbitos político, económico, social, cultural y medioambiental— y para la prevención de las violaciones de los derechos humanos, la violencia y los conflictos. Y para lograrlo debemos buscar primeramente el interés de los mismos por la sociedad, a través de la educación sobre los mismos.

Educar en derechos humanos implica mucho más que el acto intelectual de transmisión de los conceptos, ya que esta por sí misma no garantiza el involucramiento con su respeto y su cumplimiento; se deben promover y transmitir conocimientos, actitudes y acciones de y para los derechos humanos.

Así mismo, en la construcción de la democracia la educación es un elemento indispensable para la formación de una ciudadanía que participe en forma libre, racional y responsable en el desarrollo de los procesos democráticos.

La formación ciudadana implica el fomento de una cultura política que estimule la participación cívica y civilizada, así como el respeto a los derechos humanos, a las diferencias culturales y a las minorías, tanto en el ámbito público como privado, en un marco de justicia y libertad. Por esto mismo, es tarea esencial de la educación, ya sea formal o informal, proveer a la población tanto del conocimiento de los principios que dan forma a la democracia, sus valores, su evolución histórica, como de habilidades y destrezas que estimulen su disposición a participar y a involucrarse en los asuntos públicos.

Las relaciones entre la democracia y la educación son indisolubles, una no puede separarse de la otra. La fuerza de toda democracia depende de las virtudes de sus ciudadanos pues es una construcción humana; su vigor y supervivencia dependen de la inteligencia y voluntad de sus miembros.

Los valores de la democracia no son verdades reveladas o hábitos naturales; no hay evidencia de que hayamos nacido con ellos o que aparezcan por generación espontánea. La devoción a la dignidad humana, la libertad, la igualdad de derechos, la justicia económica y social, el respeto a la ley, a la civilidad y a la verdad, la tolerancia de la diversidad, la solidaridad, la responsabilidad personal y la cívica, el autorrespeto y el autocontrol, todo esto existe y podrá seguir existiendo en la medida en que sea enseñado, aprendido y practicado. De no hacerse, la democracia estará en peligro de decaer o desaparecer.

II. FUNDAMENTOS TEÓRICOS DE LA EDUCACIÓN EN DERECHOS HUMANOS Y DEMOCRACIA

La educación en derechos humanos se basa en el reconocimiento de que todos los seres humanos nacen libres e iguales en dignidad y derechos. Este enfoque busca promover el conocimiento, la comprensión y el respeto de los derechos humanos universales, así como fomentar actitudes y comportamientos que los protejan y promuevan.

Por otro lado, la democracia se fundamenta en los principios de igualdad, libertad y participación ciudadana. La educación democrática busca empoderar a los individuos para que participen activamente en la vida política y social de sus comunidades, comprendan los procesos democráticos y defiendan los valores democráticos.

Entonces, la aplicación de los derechos humanos permite a la población participar en la democracia comunitaria, municipal, estatal y federal, les permite ser partícipes de las decisiones que competen su desarrollo y su evolución, y mientras más informados y enriquecidos estén en el tema, más involucrados se puede estar en su crecimiento y mejora.

III. EL PAPEL DE LA EDUCACIÓN EN LA PROMOCIÓN DE LOS DERECHOS HUMANOS

La educación en derechos humanos desempeña un papel crucial en la promoción de una cultura de respeto y tolerancia. Al educar a las personas sobre sus derechos y responsabilidades, se empodera a los individuos para que defiendan sus propios derechos y los de los demás. Además, la educación en derechos humanos puede contribuir a prevenir la discriminación, la violencia y otras violaciones de derechos al promover la comprensión y el respeto mutuo entre personas de diferentes orígenes y culturas.

Los programas educativos que incluyen la enseñanza de los derechos humanos pueden tener un impacto significativo en la conciencia y la acción de los individuos. Estos programas pueden ayudar a sensibilizar a las personas sobre cuestiones como la igualdad de género, los derechos de los niños, la libertad de expresión y la justicia social, fomentando así una mayor participación en la defensa de estos derechos.

Entre los programas educativos que existen en México sobre la educación en derechos humanos, se destacan:

- Programa Nacional de Educación 2001-2006.
- Plan de Acción Internacional del Decenio de los Derechos Humanos 1995-2004.
- Plan Nacional de Educación en Derechos Humanos 2006.
- Programa de Educación en Derechos Humanos 2005.
  - Sub-programa de Educación en Derechos Humanos
  - Sub-programa de Capacitación en Derechos Humanos
- Programa Nacional de Derechos Humanos 2020-2024.

Todos han tenido objetivos similares, en los cuales se incluye la promoción y defensa de los derechos humanos, establecer estrategias de conocimiento y difusión para promover el respeto de los derechos humanos, y promover su inclusión como parte de la democracia.

Sin embargo, la implementación efectiva de la educación en derechos humanos enfrenta varios desafíos. Entre ellos se incluyen la falta de recursos y capacitación para los educadores, la resistencia de algunos sectores de la sociedad y la falta de voluntad política para integrar los derechos humanos en los sistemas educativos, que a mediano y largo plazo pueden tener consecuencias negativas en la participación de toma de decisiones, el liberalismo y la autonomía de la población.

IV. LA EDUCACIÓN COMO PILAR DE LA DEMOCRACIA

La educación desempeña un papel fundamental en la construcción y consolidación de la democracia al fomentar la participación ciudadana y el compromiso cívico. A través de la educación democrática, se capacita a los individuos para que comprendan los principios y valores democráticos, participen activamente en la vida política y social de sus comunidades y defiendan los derechos y libertades fundamentales.

La educación dialoga con la democracia cuando asume que los seres humanos en formación son sujetos ético-políticos, con derechos, deberes, posibilidades y opciones diversas para convertirse en auténticos protagonistas de sus agendas y proyectos de vida, que permitan lograr el desarrollo individual y colectivo, sobre la base del reconocimiento de las voces de los otros a partir de las propias voces.

De este modo, si la educación se muestra como una opción guiada por principios y criterios de apertura al diálogo, al consenso y los disensos, al fortalecimiento de valores de ciudadanía, tales como: justicia, reconocimiento de los otros como actores válidos y necesarios en la construcción del tejido social, entonces se habla de una articulación estratégica que presupone el espacio y el carácter que debe tener la educación como una mediación significativa para instalar y mantener sistemas democráticos.

Los programas educativos que promueven la comprensión de los principios democráticos pueden ayudar a fortalecer las instituciones democráticas y a prevenir la aparición de regímenes autoritarios. Al educar a los ciudadanos sobre la importancia de la rendición de cuentas, la separación de poderes y el respeto por los derechos humanos, se promueve una cultura de responsabilidad y transparencia en la gestión pública.

V. EDUCACIÓN EN DERECHOS HUMANOS CON PERSPECTIVA

A. *Los derechos humanos y la democracia en las escuelas*

La educación en derechos humanos para los maestros, educadores y demás personal docente, tanto en entornos formales como no formales, es una prioridad, ya que estos tienen un papel y una responsabilidad fundamentales a la hora de transmitir los valores, las competencias, las actitudes, la motivación y las prácticas en materia de derechos humanos y su relación con la democracia. Por consiguiente, la educación en derechos humanos de esos grupos profesionales, destinada a fomentar su conocimiento de los derechos humanos y su compromiso y motivación en ese ámbito, es una estrategia prioritaria de todo programa de educación en derechos humanos en el sistema educativo escolar. Para ello es necesario adoptar una política integral de formación en derechos humanos, introducir los derechos humanos y los principios y normas de la educación en derechos humanos en los currículos de formación, utilizar y promover metodologías participativas, todo esto con el fin de que desde edades tempranas conozcan que existen, conozcan su significados y aprendan aplicarlos en el contexto los diferentes contextos sociales, económicos, políticos, cultural, entre otros.

Promover la integración de la educación, la formación en derechos humanos y su impacto en la democracia en los planes de estudios de las escuelas y en los programas de formación pudiera ser un comienzo de la concientización de estos temas en las escuelas. A través de planes de estudios y las normas educativas nacionales, incluyendo también los relativos a la formación profesional; todas las asignaturas del plan de estudios, por ejemplo determinando si la educación en derechos humanos es una asignatura independiente o transversal y si es obligatoria u optativa; los procesos de enseñanza y aprendizaje; los libros de texto y los materiales didácticos, todas estas alternativas tendrían que considerarse para implementar en los programas de educación.

La forma en que se imparte la educación también es fundamental para su eficacia; por ello, las metodologías deberían ser participativas, basarse en las experiencias, centrarse en los educandos, estar orientadas a la acción y tener en cuenta los contextos culturales. La evaluación debería ser un proceso de mejora continua y contribuir a la toma de decisiones para mejorar la eficacia de los programas de educación en derechos humanos.

La responsabilidad principal de reforzar y promover la impartición de educación en derechos humanos y democracia en los sectores educativos incumbe a las secretarías competentes, así como a las instituciones de enseñanza en todos sus grados y los institutos de formación pertinentes, dependiendo de las disposiciones de cada sistema.

Para introducir la educación en derechos humanos en la escuela primaria y secundaria y en la enseñanza superior y la formación en derechos humanos de los educadores, se han creado los diferentes programas y planes de educación en derechos humanos hacia una mejor democracia, los cuales tienen enfoques especializados para los diferentes grados escolares que hay en México, ya sea para la educación primaria, secundaria, media-superior y superior; con los cuales se busca introducir estos conceptos, estudiarlos y posteriormente aplicarlos en la vida cotidiana como un ente conocido y dominado.

B. Educación en derechos humanos y democracia en contextos específicos

La educación en derechos humanos y democracia es crucial en todos los contextos, pero puede enfrentar desafíos particulares en diferentes regiones del mundo. En algunos países, la falta de libertad académica y la censura gubernamental pueden limitar la capacidad de los educadores para enseñar sobre derechos humanos y democracia de manera libre y abierta. En otros lugares, la falta de recursos y acceso a la educación puede dificultar la implementación de programas educativos efectivos.

Sin embargo, también existen ejemplos de programas exitosos de educación en derechos humanos y democracia en todo el mundo. Por ejemplo, en países como Finlandia y Suecia, se ha integrado la educación en derechos humanos en el currículo escolar, lo que ha llevado a una mayor conciencia y respeto por los derechos humanos entre los jóvenes. Además, organizaciones no gubernamentales y organismos internacionales han desarrollado programas educativos innovadores para promover los derechos humanos y la democracia en contextos difíciles, como en zonas de conflicto y post-conflicto.

C. *Programas de educación en derechos humanos*

Actualmente existe un Programa Mundial para la educación en derechos humanos inaugurado en 2005, destinado a fomentar el desarrollo de estrategias y programas nacionales sostenibles de educación en derechos humanos.

El 10 de diciembre de 2004, la Asamblea General de las Naciones Unidas estableció el Programa Mundial para la educación en derechos humanos (en curso desde 2005) con objeto de promover la ejecución de programas de educación en la esfera de los derechos humanos en todos los sectores. Desde entonces, la oficina del Alto Comisionado de las Naciones Unidas para los Derechos Humanos (ACNUDH) y la Organización de las Naciones Unidas para la Educación, la Ciencia y la Cultura (UNESCO), junto con otros organismos de las Naciones Unidas y organizaciones internacionales y regionales, han estado trabajando en estrecha colaboración para coordinar el apoyo que se suministra a los Estados Miembros y otros agentes en la realización de la educación en derechos humanos.

Para que el disfrute de los derechos humanos sea una realidad en todas las comunidades, el Programa Mundial tiene por objeto promover una visión común de los principios y metodologías básicos de la educación en derechos humanos, proporcionar un marco concreto para la adopción de medidas y fortalecer las alianzas y la cooperación desde el nivel internacional hasta el de las comunidades.

El Programa Mundial tiene las propiedades de ser abierto y se estructura en etapas consecutivas a fin de promover la ejecución de programas de educación en derechos humanos en todos los sectores.

Como todos los programas sociales, este tiene una serie de objetivos enfocados en la educación en derechos humanos, que se han ido actualizando en cada etapa del programa, sin embargo, a pesar de que los sectores han ido cambiando, las bases son las mismas:

- Contribuir a forjar una cultura de derechos humanos.
- Promover el entendimiento común, sobre la base de los instrumentos internacionales, de los principios y metodologías básicos para la educación en derechos humanos.
- Asegurar que la educación en derechos humanos reciba la debida atención en los planos nacional, regional e internacional.
- Proporcionar un marco colectivo común para la adopción de medidas por todos los agentes pertinentes.
- Aumentar la cooperación y la asociación en todos los niveles
- Examinar, evaluar y apoyar los programas de educación en derechos humanos existentes, poner de relieve las prácticas satisfactorias y proporcionar incentivos para continuarlas o ampliarlas y para crear prácticas nuevas
- Promover la aplicación de la Declaración de las Naciones Unidas sobre educación y formación en materia de derechos humanos.

El Plan de Acción en cada etapa del programa se ha centrado en un grupo objetivo diferente, para que así poco a poco toda la población educativa sea partícipe del programa, conozca sus objetivos, los acepte y los impulse y los comparta con la sociedad para que todos tengamos una misma educación en derechos humanos.

- El Plan de Acción para la primera etapa del Programa Mundial (2005-2007), se centra en la integración de la educación en derechos humanos en los sistemas de enseñanza primaria y secundaria.
- La segunda etapa (2010-2014) dirige su atención a los que toman el relevo en la formación de los ciudadanos y líderes del mañana, como las instituciones de enseñanza superior, y a aquellos que tienen la importante responsabilidad de respetar, proteger y hacer efectivos los derechos de los demás, ya se trate de funcionarios públicos y fuerzas del orden, o de las mujeres y hombres que forman parte del personal militar.
- La tercera etapa (2015-2019) se centra específicamente en la formación en derechos humanos de los profesionales de los medios de comunicación, reconociendo la importancia crucial de unos medios de comunicación libres, independientes y pluralistas para promover la justicia, la no discriminación, el respeto y los derechos humanos.
- La cuarta etapa del Programa Mundial (2020-2024, actual), se centra en los jóvenes, haciendo especial hincapié en la educación y formación sobre la igualdad, los derechos humanos y la no discriminación y en la inclusión y el respeto de la diversidad con el fin de construir sociedades inclusivas y pacíficas.

Cada una de estas etapas ha contado con objetivos concretos, medidas para impartir la educación en derechos humanos, procesos de aplicación en el plano nacional, cooperación y apoyo internacionales y coordinación y evaluación específicas que funcionan en conjunto para que el programa funcione y dé los resultados que se esperan del mismo.

a. Primera etapa (2005-2007)

Este plan tiene por objeto lograr los siguientes contenidos concretos:

- Promover la inclusión y la práctica de los derechos humanos en los sistemas de enseñanza primaria y secundaria
- Apoyar la elaboración, adopción y aplicación de estrategias nacionales de educación en derechos humanos que sean generales, eficaces y sostenibles en los sistemas de enseñanza, o la revisión y el perfeccionamiento de las iniciativas existentes
- Ofrecer directrices sobre componentes decisivos de la educación en derechos humanos en el sistema de enseñanza
- Facilitar a las organizaciones locales, nacionales, regionales e internacionales la prestación de apoyo a los Estados Miembros
- Apoyar la creación de redes y la cooperación entre las instituciones locales, nacionales, regionales e internacionales.

Este plan contó con 4 etapas para desarrollarlo:

1. Análisis de la situación actual de la educación en derechos humanos en el sistema de enseñanza
2. Establecer prioridades y formular una estrategia nacional de ejecución
3. Ejecución y supervisión
4. Evaluación

Y como la parte más importante de cualquier programa son los resultados, durante esta etapa se les pidió a los participantes documentos donde se pudiera reconocer la ejecución de los objetivos de plan, que en este caso fueron:

- Informe nacional sobre los resultados de la estrategia nacional de ejecución para la educación en derechos humanos en el sistema de enseñanza primaria y secundaria.

- Recomendaciones para la adopción de medidas futuras basadas en la experiencia resultante de todo el proceso de ejecución.

b. Segunda etapa (2010-2014)

El presente plan de acción tiene por objeto lograr los siguientes objetivos concretos:

- Promover la inclusión de la educación en derechos humanos en la enseñanza superior y en los programas de formación para funcionarios públicos, fuerzas del orden y personal militar
- Apoyar la elaboración, adopción y aplicación de estrategias nacionales sostenibles de educación en derechos humanos
- Proporcionar directrices sobre componentes decisivos de la educación en derechos humanos en la enseñanza superior y en los programas de formación para funcionarios públicos, fuerzas del orden y personal militar
- Facilitar la prestación de apoyo por las organizaciones internacionales, regionales, nacionales y locales a las instituciones de educación superior y a los Estados miembros
- Apoyar el establecimiento de redes de contacto y la cooperación entre las instituciones y organizaciones locales, nacionales, regionales e internacionales, tanto gubernamentales como no gubernamentales.

Esta versión incluyó medidas de promoción de la educación en derechos humanos en la enseñanza superior y medidas de promoción de la formación en derechos humanos de funcionarios públicos, fuerzas del orden y personal militar.

Las etapas fueron básicamente las mismas, simplemente más detalladas:

1. Análisis de la situación actual de la educación en derechos humanos en la enseñanza superior y de la formación en

derechos humanos para funcionarios públicos, fuerzas del orden y personal militar.

2. Establecimiento de prioridades y elaboración de una estrategia nacional de aplicación, determinando los objetivos y las prioridades y programando las actividades de aplicación.
3. Aplicación y supervisión.
4. Evaluación

Como parte de la evaluación, igualmente se les solicitó:

- Informe o informes nacionales sobre los resultados de la estrategia nacional de aplicación.
- Recomendaciones para la adopción de medidas en el futuro sobre la base de las lecciones aprendidas.

c. Tercera etapa (2015-2019)

Considerando los objetivos generales del Programa Mundial, este Plan de acción tiene por objeto lograr los siguientes objetivos concretos:

- Reforzar la educación en derechos humanos en la enseñanza primaria y secundaria y en la enseñanza superior y la formación en derechos humanos de los maestros y los educadores, los funcionarios públicos, los miembros de las fuerzas del orden y el personal militar
- En relación con los profesionales de los medios de comunicación y los periodistas:
  - Poner de relieve su papel en la promoción y protección de los derechos humanos
  - Proporcionar directrices sobre la elaboración de programas efectivos de formación en derechos humanos dirigidos a esos profesionales

- Apoyar la elaboración, adopción y aplicación de estrategias sostenibles y pertinentes de formación
- Hacer hincapié en la importancia de que haya entornos propicios que garanticen su protección y seguridad
- Facilitar apoyo para la formación en derechos humanos de esos profesionales impartida por organizaciones locales, nacionales, regionales e internacionales
- Apoyar el establecimiento de redes y la cooperación entre las instituciones y las organizaciones locales, nacionales, regionales e internacionales, tanto gubernamentales como no gubernamentales.

Esta versión incluyó medidas para reforzar la impartición de educación en derechos humanos en la enseñanza primaria y secundaria y en la enseñanza superior y la formación en derechos humanos de los maestros y los educadores, los funcionarios públicos, los miembros de las fuerzas del orden y el personal militar y medidas para promover la formación en derechos humanos de los profesionales de los medios de comunicación y los periodistas

Para esta edición, se decidió simplificar las fases del programa de la siguiente manera:

1. Realizar un estudio de los avances logrados durante las etapas primera y segunda y un estudio nacional de referencia sobre la formación en derechos humanos de los profesionales de los medios de comunicación y los periodistas.
2. Elaborar una estrategia nacional para mejorar la aplicación de las etapas primera y segunda del Programa Mundial y promover la formación en derechos humanos de los profesionales de los medios de comunicación y los periodistas.
3. Aplicar, supervisar y evaluar la estrategia nacional.

Para la difusión de resultados, no se especificó de qué manera debían ser presentados, simplemente que se tenían que reconocer y difundir los mismos.

d. Cuarta etapa (2020-2024)

Para esta etapa aún no se cuenta con un informe terminado pues el programa aún se encuentra en curso, sin embargo en Octubre de 2022 se publicó un avance de mitad de período sobre los progresos realizados, donde se incluían los objetivos concretos del plan (traducidos del inglés):

- Aprovechar los progresos realizados durante las fases anteriores del Programa Mundial, alentando la elaboración, adopción y aplicación de estrategias nacionales sostenibles para la educación de los jóvenes en la esfera de los derechos humanos, que incluyan a todos los jóvenes sin discriminación, con jóvenes en roles de liderazgo
- Ampliar la educación en derechos humanos para, con y por los jóvenes en la educación formal y no formal e, indirectamente, en el aprendizaje informal, dando prioridad a los jóvenes en situaciones de exclusión o vulnerabilidad
- Proporcionar orientación sobre los componentes y las medidas clave para la educación en derechos humanos de los jóvenes en la educación formal y no formal, con respecto a los cuales se puedan evaluar los progresos nacionales
- Alentar y apoyar la participación y el liderazgo de los jóvenes en los programas de educación en materia de derechos humanos destinados a los jóvenes
- Promover la educación de los jóvenes en materia de derechos humanos como complemento de otras medidas de protección y promoción de los derechos humanos de los jóvenes
- Destacar la contribución de la educación en derechos humanos para los jóvenes en el logro del desarrollo sostenible en el contexto de la Agenda 2030 y en la prevención y el abordaje de los desafíos mundiales actuales
- Fomentar la creación de redes y la cooperación en la educación en materia de derechos humanos para los jóvenes

entre las organizaciones gubernamentales y de la sociedad civil locales, nacionales, regionales e internacionales que se ocupan de los derechos humanos, la juventud, la educación y el desarrollo sostenible.

Las etapas son las siguientes (traducido del inglés):

1. Realizar un estudio nacional de referencia sobre la educación de los jóvenes en materia de derechos humanos.
2. Elaborar una estrategia nacional para promover la educación de los jóvenes en materia de derechos humanos.
3. Aplicar, supervisar y evaluar la estrategia nacional.
4. El camino hacia adelante: Recomendaciones y conclusiones.

Para resolver gran parte de las crisis y los problemas crónicos del mundo, el primer paso consiste en ampliar y mejorar la educación en materia de derechos humanos. Desde el cambio climático hasta la pobreza, pasando por los conflictos, la discriminación o las enfermedades, nuestro progreso debe fundamentarse en el conocimiento de que todos pertenecemos a una única familia humana y compartimos importantes principios, valores y derechos.

Cuando la educación en derechos humanos es participativa y se centra en los educandos, contribuye a desarrollar conocimientos e importantes competencias para pensar y actuar de forma crítica. También ayuda a las personas a conocer sus derechos y hacerlos valer con eficacia, y hace que los funcionarios y las demás personas encargadas de la protección y el ejercicio de los derechos adquieran mayor conciencia de la importancia de cumplir esas obligaciones. Es fundamental asegurar que las personas puedan participar plenamente en todos los procesos de toma de decisiones que afectan a su vida —en los ámbitos político, económico, social, cultural y medioambiental— y para la prevención de las violaciones de los derechos humanos, la violencia y los conflictos.

Para lograr esto, fortalecer la educación en derechos humanos y democracia a nivel global, nacional y local, es necesario adoptar un enfoque integral que incluya la capacitación de educadores, el desarrollo de recursos educativos, la promoción de la libertad académica y el fortalecimiento de la cooperación internacional en este ámbito. Además, es fundamental involucrar a la sociedad civil, a los medios de comunicación y a otros actores relevantes en la promoción de la educación en derechos humanos y democracia.

Esto buscan los programas presentados en este texto, que a través de una forma organizada, completa y participativa toda la población sea capaz de primeramente conocer estos conceptos, implementarlos en su vida cotidiana y en todos los componentes de la misma y, además, que si llegara a ocurrir un problema que amenace sus derechos o su libertad de opinión y expresión, tengan las herramientas para poder defenderlos en un ambiente de respeto y educación con el que antes no contaba.

Entonces, la educación en derechos humanos debe traducirse en una efectiva participación del alumnado y de los miembros de la comunidad educativa en las políticas educativas que le conciernen, para hacer de la escuela un espacio de aprendizaje cuya finalidad sea el ejercicio de la democracia y el respeto a los derechos humanos.

En conclusión, la educación desempeña un papel fundamental en la promoción de los derechos humanos y la consolidación de la democracia. Al educar a las personas sobre sus derechos y responsabilidades, se empodera a los individuos para que participen activamente en la construcción de sociedades más justas, equitativas y democráticas. Es fundamental que los gobiernos, las instituciones educativas y la sociedad en su conjunto trabajen juntos para garantizar que la educación en derechos humanos y democracia sea una realidad para todos.

VI. REFERENCIAS

Corte Interamericana de Derechos Humanos. (s.f.). Guía para la presentación de casos ante la Corte Interamericana de Derechos Humanos (3ª ed.). Recuperado de https://www.corteidh.or.cr/tablas/r24457.pdf

González, A. (2017). Educación en derechos humanos y construcción de ciudadanía. El caso del estado de Aguascalientes, México. Cultura y Representaciones Sociales, 12(24), 70-89. Recuperado de https://www.redalyc.org/journal/279/27961483005/html/

Instituto Nacional Electoral. (s.f.). Democracia y educación. Recuperado el 3 de junio de 2024, de https://portalanterior.ine.mx/documentos/DECEYEC/democracia_y_educacion.htm

Naciones Unidas. (s.f.). Declaración Universal de Derechos Humanos. Recuperado el 3 de junio de 2024, de https://www.un.org/es/about-us/universal-declaration-of-human-rights#:~:text=Art%C3%ADculo%2026&text=Toda%20persona%20tiene%20derecho%20a%20la%20educaci%C3%B3n.,la%20instrucci%C3%B3n%20elemental%20y%20fundamental

Oficina del Alto Comisionado de las Naciones Unidas para los Derechos Humanos. (s.f.). Tercera fase del Programa Mundial para la Educación en Derechos Humanos: Plan de acción Recuperado de https://www.ohchr.org/sites/default/files/Documents/Publications/ThirdPhase WPHREducation_SP.pdf

Oficina del Alto Comisionado de las Naciones Unidas para los Derechos Humanos. (s.f.). Segunda fase del Programa Mundial para la Educación en Derechos Humanos: Plan de acción. Recuperado de https://www.ohchr.org/sites/default/files/Documents/Publications/WPHRE_Phase_2_sp.pdf

Oficina del Alto Comisionado de las Naciones Unidas para los Derechos Humanos, Oficina del Secretario General Adjunto para los Derechos Humanos, Organización de las Naciones Unidas para la Educación, la Ciencia y la Cultura. (2022). Programa Mundial para la Educación en Derechos Humanos – Cuarta Fase. Recuperado de https://www.ohchr.org/sites/default/files/2022-10/OHCHR-OSGEY-UNESCO-World_Programme-for-Human-Rights-Education_Fourth-Phase.pdf

Programa de Derechos Humanos de la Universidad Nacional Autónoma de México. (s.f.). Programa de Educación en Derechos Humanos en México. Recuperado el 3 de junio de 2024, de https://www.dhnet.org.br/dados/pp/a_pdfedh/programa_edh_mexico.pdf

Ramírez, C. A., & Hidalgo, A. (2018). Desarrollo del pensamiento crítico en estudiantes universitarios. Revista de Ciencias Administrativas y Sociales, 23(33), 131-150. Recuperado de https://www.redalyc.org/pdf/2739/273933373006.pdf

Universidad Nacional Autónoma de México. (s.f.). Educación en derechos humanos: diversas posibilidades. Recuperado el 3 de junio de 2024, de https://catedraunescodh.unam.mx/catedra/CONACYT/04_Docentes_UdeO_ubicar_el_de_alumnos/Contenidos/Biblioteca/Educacion_DH/13.%20EDH_diversas_p osibilidades.pdf

Universidad Nacional de La Plata. (s.f.). Plan de acción: Programa mundial para la educación en derechos humanos, primera etapa. Recuperado de http://www.derechoshumanos.unlp.edu.ar/assets/files/documentos/plan-de-accion-programa-mundial-para-la-educacion-en-derechos-humanos-primera-etapa.pdf

Propuesta teórica psicoeducativa interconductual para el desarrollo de competencias en derechos humanos

Mario Ángel González[1]
Bertha Alicia Colunga Rodríguez[2]
Julio César Vázquez Colunga[3]

I. INTRODUCCIÓN

Las personas interactúan con el entorno con eventos y con otras personas en función de lo que conocen, de sus creencias y de su repertorio conductual, de tal forma que para generar una cultura con un enfoque en derechos humanos debemos aumentar sus conocimientos, cambiar sus creencias y agregar comportamientos a su repertorio conductual.

---

1 Doctor en Psicología por el Instituto de Educación Superior Públicas d e la Universidad de Guadalajara. Miembro del Sistema Nacional de Investigadores SNI 1(CONAHCyT); Profesor Investigador de Tiempo completo de la Universidad de Guadalajara.

2 Doctora en Educación. Dirección de Educación Normal. SEP. Escuela Normal Superior de Jalisco.

3 Doctor en Psicología. Profesor Investigador SNI 1 (CONAHCyT); Miembro de la Academia Jalisciense de Ciencias. Universidad de Guadalajara.

En este capítulo se planteará una propuesta para la modificación de comportamientos tomando elementos conceptuales desde la Educación y de la Psicología para conseguir que el sujeto se comporte desde una perspectiva totalmente basada en los Derechos Humanos, tomando en cuenta la dignidad de aquellos con quienes convive y los componentes del entorno como cosas o eventos en donde se comporta.

Si bien es cierto que diferentes autores mencionan que la educación es la principal herramienta para lograr un cambio comportamental en los seres humanos, no es suficiente que ésta esté centrada únicamente en saberes conceptuales ya que, como podemos observar, no es suficiente con brindar información a las personas para que en ellas se produzca un cambio conceptual que se refleje en su comportamiento, es necesario brindarle un proceso educativo que incluya entrenamiento comportamental en las interacciones que tiene la persona que participe en la intervención psicoeducativa, para que su interacción tenga como base los derechos humanos, es decir que sea la dignidad de los demás junto con su propia dignidad la que marque el eje de su repertorio conductual, en otras palabras, que tenga comportamientos que se generen desde el enfoque de los derechos humanos.

Para lograr lo anterior proponemos un modelo para intervenciones psicoeducativas en las que se integrarán el conflicto cognitivo, el cambio conceptual y la mayéutica como método, desde una perspectiva dialógica, así como los elementos que componen el segmento conductual de la psicología interconductual que propone Kantor.

El elemento que detona esta propuesta es tratar de brindar una respuesta a la pregunta ¿cómo puede un individuo aspirar a vivir en un entorno de derechos humanos si no los conoce o no sabe en qué consisten? Ya que si una persona no puede percibir que se encuentra en una situación en la que sus componentes menoscaban su dignidad no puede aspirar a que su situación mejore o por lo menos a que se encuentre en lo que podemos denominar una situación digna, por lo que se corre el riesgo de que se modifiquen las características con una tendencia dirigida a alcanzar la condición de digna y, sin llegar a lograrlo el sujeto considere que ya está bien su situación con respecto a los derechos humanos, lo anterior se puede ejemplificar con la expresión coloquial *ya estoy bien porque antes estaba peor.*

Esto también puede suceder en el caso de personas que violenten los derechos humanos de otros por la ignorancia o la distorsión de lo qué significa el trato digno o el trato con enfoque de derechos humanos, como es el caso de que alguien le ofrece un empleo a una persona que no tiene donde vivir, permitiéndole pernoctar en un habitáculo que no permite tener privacidad o el espacio suficiente para considerarlo como un espacio digno.

Si bien desde 2011 en México se elevó a nivel constitucional el respeto a los derechos humanos[4] y con ello se han modificado diferentes artículos constitucionales como el artículo tercero en el que se menciona que la educación debe ser con enfoque de derechos humanos[5], desde nuestra perspectiva no se ha logrado pasar de un nivel declarativo a un nivel actuativo en la aplicación de la ley en el sistema educativo mexicano, ejemplo de esto es la cantidad de peleas entre estudiantes de secundaria, el uso de la violencia para la solución de conflictos, el acoso entre pares o de autoridades y estudiantes y el caso más aberrante el aumento de la violencia hacia la mujer en su expresión más nefasta que conocemos como feminicidio, consideramos que la razón por la cual no hemos pasado al nivel actuativo es por la forma de enseñar los contenidos relacionados con los Derechos Humanos, es por ello que proponemos esta propuesta teórica para la enseñanza de derechos humanos.

En las instituciones públicas de educación, en todos sus niveles, por ser instituciones del estado se considera que se debe realizar sus funciones bajo el enfoque de los Derechos Humanos, lo

---

4 Constitución Política de los Estados unidos Mexicanos, 2011, Artículo 1

5 Constitución Política de los Estados unidos Mexicanos, 2011, Artículo 3

cual quiere decir que se reconoce la necesidad de construir un marco de regulación de las relaciones sociales que garantice el reconocimiento y respeto de sí y de los otros mediante mecanismos de vigilancia, seguimiento y exigibilidad de los derechos, además de lo anterior es necesario reconocer que la estructura social está fundamentada en relaciones sociales de poder (económico, étnicas, generacional, de género, entre otros) por lo que se ha de considerar las diferencias económicas y sociales para poder establecer relaciones tanto de respeto a las diferencias e igualdad[6].

En pocas palabras un enfoque basado en derechos humanos podemos decir que es:

> Un marco conceptual para el proceso de desarrollo humano que se basa normativamente en estándares internacionales de derechos humanos y está operacionalmente dirigido a promover y proteger los derechos humanos. Su objetivo es analizar las desigualdades que se encuentran en el corazón de los problemas de desarrollo y corregir las prácticas discriminatorias y las distribuciones injustas de poder que impiden el progreso del desarrollo y que a menudo resultan en grupos de personas que se quedan atrás (Grupo de las Naciones Unidas para el Desarrollo Sostenible [en línea párrafo 3], 2019).

Como se puede observar en la definición conceptual del enfoque de Derechos Humanos, es necesario que se conozcan cuales son dichos derechos, pero además es necesario realizar un análisis crítico de las situaciones que se presentan en ambientes naturales de las escuelas de educación pública para, mediante situaciones sociales complejas como las interacciones educativas en las aulas poder desarrollar análisis de las mismas pero desde un enfoque en Derechos Humanos, de tal suerte que podamos contrastar la información con la aplicación de las definiciones conceptuales de los Derechos Humanos.

---

6 C. Borja, P. García y R. Hidalgo. *El enfoque basado en derechos humanos: Evaluación e indicadores. Red En Derechos* 2011

Se considera que se ha enfatizado en las instituciones de educación básica y superior la enseñanza de los saberes conceptuales, dejando de lado los saberes procedimentales y actitudinales por lo que no es suficiente con ello lograr una modificación del comportamiento más o menos duradero en el tiempo, y que se ajuste a la definición de enfoque en derechos humanos.

Los sujetos al interactuar con personas, cosas o eventos van desarrollando su historia reactiva y van acomulando su repertorio conductual, éste repertorio se integra por interacciones que le han resultado eficientes, ya sea porque alguien que es importante para el sujeto le ha enseñado formas de comportarse, porque así es como ha visto que se debe comportarse ante algún estímulo o por cualquier otra razón que escapa a nuestro conocimiento, sin embargo, en nuestra propuesta no pretendemos eliminar el repertorio conductual o la historia reactiva de las personas, lo que pretendemos es agregar nuevas funciones de respuesta ante diferentes funciones de estímulos, para eso es necesario modificar las creencias, aumentar los conocimientos y aumentar su repertorio conductual.

La educación es el mejor medio por el que podemos desarrollar el comportamiento que esperamos de una persona en una sociedad determinada, sin embargo, podemos observar que no siempre las personas se comportan de la manera que se espera en una sociedad, las razones pueden ser de diferente naturaleza entre razones sociológicas, culturales, psicológicas entre otras. La misma dificultad encontraremos al querer implementar un enfoque en Derechos Humanos en las instituciones

Las personas desde que nacen comienzan a desarrollar su historia interconductual por lo que puede adquirir un repertorio intercultural para desarrollar diferentes funciones de respuesta a diferentes funciones de estímulo mucho antes de iniciar su etapa escolarizada, cuando el comportamiento se ajusta a las características biológicas del objeto con el que interactúan podemos encontrar regularidades en el comportamiento de los seres humanos.

El problema comienza cuando los comportamientos, producto de las interacciones, deben adecuarse a características convencionales, en donde dichas características están determinadas conceptualmente, es decir que son subjetivas, artificiales, por ejemplo, cuando esperamos que una persona que estudia la licenciatura en Derecho se comporte como un abogado y no como otro profesionista o como alguien que no esté familiarizado con esta ciencia.

Este es el caso de los Derechos Humanos en donde esperamos que las personas que participen de una intervención psicosocial con enfoque de derechos humanos puedan modificar su comportamiento para que éste se ajuste a las características del enfoque, al tener a su alcance diferentes formas de comportarse, es decir, diferentes repertorios donde pueda elegir el más pertinente.

Se considera que para que el sujeto se comporte de una forma determinada por él mismo existe una relación entre los comportamientos, educación, Derechos Humanos, que generan interacciones, asimismo estos tres elementos están influidos por los repertorios conductuales, los conocimientos y las creencias.

Por lo que se propone una propuesta teórica para el diseño y planeación de intervenciones psicosociales para el desarrollo de competencias en Derechos Humanos. Ya que una competencia se compone de conocimientos o saberes conceptuales, habilidades o saberes procedimentales y actitudes o conocimientos actitudinales[7] [8], es necesario entender que las personas al momento de iniciar la intervención psicoeducativa ya tiene creencias, conocimientos y opiniones respecto a lo que son los Derechos Humanos, por lo que ya tiene una historia reactiva que le ha dotado de repertorios conductuales para diferentes ocasiones, dicha historia

---

7 A. D. Torres, M. Badillo, N. O. Valentín y E. T Ramírez. Las competencias docentes: el desafío de la educación Superior. Innovación Educativa, Volumen 14, Número 66. 2014. 129-146.

8 A. Martínez. "Análisis de las competencias en las prácticas escolares de Grado en Educación Infantil". *Revista de Educación Inclusiva,* Volumen 6, Número 2. 2013. 21-39.

y dichos repertorios no siempre están acordes al enfoque de Derechos Humanos ya que apenas en México se incluyeron en el 2011 en la constitución mexicana y en consecuencia se comenzaron a implementar en las diferentes dependencias que pertenecen al Estado mexicano, incluyendo a la Secretaría de Educación, por esta razón a los ciudadanos no se les ha educado respecto a el enfoque en Derechos Humanos.

Por lo tanto, no ha sido posible que la perspectiva desde los Derechos Humanos se haya adoptado convencionalmente en los diferentes grupos sociales de las poblaciones, por lo que es necesario iniciar a educar a la población acerca de cómo debe comportarse un ciudadano en congruencia con lo solicitado por un enfoque en Derechos Humanos.

II. ELEMENTOS CONCEPTUALES DE LA PROPUESTA TEÓRICA PARA UNA INTERVENCIÓN PSICOEDUCATIVA

Debemos de pensar que una persona que participa en una intervención psicoeducativa para desarrollar competencias en Derechos Humanos será competente para interactuar de manera eficaz y eficiente tomando como referencia el enfoque de Derechos Humanos. Es decir puede identificar varias alternativas de comportamiento y elige un esquema de actuación ante situaciones socialmente complejas, de manera individual o colectiva, desde un referente profesional que considere más pertinente por ser la que más se ajuste a las características de un enfoque en derechos humanos[9].

Al iniciar una intervención psicoeducativa desde una perspectiva interconductual, el propósito es generar nuevos repertorios conductuales en los participantes, que se ajusten con el respeto a

---

9 A. D. Torres, M. Badillo, N. O. Valentín y E. T Ramírez. Las competencias docentes: el desafío de la educación Superior. *Innovación Educativa,* Volumen 14, Número 66. 2014. 129-146.

la dignidad de las personas con quienes se interactúa sin violentar o ir en contra de la propia dignidad, para lograr esto se considera como necesario realizar el cambio conceptual mediante la creación del conflicto cognitivo utilizando la mayéutica.

En términos educativos el comportamiento se modifica cuando existe aprendizaje por lo que se tomará como base la definición de aprendizaje como "el proceso por el cual se produce cambios en la conducta como resultado de la experiencia de interactuar con el mundo y de la memoria el registro de las experiencias adquiridas a través del aprendizaje"[10]. Considerando a los aprendizajes como nuevos repertorios conductuales.

Entonces de acuerdo a esta propuesta para generar nuevos aprendizajes o repertorios conductuales desde una intervención psicoeducativa, es necesario que la intervención en general así como cada sesión en particular, esté diseñada tomando en consideración el cambio conceptual, el conflicto cognitivo y la mayéutica. A continuación se explicará cada uno de estos conceptos.

Cambio conceptual. Se refiere a la modificación o sustitución de los conceptos con los que una persona puede explicar algún fenómeno observado en la cotidianidad o en términos teóricos, en nuestro caso alrededor de los Derechos Humanos, antes de participar en la intervención psicoeducativa, así como a la modificación del proceso mediante los que se utilizan dichos conceptos[11]. Cabe señalar que las personas construyen creencias acerca del concepto de Derechos Humanos en general, así como alrededor de cada uno de los 30 Derechos Humanos contenidos en la declaratoria de 1948[12], por ejemplo acerca de la libertad, el dere-

---

10 M. A. Gluck, E. Mercado y C. E. Myers. Aprendizaje y memoria. Del cerebro al comportamiento. MacGraw-Hill Educación. 2009. P. 2.

11 G. Raynaudo y O. Peralta. "Cambio conceptual: una mirada desde las teorías de Piaget y Vygotsky". Liberabit, Volumen 23, Número 1, 2017. 137-148.

12 Asamblea General de la ONU. Declaración Universal de los Derechos Humanos. (217 [III] A). París, 1948.

cho a libre determinación de la personalidad o cualquier otro, ya que las personas forman sus creencias al momento de interactuar con otras personas, así como al intercambiar ideas y opiniones respecto a los Derechos Humanos, en otras palabras al participar en un proceso de enculturación producido por la observación, la imitación y la participación en elementos culturales[13].

Es de suma importancia lograr el cambio conceptual ya que, como afirma Sigel[14], "las creencias son construcciones mentales de la experiencia —a menudo condensadas e integradas en esquemas o conceptos— que se mantienen como verdaderas y que guían la conducta" (p. 350).

Conflicto cognitivo. se refiere "al desequilibrio que surge cuando una concepción que tiene un individuo entra en conflicto con alguna otra concepción que lleva el mismo individuo, o bien con el ambiente externo"[15]. Como se puede observar este concepto está relacionado con el cambio conceptual, no obstante para poder provocar el cambio conceptual se considera necesario que el individuo contraste sus conocimientos, creencias e ideas con la información que contiene el concepto nuevo a tratar, puede ser la definición de dignidad humana por ejemplo, para que pueda realizar un análisis crítico, de tal forma que pueda describir qué tanto se ajustan la nueva información con la anterior. Cabe señalar que el profesor puede lograr el contraste entre lo que el estudiante tiene como conceptos y lo que los derechos humanos nos ofrecen conceptualmente mediante la mayéutica.

---

13 C. Berríos, Creencias epistémicas, metacognición y cambio conceptual. Revista de Estudios y Experiencias en Educación, Volumen 18, Número 37. 2019. 129-140.

14 I. E. Sigel. A conceptual analysis. Of beliefs. En I. E. Sigel (Ed.) *Parental belif. Systems: The psychological concequences. For children.* Erlbaum. 1985, p. 350.

15 P. Aguilar y A. Oktaç. "Generación del conflicto cognitivo a través de una actividad de criptografía que involucra operaciones binarias". *Revista Latinoamericana de Investigación en Matemática Educativa,* Volumen 7, Número 2, 2004, 117-144, p. 119.

Mayéutica. Este método consiste en generar el proceso de enseñanza-aprendizaje en la intervención psicoeducativa para generar nuevos repertorios conductuales desde un enfoque de Derechos Humanos mediante el diálogo, sustentado en una serie de preguntas y respuestas, cuyo propósito es promover en el aprendiz un proceso intelectual complejo y profundo[16] que le permita contrastar sus conocimientos, creencias e ideas con las características de los elementos conceptuales que se pretende aprenda el individuo, para que pueda utilizar lo aprendido en interacciones con personas, cosas o eventos.

Para ello las preguntas como recurso didáctico deben tener las siguientes características: 1) que generen inconsistencias entre el concepto a aprender y las definiciones que expresen los estudiantes, 2) que muestren situaciones absurdas por un razonamiento erróneo, 3) que provoquen asombro, 4) que generen en los individuos la necesidad de aprender.

Por lo tanto, es necesario que las intervenciones psicoeducativas estén pensadas desde un principio para que pueda lograrse el cambio conceptual, provocando la interacción del individuo con materiales didácticos, ya sean escritos o expuestos por el profesor, de tal manera que se genere un conflicto cognitivo mediante el uso de la mayéutica.

En otras palabras, para conseguir que un individuo se comporte de tal manera que se ajuste a las características del enfoque en Derechos Humanos se propone que la intervención se diseñe desde estos tres conceptos: Cambio conceptual, conflicto cognitivo y la mayéutica.

---

16 C. Peñuela. "La mayéutica como estrategia en el proceso de asesoría académica". Educ@ción en contexto, Volumen 2, Número 5. 2017, p. 78-94.

III. CONSIDERACIONES PARA LA PLANEACIÓN DIDÁCTICA DE UNA INTERVENCIÓN PSICOEDUCATIVA

Antes de iniciar la planeación didáctica de las intervenciones educativas se debe tener claro que NADA dentro de la intervención debe ser producto del azar, es decir, todo lo que pase en la sesión debe estar pensado para lograr el *propósito de la sesión* y los *aprendizajes esperados*. Si bien es cierto que en una intervención psicoeducativa existen una gran cantidad de variables que no se pueden controlar, lo que sí está en manos del profesor es la posibilidad de aprovechar los acontecimientos no previstos en el aula para incorporarlos al Discurso Didáctico.

Antes de iniciar con la explicación correspondiente a la propuesta de planeación de las sesiones, se explicará brevemente lo que se entiende en este trabajo como Discurso Didáctico[17]. Ryle menciona que el discurso didáctico es equiparable a una manera específica de hablar y de escribir que son didácticas, este propósito es lo que hace diferente a otras formas de hablar y de escribir. El objetivo es enseñar con este discurso a hacer o decir algo con la posibilidad de que lo aprendido por el individuo lo pueda hacer o decir en un momento posterior[18] en el caso de este trabajo la intención de las intervenciones psicoeducativas es que pueda interactuar el individuo con otras personas, cosas o eventos con un enfoque en Derechos Humanos.

Una vez descrito el comportamiento del profesor en la intervención psicoeducativa, se recomienda que se realicen las planeaciones de cada sesión que contenga la intervención tomando en cuenta el comportamiento que el profesor debe realizar para generar interacciones con los participantes que, a su vez, desarro-

---

17 G. Ryle. *El concepto de lo mental.* Paidós. 2005.

18 J. J. Irigoyen, M. Y. Jiménez y K. F. Acuña. "Discurso Didáctico e Interacciones Sustitutivas en la Enseñanza de las Ciencias". *Enseñanza. E Investigación en Psicología,* Volumen 21, Número 1. 2016. 68-77.

llen repertorios conductuales con enfoque de derechos humanos en estos últimos. Es así que se propone que la planeación de las sesiones incluyan los siguientes elementos:

a. El propósito de la sesión
b. Los aprendizajes esperados de la sesión
c. La secuencia didáctica (Inicio, desarrollo, aplicación y evaluación)

El propósito de la sesión. En esta parte se describe qué elemento de la competencia pretende desarrollar cada sesión en específico, es decir, si se pretende desarrollar saberes conceptuales, saberes procedimentales o saberes actitudinales, incluso si se pretende realizar una actividad de transferencia de conocimientos en donde se aplique lo aprendido a una situación hipotética o que ya se realizó en el pasado (figura 1).

Los aprendizajes esperados. Son los contenidos temáticos que se aprenderán en la sesión por parte del estudiante. En algunos programas educativos se mencionan también como contenidos teórico-prácticos. Son los componentes de la competencia que se pretende desarrollar en la intervención psicoeducativa (figura 1).

La secuencia didáctica. Se compone de cuatro momentos, el primero corresponde al *inicio*, este momento de la sesión tiene dos objetivos, por un lado se pretende explorar los conceptos que los participantes tienen respecto a los aprendizajes esperados de la sesión, entiéndase estos como creencias, conocimientos e ideas, en algunos paradigmas educativos se nombran como saberes previos de los participantes. Por otro lado, en este momento de la sesión se tiene como objetivo centrar la atención del participante en el propósito de la sesión, así como en el expositor o profesor, de tal manera que se pueda lograr condiciones contextuales propicias para el aprendizaje.

El segundo momento es el *desarrollo*, en esta fase de la sesión se lleva a cabo propiamente dicho el tema de la clase, es decir, se expone el contenido que se pretende enseñar mediante el Discurso Didáctico, en el formato de planeación (figura 1) es donde se describen las acciones con las cuales se expondrán los contenidos temáticos a los individuos.

El tercer momento se refiere a la *aplicación* del conocimiento mediante una transferencia de los contenidos tratados en la sesión, para la solución de un problema o la descripción de una interacción competente, es decir describir un comportamiento que sea eficiente y eficaz en cuanto a su ajuste al enfoque de derechos humanos, ante un fenómeno observado en la cotidianidad.

El cuarto momento se refiere a la *evaluación* de los aprendizajes esperados de la sesión, dicha evaluación hace mención a la posibilidad del profesor de realizar una valoración objetiva o subjetiva en función de lo que se espera de la sesión que se está evaluando. Puede ser subjetiva porque dependiendo del tiempo que tengamos para desarrollar esta fase de la sesión puede ser que se realice un actividad de evaluación rápida que se fundamenta más en la observación del profesor, e incluso un poco a su intuición, ya que mientras se desarrolla la sesión con las actividades de aplicación y mediante las participaciones el profesor puede hacer una valoración aproximada a partir de su apreciación subjetiva acerca del nivel de logro de los aprendizajes esperados y los criterios de desempeño de las actividades desarrollada en la clase; un ejemplo de actividad rápida es una ronda de preguntas y respuestas, una lluvia de ideas o preguntarles a los participantes *Dígame dos cosas que aprendiste hoy*. Pueden ser evaluaciones objetivas al aplicar algún instrumento de evaluación que puede ir desde un cuestionario estructurado hasta alguna actividad como cuadros de doble entrada, mapas conceptuales, entre otros.

Al realizar estás actividades de evaluación nos podrían brindar información acerca de los contenidos que necesitan ser repasados, los que no se entendieron, o incluso el tema de enlace para la sesión siguiente, comenzando en la fase de inicio con los temas que no se entendieron o no se aprendieron (figura 1).

Es importante señalar que, aun cuando se enumera las fases de las sesiones, no es indispensable que se realicen en ese orden, es decir, se podría comenzar una sesión con actividades de evaluación a manera de diagnóstico, o puede realizarse una actividad de aplicación en donde se solicite que se resuelva un problema desde el enfoque de Derechos Humanos, esto nos podría permitir observar en las respuestas o comentarios las partes de las interacciones que es necesario trabajar para el cambio conceptual, en fin; la creatividad del ponente, sus características personales, también conocidas como estilo docente, pueden determinar el órden de las fases de las sesiones.

Figura 1. Formato de planeación para las sesiones de una intervención psicoeducativa

<table>
<tr><td colspan="4">NÚMERO DE SESIÓN</td></tr>
<tr><td colspan="4">BLOQUE I</td></tr>
<tr><td colspan="3">TIEMPO ESTIMADO:</td><td>Dos semanas</td></tr>
<tr><td colspan="4">PROPÓSITOS DE LA SESIÓN</td></tr>
<tr><td colspan="4">TEMAS Y SUBTEMAS
(CONTENIDOS TEMÁTICOS/SABERES TEÓRICO PRÁCTICOS)</td></tr>
<tr><td colspan="2">Competencia</td><td colspan="2">Elemento de la competencia</td></tr>
<tr><td colspan="4">APRENDIZAJES ESPERADOS</td></tr>
<tr><td></td><td colspan="2"></td><td></td></tr>
<tr><td colspan="4">SECUENCIA DIDÁCTICA</td></tr>
<tr><td colspan="4">INICIO:
1.</td></tr>
</table>

DESARROLLO:

1.

APLICACIÓN

1.

EVALUACIÓN O CIERRE:

1.

CRITERIOS DE EVALUACIÓN: (¿Cuándo?, ¿Qué?, ¿Cómo?, ¿Para qué?)

- Se sugiere elaborar una escala estimativa para registrar el cumplimiento individual de saberes actitudinales.

  1. Siempre 2. Casi Siempre 3. Requiere Mejorar

Ejemplo:

Actitudes Alumno	Respeto	Profesionalismo	Nivel de ajuste al enfoque en derechos Humanos

OBSERVACIONES:

MATERIALES DE APOYO: (LIBROS, MATERIAL DIDÁCTICO)

IV. CONCLUSIÓN

Si bien la educación es el mejor medio para lograr la modificación de comportamientos más o menos persistentes en el tiempo, es necesario que las intervenciones psicoeducativas se centren en el cambio conceptual, cuando se trata de contenidos de naturaleza disciplinar y que se espera que el individuo que participa en la intervención interactue en contextos cotidianos haciendo o hablando con un enfoque en Derechos Humanos.

Se considera que la educación puede influir en las creencias de las personas al otorgar conocimientos respecto a un tema, dichas creencias son afectadas por los conocimientos, es decir, si las creencias se corresponden a los conocimientos entonces las personas seguirán actuando con respecto a ellas, si no se corresponden es probable que las personas acepten el conocimiento o lo rechacen, si lo aceptan el conocimiento nuevo generará un elemento más al repertorio conductual teniendo así la posibilidad de un comportamiento diferente, para lo cual es necesario producir un cambio conceptual.

Por otro lado si logramos que las personas puedan contrastar sus creencias respecto a lo que son los Derechos Humanos y la manera que se espera que una persona se comporte en un enfoque de Derechos Humanos, podremos generar un proceso de reflexión y de ajuste de su conducta al realizar un análisis de sus saberes previos con la información nueva en un proceso de transferencia y aplicación a situaciones hipotéticas.

Asimismo, en la medida que los individuos conozcan los Derechos Humanos y las características de comportamiento que exige un enfoque en Derechos Humanos, entonces podríamos generar repertorios conductuales que se ajusten funcionalmente a dicho enfoque, desarrollando en los individuos competencias en comportamientos con enfoque de Derechos Humanos.

A manera de epílogo podemos decir que un intervención de este tipo buscará que las personas al desarrollar competencias en Derechos Humanos sean capaces de cuestionar y transformar las realidades que los rodean, es decir transferir o que se aprende para que se pueda comportar en cualquier contexto con un enfoque en Derechos Humanos, con lo que concordamos con Hannah Harendt[19] cuando

---

[19] H. Arendt. Entre el pasado y el futuro: ocho ejercicios sobre la reflexión política. Península. 1996, p. 160.

afirma que "la educación tiene el poder de liberar a las personas de la tiranía de lo dado, es decir, de las estructuras y tradiciones" en nuestro caso para poder cambiar las estructuras sociales creadas antes de la Declaratoria de los Derechos Humanos.

Otro supuesto es que las personas que sean intervenidas desde nuestra propuesta teórica podrá identificar claramente cuando se está afectando la dignidad de alguna o algunas personas en su entorno, por lo que de acuerdo con Freire la educación puede ser un medio para desarrollar la conciencia crítica y un compromiso con la transformación social[20] para poder implementar un enfoque en Derechos Humanos en diferentes instituciones como las escuelas del sistema educativo mexicano.

Por lo tanto podemos afirmar que la educación es fundamental para la construcción de una ciudadanía activa y comprometida con los derechos humanos[21] Al proporcionar a las personas los conocimientos, habilidades y valores necesarios para participar de manera informada y responsable en la vida pública, la educación les capacita para ser agentes de cambio y promotores de una sociedad más justa e inclusiva[22].

V. REFERENCIAS

A. D. Torres, M. Badillo, N. O. Valentín y E. T Ramírez. Las competencias docentes: el desafío de la educación Superior. *Innovación Educativa,* Volumen 14, Número 66. 2014. 129-146.

A. Magendzo. Educación en derechos humanos: un desafío para los docentes de hoy. LOM Ediciones. 2006.

A. Martínez. "Análisis de las competencias en las prácticas escolares de Grado en Educación Infantil". *Revista de Educación Inclusiva,* Volumen 6, Número 2. 2013. 21-39.

---

20 P. Freire. Pedagogía del oprimido. Siglo XXI Editores. 2005.

21 A. Magendzo. Educación en derechos humanos: un desafío para los docentes de hoy. LOM Ediciones. 2006.

22 Amnistía Internacional. *Educación en derechos humanos: todo lo que necesitas saber.* 2022.

Amnistía Internacional. *Educación en derechos humanos: todo lo que necesitas saber*. 2022. https://www.es.amnesty.org/en-queestamos/blog/historia/articulo/educacion-en-derechos-humanos-todo-lo-que-necesitas-saber/

Asamblea General de la ONU. *Declaración Universal de los Derechos Humanos*. (217 [III] A). París, 1948.

C. Berríos, Creencias epistémicas, metacognición y cambio conceptual. *Revista de Estudios y Experiencias en Educación*, Volumen 18, Número 37. 2019. 129-140. *doi: 10.21703/rexe.20191837berrios3*

C. Borja, P. García y R. Hidalgo. *El enfoque basado en derechos humanos: Evaluación e indicadores. Red En Derechos* 2011. www.redenderechos.org/webdav/publico/ evaluacionEBDH_FINAL.PDF.

C. Peñuela. "La mayéutica como estrategia en el proceso de asesoría académica". *Educ@ción en contexto*, Volumen 2, Número 5. 2017. 78-94.

Constitución Política de los Estados Unidos Mexicanos [Const.] Art. 1. 10 de junio de 2011. (México).

Constitución Política de los Estados Unidos Mexicanos [Const.] Art. 3. 10 de junio de 2011. (México).

G. Raynaudo y O. Peralta. "Cambio conceptual: una mirada desde las teorías de Piaget y Vygotsky". *Liberabit*, Volumen 23, Número 1, 2017. 137-148. ihagttepts: y//dVoyig.ortgsk/1y0.24265/ liberabit.2017.v23n1.10

G. Ryle. *El concepto de lo mental*. Paidós. 2005.

Grupo de las Naciones Unidas para el Desarrollo Sostenible. *Enfoque para la programación basado en los Derechos Humanos*. Grupo de las Naciones Unidas para el Desarrollo Sostenible. 2019. https://unsdg.un.org/es/2030-agenda/universal-values/human-rights-based-approach

H. Arendt. Entre el pasado y el futuro: ocho ejercicios sobre la reflexión política. Península. 1996.

I. E. Sigel. A conceptual analysis. Of beliefs. En I. E. Sigel (Ed.) *Parental belif. Systems: The psychological concequences. For children*. Erlbaum. 1985

J. J. Irigoyen, M. Y. Jiménez y K. F. Acuña. "Discurso Didáctico e Interacciones Sustitutivas en la Enseñanza de las Ciencias". *Enseñanza. E Investigación en Psicología*, Volumen 21, Número 1. 2016. 68-77.

M. A. Gluck, E. Mercado y C. E. Myers. *Aprendizaje y memoria. Del cerebro al comportamiento*. MacGraw-Hill Educación. 2009

P. Aguilar y A. Oktaç. "Generación del conflicto cognitivo a través de una actividad de criptografía que involucra operaciones binarias". *Revista Latinoamericana de Investigación en Matemática Educativa*, Volumen 7, Número 2, 2004, 117-144.

P. Freire. Pedagogía del oprimido. Siglo XXI Editores. 2005.

La Tecnología Blockchain como un Mecanismo de Confianza en Pro de la Democracia

GERARDO ENRIQUE LUPIÁN MORFÍN[1]

SUMARIO: I. INTRODUCCIÓN. II. LA DEMOCRACIA Y EL ESTADO DE DERECHO. III. DESAFÍOS Y DEBILIDADES EN LOS SISTEMAS DE VOTACIÓN TRADICIONALES. IV. LA CONFIANZA EN LA TECNOLOGÍA BLOCKCHAIN. V. LA BLOCKCHAIN. VI. VENTAJAS DEL USO DE BLOCKCHAIN EN PROCESOS ELECTORALES. VII. INNOVACIONES TECNOLÓGICAS EN EL PROCESO ELECTORAL CON EL USO DE BLOCKCHAIN. VIII. CONSIDERACIONES ÉTICAS Y RIESGOS LATENTES. IX. CONCLUSIONES. X. REFERENCIAS.

---

1 Doctor en Derecho Público Global por la Universidad Autónoma de Barcelona, cuenta con un Master en Seguridad y Prevención por la misma Universidad. Es Maestro en Derecho Corporativo por la Universidad de Guadalajara y Licenciado en Derecho por la Universidad Panamericana. Miembro del Sistema Nacional de Investigadores Nivel I. Es Consejero Académico de la División de Ciencias Sociales, Jurídicas y Humanas del Cutonalá ante el H. Consejo General Universitario de la Universidad de Guadalajara. Profesor e Investigador de Tiempo Completo en el Departamento de Ciencias Jurídicas, Maestría en Derecho y Doctorado en Derecho de la Universidad de Guadalajara. Profesor de cátedra en el Departamento de Derecho y en la Escuela de Negocios del Tec de Monterrey campus Guadalajara. Sus líneas de investigación son: Derecho de Comercio Internacional y Derecho Corporativo Internacional. Autor del libro: "Smart Contracts y Blockchain. Una nueva realidad contractual internacional", Tirant Lo Blanch, México, 2023 y coautor del libro: "Derecho del Comercio Internacional Méxicano", Tirant Lo Blanch, México, 2024. Ha publicado artículos en revistas especializadas e indexadas de diferentes países, entre ellos España, en la Revista Catalana de Dret Públic.

I. INTRODUCCIÓN

El proceso democrático, piedra angular de la gobernanza moderna, depende en gran medida de la integridad de los sistemas de votación. En el panorama contemporáneo, los sistemas de votación tradicionales se enfrentan a desafíos como vulnerabilidades a la manipulación, falta de transparencia y preocupaciones sobre la seguridad de los datos. El imperativo de elecciones seguras y transparentes se ha vuelto más necesario que nunca, lo que requiere un cambio de paradigma en la forma en que llevamos a cabo y percibimos los procesos electorales[2].

El voto es un aspecto crítico de cualquier sociedad democrática, ya que permite a los ciudadanos expresar sus opiniones y elegir representantes para gobernarlos. Sin embargo, desafortunadamente los sistemas de votación tradicionales son propensos al fraude y a la manipulación, lo que puede generar dudas sobre la legitimidad de los resultados electorales. Los métodos convencionales, que van desde las papeletas de voto hasta las máquinas de votación electrónica, son susceptibles a la manipulación, al fraude y a los desafíos logísticos. Los casos de piratería informática, las campañas de desinformación y dudas sobre la exactitud de los resultados electorales han subrayado la urgencia de reevaluar y fortalecer los cimientos de nuestra infraestructura electoral. La aparición de nuevas tecnologías como blockchain ha abierto nuevas posibilidades para sistemas de votación seguros, transparentes y verificables[3].

A medida que el mundo está cada vez más conectado, la tecnología desempeña un lugar más importante en nuestras vidas. La tecnología está teniendo un gran impacto en la democracia, per-

---

[2] V. Mattila, Rico Pang, Md Ahbab. *Blockchain In Voting: Secured and Transparent Electronic Voting Systems,* UN1TY Ventures LLP, 128 City Rd, London EC1V 2NX, UK © 2023 UN1TY Ventures LLP, p.2.

[3] https://www.bsvblockchain.org/news/blockchain-democracy-and-accountable-citizens, consultada el 11 de mayo de 2024.

mitiendo un mayor acceso a la información, así como una comunicación más eficiente entre los ciudadanos y sus representantes. La tecnología ha permitido a los ciudadanos estar más informados y participar en el proceso político, permitiéndoles responsabilizar a sus representantes y participar en el proceso de toma de decisiones[4].

Últimamente la tecnología blockchain ha sido propuesta como una posible respuesta a una variedad de desafíos en materia de derechos humanos. Por lo tanto, si la tecnología blockchain tiene el potencial de revolucionar industrias y sistemas, ésta ¿podrá incluir la forma en que se pueda garantizar el estado de derecho, proteger realmente la libertad de expresión y llevar a cabo elecciones justas, en pro de la democracia? Esta tecnología tiene muchos beneficios potenciales en nuestra vida diaria. Para saber si la blockchain, realmente se puede considerar como un mecanismo de confianza en favor de la democracia, primero debemos comprender cómo está conformada, conocer el funcionamiento de ésta, cuáles son sus principales beneficios y cómo se clasifica.

El presente capítulo explorará los beneficios de la tecnología blockchain a favor de la democracia, imaginando un futuro en el que las elecciones no sólo sean seguras y transparentes sino también accesibles y tecnológicamente avanzadas.

II. LA DEMOCRACIA Y EL ESTADO DE DERECHO

La democracia es una forma de gobierno en la que el pueblo tiene el poder de elegir a sus gobernantes y tomar decisiones para el bien común de la sociedad. En una democracia, los ciudadanos tienen derecho a votar, a ser elegidos, a expresar sus opiniones y participar en el proceso político. Además, las democracias se basan en el cumplimiento de la ley, la libertad de expresión para

---

4 https://www.intelligenthq.com/blockchain-the-angel-of-democracy/,-consultada el 11 de mayo de 2024.

tener unas elecciones libres y justas. La democracia participativa se ha convertido en un ideal cada vez más buscado por las sociedades modernas. Se busca ir más allá de la elección de representantes, apostando por un modelo donde la ciudadanía tenga un rol activo y permanente en la toma de decisiones[5]. El estado de derecho, es el principio de que todas las personas, independientemente de su posición o poder, gocen de la misma protección ante la ley, la cual se debe aplicar de manera equitativa y con apego a los derechos humanos. Esto significa que nadie debería estar por encima de la ley y que todas las personas deben ser tratadas por igual ante ésta.

En este orden de ideas, el estado de derecho requiere que el gobierno sea transparente y responsable ante sus ciudadanos, rindiéndoles cuentas, aunado a que los gobernantes puedan ser sancionados en caso de incurrir en acciones ilícitas u omisiones. Por lo tanto, las leyes deben ser claras, eficientes y justas para proteger los derechos y libertades de sus ciudadanos, para que finalmente, el estado de derecho garantice la protección y el respeto de los derechos políticos y civiles de sus ciudadanos[6]. El estado de derecho debe ser primordial en regímenes democráticos, donde el poder estatal sea controlado por la defensa de la libertad, donde la ley es suprema y, por lo tanto, debe prevalecer por encima de todo, incluidas las instituciones gubernamentales. En tales entornos, los órganos legislativos tienen la obligación de crear normas que garanticen y respeten los derechos humanos de todas las personas, siendo responsabilidad de los funcionarios judiciales interpretar dichas reglas para garantizar que estos derechos prevalezcan, incluso sobre las expectativas de las partes involucradas en un conflicto, incluido el propio Estado.

---

5 https://cigg-usal.es/blockchain-y-su-potencial-revolucionario-en-la-democracia-participativa-una-vision-desde-el-sistema-electoral-y-el-voto-electronico/, consultada el 3 de mayo de 2024.

6 https://www.consilium.europa.eu/es/policies/rule-of-law/, consultada el 11 de mayo de 2024.

Por lo tanto, es fundamental que tanto las normas del Estado como las acciones de las autoridades que las aplican, reconozcan, promuevan y mejoren los derechos humanos[7]. La libertad de expresión, es el derecho de todas las personas a expresar sus opiniones y creencias sin temor a censura o castigo, ya sea el derecho a expresar opiniones en público, en privado o en los medios de comunicación. Además, la libertad de expresión incluye el derecho a acceder a la información y a recibir e impartir ideas e información sin interferencias, así como a protestar pacíficamente y a criticar al gobierno sin temor a represalias o a censuras.

III. DESAFÍOS Y DEBILIDADES EN LOS SISTEMAS DE VOTACIÓN TRADICIONALES

En la actualidad, los sistemas de votación tradicionales presentan desafíos y debilidades inherentes que comprometen la veracidad de las elecciones. Los sistemas basados en papel son susceptibles a errores, manipulación intencional y problemas logísticos, mientras que las máquinas de votación electrónica enfrentan preocupaciones con respecto a la seguridad, la verificabilidad y el potencial de amenazas cibernéticas. Los casos de manipulación de votos, tabulaciones inexactas y mal funcionamiento de los sistemas han oscurecido la confiabilidad en estos sistemas, deteriorando la confianza pública en el proceso electoral. Las debilidades de los sistemas de votación tradicionales se ven aún más agravadas por el auge de las tecnologías digitales, que crean nuevas vías para la interferencia, la desinformación y los ciberataques. Las amenazas a la confidencialidad y la integridad de los datos de los votantes han aumentado la urgencia de un cambio de paradigma en la forma

---

7 P. I. de la R. Rodríguez, *Criminal Justice, Due Process and the Rule of Law in Mexico. Mexican law review, 11*(2), 147-171, 2019, Epub 06 de enero de 2020.https://doi.org/10.22201/iij.24485306e.2019.1.13131, consultada el 11 de mayo de 2024.

en que se llevan a cabo las elecciones, lo que requiere soluciones innovadoras que puedan resistir los desafíos de la era digital[8].

IV. LA CONFIANZA EN LA TECNOLOGÍA BLOCKCHAIN

En los últimos años, la gente ha experimentado la pérdida de la confianza en los principales pilares de la democracia, los sistemas de votación y la elección.

La confianza es la base para el inicio de una verdadera democracia, en el caso del éxito de ésta, dependerá en la mayoría de los casos en que los acuerdos sean cumplidos por las partes. Hoy en día existen distintos mecanismos para garantizar el cumplimiento de los acuerdos. Una posibilidad podría ser aceptar acuerdos de palabra, confiando plenamente en la ética de las partes al actuar, teniendo como ventaja que no se requieran instituciones ni coerción para el cumplimiento de los acuerdos. Pero existe una gran limitante: es extremadamente difícil conocer a la gente lo suficiente para confiar en que harán lo correcto sin que vayan a romper el cumplimiento de su palabra. Existen otros mecanismos como la reputación, y el establecimiento de garantías[9].

De acuerdo con Preukschat, uno de los fundamentos de la tecnología blockchain es la confianza; ya que en términos generales, la blockchain es una base de datos que se encuentra distribuida entre diversos participantes, la cual no puede ser alterada o será muy difícil, debido a que está protegida criptográficamente y

---

8 V. Mattila. *op. cit.* p. 3.

9 En R. Ellickson, *Order Without Law: How Neighbors Settle Disputes,* Cambridge: Harvard University Press, 1991, Ellickson estudia cómo los rancheros de ganado del condado de Shasta, California, ejecutan sus promesas. Ellickson categoriza algunas de las restricciones para el comportamiento: ética personal, contratos, normas, reglas organizacionales y leyes.

organizada en bloques[10] de transacciones relacionadas entre sí. Siendo el consenso descentralizado[11] el elemento más importante, ya que todos los participantes deben confiar en la información que se encuentra almacenada en éste[12].

El panorama contemporáneo exige una reinvención de los sistemas de votación, impulsada por el imperativo de innovación y la integración de tecnologías avanzadas. La necesidad de abordar las vulnerabilidades de los sistemas tradicionales y mejorar la integridad general de las elecciones nunca ha sido más apremiante. En este contexto, la tecnología blockchain emerge como una fuerza disruptiva capaz de remodelar las bases de los procesos electorales. La manera en cómo se conforma y funciona la blockchain, es la razón por la que ofrece una solución única a los desafíos que afectan a los sistemas de votación tradicionales. Al proporcionar una plataforma transparente y segura para registrar y verificar votos, blockchain tiene el potencial de restaurar la confianza en el proceso electoral.

---

10 "Cada bloque contiene un *hash* o huella digital del conjunto de transacciones que en el mismo se almacenan, así como el *hash* del bloque anterior, lo que impide que un bloque pueda ser alterado o pueda ser insertado entre dos bloques preexistentes": F. Tur, *Smart Contracts* Análisis Jurídico, Reus, Madrid, 2018, p. 35.

11 Véase Cong, and Zhiguo, *Blockchain Disruption and Smart Contracts,* December 27, 2018. Disponible: SSRN: https://ssrn.com/abstract=2985764 or http://dx.doi.org/10.2139/ssrn.2985764. En la obra de estos autores, se describen los conceptos mencionados anteriormente para ofrecer al lector un entendimiento completo sobre el funcionamiento de la tecnología Blockchain. Además, estos autores en su investigación identifican que el principal costo de la implementación de Blockchain en los servicios financieros, es la descentralización de la información. Al final de cuentas, Cong y Zhiguo concluyen que el beneficio de utilizar la cadena de bloques es mayor que los costos que se podrían vincular a los comportamientos anticompetitivos.

12 A. Preukschat, *Los fundamentos de la tecnología blockchain*, en A. Preukschat et alii (coords.).: *Blockchain: La Revolución Industrial de Internet,* Centro Libros PAPF, S.L.U, Barcelona, 2017, p. 23.

La tecnología blockchain genera de manera única una minimización de la confianza al reemplazar los métodos tradicionales, como los apretones de manos y la reputación de la marca, con garantías basadas en el código, la criptografía y el consenso descentralizado. La verdad criptográfica, sustenta la minimización de la confianza en la informática de fondo para aplicaciones y mantenimiento de registros. Al igual que otros autores[13], visualizo a la tecnología blockchain como una herramienta para restaurar la confianza.

V. LA BLOCKCHAIN

El término tecnología blockchain[14] (cadena de bloques, en adelante, blockchain) se asocia recientemente con Satoshi Nakamoto[15], aunque su origen se remonta a la década de los noven-

---

[13] A. Tapscott, *Blockchain Democracy: Government of the People, by the People, for the People*, 2016 https://www.forbes.com/sites/alextapscott/2016/08/16/blockchain-democracy-government-of-the-people-by-the-people-for-the-people/#6fde228c4434, consultada el 10 de marzo de 2024; L. Shin, *New Initiative Aims to Eliminate Corruption with Blockchain Technology*, 2016, https:// www.forbes.com/sites/laurashin/2016/06/20/new-initiative-aims-to-eliminate-corruption-with-blockchain-technology/#4c7f48413094, consultada el 10 de marzo de 2024; G. Lupián. *"Blockchain y Smart Contracts. Una nueva realidad contractual internacional"*, Tirant Lo Blanch, México, 2023.consultada el 10 de marzo de 2024.

[14] La blockchain, es una cadena de bloques, cada uno de esos bloques contiene la información catalogada de una transacción en la red, cada bloque de la cadena porta el paquete de transacciones y dos códigos, uno que indica cuál es el bloque que lo precede, y otro para el bloque que le sigue, es decir, que están entrelazados o encadenados por lo que se llaman "Códigos Hash". J. Valencia, *Contratos Inteligentes,* RITI Journal, Vol. 7, 14, Julio-Diciembre, 2019, p. 3.

[15] Descrito por primera vez en el libro blanco llamado "*Bitcoin: A Peer-to-Peer Electronic Cash System*", en donde propuso una solución técnica para realizar transacciones entre dos agentes sin contar con la intervención de un tercero que valide la transacción. Nakamoto, S.: *Bitcoin: a Peer-to-Peer Electronic Cash System,* Cryptography Mailing list, 2008, pp.1-9.

tas. Blockchain, en términos generales, se presenta como sistema computacional por medio de códigos de programación que junto a una encriptación y algunas particularidades propias al objetivo principal del diseño, conforman una red descentralizada y distribuida. Se trata de un software de arquitectura distribuida que no cuenta con un punto de integración central de control, funciona como un conector cuyos atributos son el rendimiento y la calidad resultantes. Es un sistema eficiente frente a otras soluciones por su seguridad, escalabilidad y sostenibilidad[16].

Cuando hablamos de Blockchain[17], es frecuente confundir este concepto con el de *Distributed Ledger Technology* (DLT, por sus siglas en inglés). Generalmente se tiende a pensar que ambas son lo mismo, pero la relación entre éstas podría describirse para efectos prácticos, como una relación género-especie, donde blockchain es un tipo de DLT. Una DLT es una simple base de datos que es gestionada por los participantes que la crean y se encuentra descentralizada. Esto se traduce en una ventaja respecto a anteriores sistemas de registro de datos, pues una DLT aumenta la transparencia de la información que es registrada, dificultando cualquier tipo de manipulación o fraude y, por tanto, siendo más complicada de hackear. Blockchain es un tipo de DLT con características particulares, por lo que en cada bloque se anota una determinada transacción, que estará encriptada, que quedará registrada y no podrá verse alterada o modificada si no se tiene permiso.

De acuerdo con Fetsyak[18], definimos a la blockchain como una base de datos

---

Disponible en: <https://bitcoin.org/bitcoin.pdf>. Consultada el 10 de julio de 2020.

16 F. Tur. *Smart Contracts Análisis Jurídico,* Reus, Madrid, 2018.p. 30.

17 D. Monroy, *Entendimiento Blockchain, su aplicación y sus implicaciones legales y técnicas,* Revista Iberoamericana de Derecho Informático (Segunda Época) Federación Iberoamericana de Asociaciones de Derecho e Informática, ISSN 2530-4496, AÑO 1, N° 8, 2020, pp. 57-58.

18 I. Fetsyak, I, *Contratos Inteligentes: Análisis Jurídico desde el marco legal español,* REDUR 18, diciembre 2020, p. 200.

descentralizada que posibilita el intercambio de información y transacciones entre iguales de persona a persona (en inglés y en adelante, *peer-to-peer* o *P2P*) sin la necesidad de contar con ningún intermediario. Esta base de datos se compone en numerosas computadoras o "nodos" que operan de forma coordinada, haciendo que los datos de dicha red tengan carácter público, accesible y descentralizado entre todos los usuarios, pudiendo éstos acceder desde múltiples lugares; de modo que toda información debe obtener un consenso total entre todos los usuarios para poder entrar formar parte de la cadena de bloques, creándose un nuevo bloque, debidamente identificado mediante el *hash* que recoge tanto la información nueva como los datos ya existentes en bloques anteriores; creándose, en definitiva, una cadena de bloques cuyo contenido es prácticamente inmodificable.

Que todos los usuarios o nodos tengan una copia de todos los bloques, evita que la información contenida en los mismos esté exclusivamente en manos de una autoridad central que actúe como garante e intermediaria de la verificación de la nueva información, haciendo de la blockchain un sistema incorruptible[19]. Una vez que se almacena la información de las transacciones en la blockchain, la información sobre éstas no podrá ser borrada, creándose de esta forma un historial verificable e inmutable de cada transacción hecha.

En el contexto de la votación, blockchain puede ayudar a garantizar la integridad del proceso al crear un registro a prueba de manipulaciones de todos los votos emitidos. Cada voto se registra como una transacción en blockchain, verificada por una red de nodos. Esto hace que sea prácticamente imposible que una sola parte altere los resultados sin ser detectado[20].

---

19 Ídem.

20 https://www-bsvblockchain-org.translate.goog/news/blockchain-democracy-and-accountable-citizens?_x_tr_sl=en&_x_tr_tl=es&_x_tr_hl=es-419&_x_tr_pto=sc&_x_tr_hist=true, consultada el 11 de mayo de 2024.

1. Conformación y Funcionamiento de la Blockchain

De acuerdo con Centeno, la blockchain está conformada por: (i) una red P2P, la cual se encarga de conectar a los nodos, quienes a su vez se encargarán de registrar e implementar los algoritmos criptográficos; (ii) éstos, se encargan de crear los bloques, que a su vez están compuestos por la información suministrada por las transacciones hechas, creando así una blockchain que será distribuida entre todos los usuarios de la red; (iii) un registro distribuido de transacciones , el cual permite dispensar de un sistema de registro centralizado, brindando un medio más eficiente en tiempo y costos, y (iv) un consenso descentralizado, mediante el cual los integrantes de la red acepten la uniformidad de las transacciones hechas[21].

El consenso descentralizado permite la regularidad de funcionamiento con respecto a las transacciones hechas y procesadas en la red, la adaptación de las blockchains a un parámetro que garantice la similaridad entre dichos bloques, y el sometimiento de este sistema a un conjunto de normas que, una vez cumplidas, aseguran, avalan y certifican que se realizó la transacción, quedando registrada dicha transacción en el sistema. De acuerdo a los expertos, una vez que la información esté en la blockchain, esta información no puede ser borrada o sería extremadamente difícil, sólo se podrán añadir nuevos registros, y no será legitimada a menos que la mayoría de los bloques se pongan de acuerdo para hacerlo[22].

En este orden de ideas, la descentralización permite que los usuarios se encuentren unidos los unos a los otros mediante el uso de técnicas criptográficas, cuya manipulación resulta impo-

---

21 R. Centeno, *Introducción a la blockchain, a los contratos inteligentes* y a la aplicabilidad del arbitraje a esta tecnología, AVANI, N° 1, 2020, Venezuela, p. 488.

22 https://www.imnovation-hub.com/es/transformaciondigital/que-es-blockchain-ycomo-funciona-esta-tecnologia/, consultada el 15 de diciembre de 2021.

sible o casi imposible si se contemplaran las manipulaciones *off-chain* o fuera de la red[23].

Por lo tanto, la blockchain proporciona una base de datos distribuida inmutable[24] y públicamente, conformando un sistema abierto que potencia la confianza a través de la transparencia y la solidez de la técnica de su construcción. No obstante, esta tecnología provoca escepticismo, planteando varias incógnitas como: ¿en qué se basa? ¿Qué elementos lo integran? ¿Cuál es su grado de fiabilidad? ¿para qué puede emplearse? ¿Qué ventajas trae su uso?

Las preguntas en torno a la blockchain, poco a poco con el paso del tiempo se han estado respondiendo y se seguirán contestando con los avances tecnológicos, lo que en un primer momento parecía no ser confiable, está siendo una tecnología disruptiva. En la actualidad, se espera que llegue el momento en que su uso pueda contribuir al desarrollo de la sociedad, y una mejora en la vida cotidiana, alcanzando el éxito en sectores que contribuyan al desarrollo de la salud, el económico, ambiental, educativo, del entretenimiento, jurídico, así como el de garantizar un verdadero estado de derecho en una sociedad democrática.

La joya de la corona de la blockchain para alcanzar la máxima seguridad es la creación del proceso de los mineros[25], éstos son

---

23 D. Monroy, *op. cit.* p. 57.

24 Lo que se plasma en el blockchain no puede desaparecer jamás. Blockchain es un registro inmutable y permanente. Se trata de una base de datos que solo permite escritura. No se puede modificar ni borrar nada de ello, solo añadir, y todo ello bajo consenso. P. F. BURGUEÑO, *Icemd*, 2017. Recuperado de: https://www.icemd.com/digitalknowledge/articulos/blockchain-crear-contenidoinmortal/, consultada el 15 de diciembre de 2021.

25 R. Dolader, C. Bel, R. J. Muñóz, *La Blockchain: Fundamentos, Aplicaciones y Relación con otras Tecnologías Disruptivas,* Universidad Politécnica de Catalunya, p. 34. https://www.mincotur.gob.es/Publicaciones/Publicacionesperiodicas/EconomiaIndustrial/RevistaEconomiaIndustrial/405/DOLADER,%20BEL%20Y%20MU%C3%91OZ.pdf, consultada el 16 de diciembre de 2021.

computadoras que forman parte de la cadena, cuya función esencial es la creación de nuevos bloques y los cuales desarrollarán un trabajo computacional muy estricto para validar y garantizar cada bloque de información, este esfuerzo en el lenguaje matemático se le denomina "proof of work", (en adelante, POW). De manera particular, para que un bloque sea aceptado, el minero tiene que ser el primero en completar una POW para el siguiente bloque de la blockchain.

Para Preukschat[26], la tecnología blockchain tiene cuatro elementos básicos, los cuales se describen a continuación:

- **Un nodo:** Es una computadora ya sea personal. Lo importante es que todos los nodos deben hablar el mismo lenguaje, es decir, deben tener el mismo protocolo para comunicarse entre sí.
- **Un protocolo estándar:** Es un software informático que hace posible que la red de nodos se puedan comunicar entre sí; dicho protocolo debe ser un estándar común; entre ellos los más conocidos TCP/IP61[27] para internet o el SMPT para el intercambio de correos electrónicos.
- **Una red entre pares o P2P**: Se trata de una red de computadoras que se conectan de manera directa en una misma red.
- **Un sistema descentralizado**: Un sistema en el cual, toda la información está controlada por todos los nodos, los cuales son iguales entre sí; de modo que no hay jerarquía entre ellos.

---

26 A. Preukschat, *op. cit.* pp. 24-26.

27 TCP/IP son las siglas de Transmission Control Protocol/Internet Protocol (Protocolo de control de transmisión/Protocolo de Internet). TCP/IP es un conjunto de reglas estandarizadas que permiten a los equipos comunicarse en una red como Internet. https://www.avast.com/es-es/c-what-is-tcp-ip, consultada el 29 de marzo de 2022.

En pocas palabras, la blockchain mediante un protocolo informático de código abierto, permite la gestión de bases de datos de forma descentralizada, sin tener que contar con una autoridad actúe como garante o intermediaria[28].

VI. VENTAJAS DEL USO DE LA BLOCKCHAIN EN PROCESOS ELECTORALES

Podemos mencionar los siguientes beneficios de esta tecnología[29]:

- **Descentralización**: El registro de todas las transacciones se distribuye entre todos los nodos que participan en la red. Los sistemas centralizados son vulnerables a un único punto de falla, lo que los hace susceptibles a manipulación y acceso no autorizado. Blockchain, sin embargo, opera en una red descentralizada de nodos, lo que garantiza que ninguna entidad tenga control sobre todo el sistema, esta descentralización mejora la seguridad, la resiliencia y la solidez general de la red. Por lo tanto, el registro de votos en una cadena de bloques establece una cadena inalterable, con cada voto incrustado de forma segura en un bloque. Esta naturaleza a prueba de manipulaciones mitiga significativamente los riesgos asociados con alteraciones maliciosas de los registros de votación, garantizando así la exactitud y autenticidad del resultado electoral. La naturaleza descentralizada y distribuida de blockchain actúa

---

28 N. Porxas y M. Conejero, *Tecnología Blockchain: funcionamiento, aplicaciones y retos jurídicos relacionados*. Actualidad Jurídica Uría & Menéndez, núm. 48, 2018, pp. 24-36.

29 R. Centeno, *op. cit.* p. 488. El desarrollo de la cadena de bloques se ha construido sobre pilares fundamentales para garantizar la integridad del sistema, los desarrolladores se han comprometido con el cumplimiento de estándares éticos acordes con los Derechos Humanos, inspirados en el espíritu colaborativo de la comunidad. D. Tapscott, & A. Tapscott, *La Revolución Blockchain,* Segunda ed., J. M. Salmerón, Trad., Barcelona: Deusto, 2017.

como una salvaguardia contra la posible manipulación por parte de cualquier entidad o actor malicioso, fortaleciendo el proceso electoral contra el fraude y la manipulación de una manera hasta ahora incomparable[30].

- **Transparencia:** Todos los que participan en la red pueden acceder a las transacciones registradas, y nadie puede cambiar los datos de éstas. Cada nodo tiene una copia de toda la cadena de bloques, lo que permite la verificación de las transacciones en tiempo real. Esta transparencia reduce el potencial de fraude, ya que la red puede identificar y abordar fácilmente cualquier discrepancia. Las cadenas de bloques públicas llevan la transparencia un paso más allá al hacer que todo el libro sea visible para cualquiera, fomentando la responsabilidad y la confianza.
- **Autonomía:** Debido a que no necesita de un sistema centralizado, sino que se puede sustentar por el funcionamiento de los nodos que trabajan bajo un protocolo computarizado, es de funcionamiento autónomo.
- **Seguridad:** Los algoritmos criptográficos cumplen con asegurar la información con la cual se produce la blockchain. Dichos algoritmos criptográficos son establecidos por los usuarios y el sistema de consenso que gobierna a los participantes de la red. La inmutabilidad y el carácter descentralizado de blockchain garantizan la seguridad e integridad del voto electrónico, evitando la manipulación o el fraude así como la congestión del sistema de procesamiento de datos, y su interfaz en el sistema de conteo, planteando la efectividad y transparencia en la información así como el dinamismo en la integración en la obtención y publicación de resultados de forma agil, dinamica, trazable, fiable y transparente[31].

---

30 V. Mattila. *op. cit.*

31 https://cigg-usal.es/blockchain-y-su-potencial-revolucionario-en-la-democracia-participativa-una-vision-desde-el-sistema-electoral-y-el-voto-electronico/, consultada el 31 de mayo de 2024.

- **Eficiencia y agilidad:** La automatización del proceso de votación y conteo mediante blockchain puede significar un ahorro considerable de tiempo y recursos tanto en la estructura del conteo de votos, así como una herramienta de auditoría y seguridad en el sistema informático electoral. Los resultados electorales estarían disponibles de forma inmediata y transparente, reduciendo las tensiones y la incertidumbre durante el conteo manual, así como el dinamismo en la publicación de resultados en tiempo real[32].
- **Accesibilidad y comodidad:** El voto electrónico a través de blockchain permitiría a los ciudadanos votar desde cualquier lugar y en cualquier momento, aumentando la participación, especialmente de aquellos con dificultades para acceder a los centros de votación físicos. La identidad digital segura en blockchain eliminaría la necesidad de papeletas físicas y listas de votantes, simplificando el proceso y reduciendo el riesgo de errores, y generando transparencia y confianza en la cadena de datos así como el proceso de auditoría de los mismos.

En este orden de ideas, la blockchain nos ofrece grandes ventajas, porque se sustenta en principios matemáticos y una enorme red de nodos capaz de registrar y procesar todas las transacciones hechas en un determinado momento, suprimiendo la necesidad de un sistema centralizado que administre el proceso.

La tecnología blockchain se relaciona con su entorno mediante los *oracles* u oráculos[33], siendo éstos una red de observadores externos que comprueban los eventos producidos durante la eje-

---

32 Ídem.

33 Al respecto comenta Tur, "El desarrollador del smart contract deberá implementar en éste el código propuesto por el oráculo y establecer, además, como condiciones (if-then/ si-entonces) del programa el resultado de las consultas efectuadas al oráculo, de forma que la ejecución del mismo se llevará a efecto en uno u otro sentido, en función de la respuesta obtenida. El oráculo recibirá la consulta, en la que se

cución del contrato, responden a las instrucciones de las partes en el sistema o a eventos externos cuya existencia queda registrada, y producen automáticamente las consecuencias jurídicas programadas[34].

Votaciones con Blockchain: El uso de la blockchain para votar implica la creación de un libro de contabilidad digital de todos los votos emitidos, con cada voto registrado como un bloque en la cadena. Una vez que se registra una votación, ésta no se puede cambiar ni eliminar, lo que proporciona un registro permanente del proceso electoral y aumenta la confianza de los votantes. La votación basada en blockchain, también puede mejorar la transparencia al permitir el acceso en tiempo real a los resultados de la votación. Cada voto se puede registrar públicamente en la cadena de bloques, lo que permite a cualquiera verificar los resultados de forma independiente. Esto puede ayudar a eliminar cualquier duda o controversia en torno a los resultados electorales, así como el aumentar la confianza pública en el proceso electoral. Otro beneficio, como lo hemos estado comentando, es que puede agilizar el proceso de votación, haciendo más accesible para los votantes. La votación se puede realizar desde cualquier parte del mundo con una conexión a internet, eliminando la necesidad de colegios electorales físicos. Esto puede ayudar a aumentar la participación electoral y a reducir los costos asociados con los métodos de votaciones tradicionales[35].

Se supone que la aplicación de blockchain en la votación en línea aumentará la confianza *versus* la votación electrónica. Investigaciones recientes muestran el creciente interés en la implementación de la tecnología blockchain en la votación en línea,

---

incluirá la página URL donde consta la información y devolverá al contrato una respuesta rápida". Cfr. F. Tur, *op. cit.* p. 114

34 C. Argelich, *Smart contracts o Code is Law: soluciones legales para la robotización contractual,* In Dret, Universidad de Cádiz, 2020, p. 16.

35 https://www.bsvblockchain.org/news/blockchain-democracy-and-accountable-citizens, consultada el 13 de mayo de 2024

en los cuales se han propuesto muchos esquemas. En un artículo publicado por Hardwick[36], los autores proponen un protocolo de votación electrónica potencialmente nuevo que utiliza la cadena de bloques como una urna transparente, asimismo ofrece una descentralización limitada y permite al votante cambiar o actualizar su voto dentro del período de votación permitido, también destacan los pros y los contras del uso de la blockchain desde un punto de vista práctico, tanto en el desarrollo e implementación, así como en el uso.

Moura[37], en una conferencia, argumentó que los métodos actuales, especialmente aquellos basados en plataformas electrónicas, "proporcionan niveles insatisfactorios de transparencia a los votantes, dañando así la confianza que los votantes tienen en que los funcionarios electorales cuenten su voto, un problema conocido como confianza de los votantes", sugiriendo la modernización de las estructuras estatales mediante el uso de tecnologías emergentes.

En 2018 se probaron en algunos países sistemas de votación electrónica basados en blockchain, en la actualidad desconozco si el análisis de los resultados ya se publicaron. Por ejemplo, Corea del Sur desarrolló un sistema de votación blockchain para el sector privado que se puso a prueba en diciembre de 2018[38]. Las encuestas en las elecciones primarias de Virginia Occidental del 8 de mayo de 2018 utilizaron la primera votación dirigida por el gobierno y respaldada por blockchain en la historia de Estados Unidos de América. La plataforma de votación móvil basada en

---

36 F. Hardwick, G. Apostolos, R. Akram, K. Markantonakis, *Voting with Blockchain: An E-Voting Protocol with Decentralisation and Voter Privacy. arXiv:* 1805.10258v2 [cs. R], 2018.

37 T. Moura, A. Gomes, *Blockchain Voting and Its Effects on Election Transparency and Voter Confidence. Proceedings of the 18th Annual International Conference on Digital Government Research.* New York, NY, USA, 2017.

38 Zdnet. *South Korea to Develop Blockchain Voting System,* 2018. https://www.zdnet.com/article/ south-korea-to-develop-blockchain-voting-system/#ftag=RSSbaffb68, consultada el 12 de mayo de 2024.

blockchain solo estaba disponible para un grupo selecto de votantes[39].

Protocolo de Consenso PoW en las votaciones: La tecnología blockchain aplicada, depende en gran medida del método de verificación de la validez de los bloques. Existen varios procesos diferentes, es decir, diferentes protocolos de consenso para crear un consenso entre las partes interesadas sobre la validez de los datos inspeccionados. Son diferentes en varios aspectos, por ejemplo, entre otros, tipo y cantidad de recursos necesarios, número de "censores", etc. Un protocolo de consenso es una parte integral de la aplicación blockchain dada y, por lo tanto, la aplicación en sí depende en todos los aspectos del protocolo.

El protocolo de consenso PoW, es de los más utilizados en las aplicaciones blockchain[40]. La aplicación de este protocolo es inevitable con cada bloque, ya que proporciona claridad en las transacciones para prohibir el doble gasto de la misma moneda y el orden adecuado. Si alguien quiere alterar una transacción, se debe modificar la copia de toda la cadena de bloques y recalcular todos los PoW anteriores, mientras que todas las demás copias permanecerán sin cambios. Técnicamente, para que un fraude tenga éxito se requiere al menos la mitad de la capacidad informática total de los participantes.

Uso de la blockchain en un sistema de votación *on line*: En un sistema de votación en línea, un voto emitido equivale a una transacción. Cada transacción está adjunta a una blockchain. Con el uso de un protocolo de consenso adecuado como PoW, si se realiza una votación la blockchain no puede ser manipulada, si ésta se pierde o se añade posteriormente, como anteriormente lo seña-

---

39 Cointelegraph. *US: West Virginia Completes First Blockchain-Supported State Elections*, 2018.https://cointelegraph.com/news/us-west-virginia-completes-first-blockchain-supported-state-elections, consultada el 12 de mayo de 2024.

40 P. Racsko. *Blockchain and Democracy*, Society and Economy, Akadémiai Kiadó, Hungary, vol. 41(3), pages 353-369, September, 2019.

lamos será evidente para todos los participantes, así, el resultado final debe ser aceptado por todos, ya que pueden comprobar si hubo votos ilegales o si alguien cambió los votos y además todos los votos se contaron sólo una vez. No hay duda de que la aplicación de la tecnología blockchain puede resolver algunos problemas planteados en la práctica electoral[41].

Según los críticos de los sistemas de votación electrónica, la seguridad sólo la proporciona un proceso basado en papel, sin embargo, actualmente, los votantes no quieren esperar semanas para conocer los resultados y no hay forma de garantizar al cien por ciento la imparcialidad del proceso de recuento. Es casi imposible o muy difícil detectar fraude, cambiar un voto o añadir votos ilegítimos. La imparcialidad del sistema depende totalmente de la imparcialidad de los seres humanos participantes, y un grupo relativamente pequeño de personas responsables del conteo están en condiciones de influir en los resultados. Cuanto mayor es el número de votantes en un sistema basado en papel, la opción de hacer trampa es mayor debido a la creciente complejidad del control. La tecnología blockchain puede ser una herramienta real para una elección, sólo si se diseña e implementa de manera pragmática[42].

VII. INNOVACIONES TECNOLÓGICAS EN EL PROCESO ELECTORAL CON EL USO DE BLOCKCHAIN[43]

1. *Recuento de votos en tiempo real y resultados instantáneos*

La integración de blockchain en los sistemas de votación previene un cambio de paradigma al facilitar el recuento de votos en tiempo real y la difusión instantánea de los resultados. Esta

41 Idem.

42 Idem.

43 A. Tapscott, "*Blockchain Democracy: Government of the People, by the People, for the People*", 2016 https://www.forbes.com/sites/alextapscott/2016/

renovación de los métodos tradicionales, que implican laboriosos recuentos y consolidación manuales, es posible gracias a la naturaleza transparente y automatizada de blockchain. A medida que se emita cada voto, el sistema actualizará continuamente el recuento de votos, acelerando el proceso electoral y otorgando confianza en el público con respecto a la inmediatez y precisión de los resultados. El potencial de transparencia en tiempo real no sólo mejorará la eficiencia de las elecciones sino que también redefinirá la percepción pública, fomentando la confianza en la integridad de los resultados electorales.

2. *Métodos de verificación basados en blockchain para candidatos*

Garantizar la autenticidad y elegibilidad de los candidatos es un aspecto indispensable del proceso electoral. La integración de blockchain introduce métodos de verificación novedosos que mejorarán la credibilidad y la transparencia de la información de los candidatos. Al almacenar las credenciales, calificaciones y criterios de elegibilidad de los candidatos en una cadena de bloques, el sistema creará un registro inmutable y a prueba de manipulaciones. Esta verificación basada en blockchain garantizará que los votantes tengan acceso a información precisa y confiable sobre los candidatos, lo que reducirá el riesgo de desinformación y garantizará la integridad del proceso de selección de candidatos. A medida que la tecnología evoluciona, la verificación de candidatos basada en blockchain surgirá como una piedra angular para fortalecer los principios democráticos de los sistemas electorales.

08/16/blockchain-democracy-government-of-the-people-by-the-people-for-the-people/#6fde228c4434, consultada el 10 de marzo de 2024; L. Shin, *New Initiative Aims to Eliminate Corruption with Blockchain Technology*, 2016, https:// www.forbes.com/sites/laurashin/2016/06/20/new-initiative-aims-to-eliminate-corruption-with-blockchain-technology/#4c7f48413094; G. Lupián. "Blockchain y Smart Contracts. Una nueva realidad contractual internacional", Tirant Lo Blanch, México, 2023.consultada el 10 de marzo de 2024.

3. Incorporación de Smart Contracts de votación en procesos electorales

La incorporación de los *smart contracts de votación*, representa un avance fundamental en la automatización y seguridad de los procesos electorales. Los *smart contracts*[44], pueden automatizar varias etapas del ciclo electoral, desde el registro de votantes hasta la tabulación de resultados. Estos contratos operan en base a reglas predefinidas, lo que garantiza la transparencia y minimiza la necesidad humana. Con la implementación de *smart contracts de votación* mejorará la eficiencia de los procesos electorales, reducirá el potencial del error humano e introducirá un nivel de automatización que agilizará todo el ciclo de vida electoral. A medida que la tecnología blockchain madure, la integración de smart contracts estará lista para redefinir los procedimientos estándares de las elecciones, promoviendo la precisión, la transparencia y la confianza pública.

VIII. CONSIDERACIONES ÉTICAS Y RIESGOS LATENTES

La adopción de blockchain en las votaciones, introduce una serie de consideraciones éticas y riesgos latentes que requieren un examen cuidadoso. Las preocupaciones sobre la privacidad, en particular el equilibrio entre transparencia y anonimato de los votantes, destacan como una consideración ética. Garantizar que la tecnología respete la secrecía del voto y al mismo tiempo mantenga la transparencia inherente a las transacciones, la blockchain requerirá una deliberación delicada. Los riesgos latentes incluyen la amenaza de la concentración del poder en manos de unas pocas entidades, el riesgo de manipulación tecnológica, así como la posibilidad de sesgos involuntarios en los algoritmos que sustentan los sistemas de votación basados en blockchain. Las consideraciones éticas se extienden a las cuestiones de acceso, asegu-

---

44 Véase G. Lupián. *Blockchain y Smart Contracts. Una nueva realidad contractual internacional*, Tirant Lo Blanch, México, 2023.

rando que la tecnología no excluya inadvertidamente a ciertos grupos demográficos o comunidades del proceso electoral. Lograr un equilibrio entre los beneficios potenciales de blockchain y estas consideraciones éticas es fundamental para construir un marco electoral confiable e inclusivo[45].

IX. CONCLUSIONES

La unión de la tecnología blockchain con los principios democráticos equilibrará la relación entre los ciudadanos y su derecho a participar en el proceso electoral, augurando un futuro en el que los cimientos mismos de la confianza y la integridad en los sistemas democráticos se fortalecerán a través de los atributos inherentes de blockchain.

Blockchain tiene el potencial de revolucionar la forma en que se llevan a cabo los procesos electorales y la participación ciudadana, fortaleciendo la democracia y aumentando la transparencia, la eficiencia y la accesibilidad, sin embargo, es necesario superar algunos retos importantes, como el desarrollo de la infraestructura tecnológica, la creación de un marco legal adecuado y la generación de confianza social. Si se logran superar estos desafíos, blockchain puede convertirse en una herramienta fundamental para construir una democracia más participativa, inclusiva y efectiva[46].

La exploración continua, guiada por un espíritu de innovación, es esencial para superar obstáculos, anticipar posibles peligros y garantizar que los sistemas de votación basados en blockchain evolucionen junto con los valores sociales y los avances tecnológicos.

---

45 V. Mattila. *op. cit.*

46 https://cigg-usal.es/blockchain-y-su-potencial-revolucionario-en-la-democracia-participativa-una-vision-desde-el-sistema-electoral-y-el-voto-electronico/, consultada el 24 de mayo de 2024

Si bien blockchain y otras tecnologías ayudarán a impulsar las sociedades democráticas, en última instancia son las personas que votan las que aún deben tomar medidas y rendir cuentas.

A medida que se desarrolla la tecnología blockchain, se ampliarán sus aplicaciones para resolver otras cuestiones de derechos humanos.

X. REFERENCIAS

Argelich, C. *Smart contracts o Code is Law: soluciones legales para la robotización contractual,* In Dret, Universidad de Cádiz, 2020.

Burgueño, P. *Icemd,* 2017. Recuperado de: https://www.icemd.com/digitalknowledge/articulos/blockchain-crear-contenidoinmortal/.

Centeno, R. Introducción a la blockchain, a los contratos inteligentes y a la aplicabilidad del arbitraje a esta tecnología, AVANI, N° 1,Venezuela, 2020.

Cointelegraph. US: West Virginia Completes First Blockchain-Supported State Elections, 2018.https://cointelegraph.com/news/us-west-virginia-completes-first-blockchain-supported-state-elections.

Cong, and Zhiguo. Blockchain Disruption and Smart Contracts, December 27, 2018. Disponible:SSRN: https://ssrn.com/abstract=2985764 or http://dx.doi.org/10.2139/ssrn.2985764.

Dolader, R. C. Bel, R. J. Muñóz. La Blockchain: Fundamentos, Aplicaciones y Relación con otras Tecnologías Disruptivas, Universidad Politécnica de Catalunya. https://www.mincotur.gob.es/Publicaciones/Publicacionesperiodicas/EconomiaIndustrial/RevistaEconomiaIndustrial/405/DOLADER,%20BEL%20Y%20MU%C3%91OZ.pdf.

Ellickson, R. Order Without Law: How Neighbors Settle Disputes, Cambridge: Harvard University Press, 1991.

Fetsyak, I, Contratos Inteligentes: Análisis Jurídico desde el marco legal español, REDUR 18, diciembre 2020.

Hardwick, F. Apostolos, G. Akram, R. Markantonakis, K. Voting with Blockchain: An E-Voting Protocol with Decentralisation and Voter Privacy. arXiv: 1805.10258v2 [cs. R], 2018.

Lupián, G. Blockchain y Smart Contracts. Una nueva realidad contractual internacional, Tirant Lo Blanch, México, 2023.

Mattila, V, Rico Pang, Md Ahbab. Blockchain In Voting: Secured and Transparent Electronic Voting Systems", UN1TY Ventures LLP, 128 City Road, London EC1V 2NX, UK © 2023 UN1TY Ventures LLP.

Monroy, D. Entendimiento Blockchain, su aplicación y sus implicaciones legales y técnicas, Revista Iberoamericana de Derecho Informático (Segunda Época) Federación Iberoamericana de Asociaciones de Derecho e Informática, ISSN 2530-4496, AÑO 1, Nº 8, 2020.

Moura, T. A. Gomes. Blockchain Voting and Its Effects on Election Transparency and Voter Confidence. Proceedings of the 18th Annual International Conference on Digital Government Research. New York, NY, USA, 2017.

Nakamoto, S.: Bitcoin: a Peer-to-Peer Electronic Cash System, Cryptography Mailing list, 2008, pp.1-9. Disponible en: <https://bitcoin.org/bitcoin.pdf>.

Preukschat, A. Los fundamentos de la tecnología blockchain, en A. Preukschat et alii (coords.).: Blockchain: La Revolución Industrial de Internet, Centro Libros PAPF, S.L.U, Barcelona, 2017.

Porxas, N y Conejero, M. Tecnología Blockchain: funcionamiento, aplicaciones y retos jurídicos relacionados. Actualidad Jurídica Uría & Menéndez, núm. 48, 2018.

Racsko, P. Blockchain and Democracy, Society and Economy, Akadémiai Kiadó, Hungary, vol. 41(3), September, 2019.

Rodríguez de la R., P. I. Criminal Justice, Due Process and the Rule of Law in Mexico. Mexican law review", 11(2), 147-171, 2019, Epub 06 de enero de 2020.https://doi.org/10.22201/iij.24485306e.2019.1.13131.

Shin, L. New Initiative Aims to Eliminate Corruption with Blockchain Technology, 2016. https:// www.forbes.com/sites/laurashin/2016/06/20/new-initiative-aims-to-eliminate-corruption-with-blockchain technology/#4c7f48413094.

Tapscott, A, Blockchain Democracy: Government of the People, by the People, for the People, 2016. https://www.forbes.com/sites/alextapscott/2016/08/16/blockchain-democracy-government-of-the-people-by-the-people-for-the-people/#6fde228c4434.

Tapscott, D & A. Tapscott, La Revolución Blockchain, Segunda ed., J. M. Salmerón, Trad., Barcelona: Deusto, 2017.

Tur, F. Smart Contracts Análisis Jurídico, Reus, Madrid, 2018.

Valencia, J. Contratos Inteligentes, RITI Journal, Vol. 7, 14, Julio-Diciembre, 2019.

Zdnet. South Korea to Develop Blockchain Voting System, 2018. https://www.zdnet.com/article/south-korea-to-develop-blockchain-voting-system/#ftag=RSSbaffb68.

Sitios web

https://www.bsvblockchain.org/news/blockchain-democracy-and-accountable-citizens, consultada el 11 de mayo de 2024.

https://cigg-usal.es/blockchain-y-su-potencial-revolucionario-en-la-democracia-participativa-una-vision-desde-el-sistema-electoral-y-el-voto-electronico/, consultada el 3 de mayo de 2024.

https://www.consilium.europa.eu/es/policies/rule-of-law/, consultada el 11 de mayo de 2024.

https://www.imnovation-hub.com/es/transformaciondigital/que-es-blockchain-ycomo-funciona-esta-tecnologia/, consultada el 15 de diciembre de 2021.

https://www.intelligenthq.com/blockchain-the-angel-of-democracy/,consultada el 11 de mayo de 2024.

Democracia y proyecto de vida. Apuntes para centros educativos y de formación

JORGE MONTAÑO VENTURA[1]

SUMARIO: I. PROYECTO DE VIDA Y STATUS QUO. II. LIBRE DESARROLLO DE LA PERSONALIDAD. FUNDAMENTOS, ALCANCES Y LÍMITES. III. DEMOCRACIA, ASOCIACIONES Y PARTIDOS POLÍTICOS. IV. EL ESTADO MEXICANO. ¿CÓMO ABORDAR EL APRENDIZAJE DESDE UNA PERSPECTIVA DEMOCRÁTICA Y CÓMO HACER DE LA DEMOCRACIA UN PROYECTO DE VIDA, DESDE UNA VISIÓN PEDAGÓGICA?. V. CONCLUSIONES. VI. REFERENCIAS.

I. PROYECTO DE VIDA Y STATUS QUO

El modelo de formación actual posee amplias potencialidades, no obstante, su plataforma teórico-metodológica no tiene elementos formativos de la personalidad que conduzcan al desarrollo de cualidades para un crecimiento personal a la altura de las demandas sociales y que permitan alcanzar esos objetivos, entre los que se identifica el *proyecto de vida*[2].

---

1 Licenciado en Derecho y Maestro en Derecho Constitucional por la Universidad Juárez Autónoma de Tabasco; es doctorante en Derecho. Se desempeñó como Magistrado del Tribunal Electoral, Fiscal Especializado en Delitos Electorales de la Fiscalía General, en el Estado de Tabasco; fue designado por la Cámara de Diputados del Honorable Congreso de la Unión, Consejero Electoral del Consejo General del Instituto Nacional Electoral por un período del 04 de abril del 2024 al 03 de abril de 2032.

2 Meléndez Ruiz, Reinaldo, "El proyecto de vida como categoría en la formación profesional", en *Mendive. Revista de Educación*, vol. 14, no. 2,

El análisis de esta figura —*proyecto de vida*— está vinculado con la denominada *proyección futura de la personalidad*, que se identifica a través de varias categorías, entre las que destacan:

a. Ideales;

b. Intenciones;

c. Propósitos; y,

d. Objetivos.

Con la finalidad de consagrarse como una motivación humana, compuesta de lo afectivo y lo cognitivo para resaltar el papel activo que en la conducta y en la motivación del sujeto tienen los ideales[3].

Al respecto, L. Domínguez, considera a la proyección futura como la estructuración e integración de un conjunto de motivos elaborados en una perspectiva temporal futura, a mediano o largo plazo, que poseen una elevada significación emocional o sentido personal por el sujeto y de las estrategias que implemente para el logro de sus objetivos propuestos[4], incluida la previsión de aquellos obstáculos que pueden entorpecerlos o limitarlos[5].

El proyecto de vida, constituye un sistema de orientaciones y valores que expresan la síntesis de sus necesidades y aspiraciones esenciales proyectadas en los contextos de su autorrealización personal, de acuerdo con la posibilidad reconstructiva de la experiencia pasada y su actualización con los recursos reales disponibles para su transformación y desarrollo[6].

Pinar del Río, abr.-jun., 2016, disponible para consulta en http://scielo.sld.cu/scielo.php?script=sci_arttext&pid=S1815-76962016000 200006

3 Ídem.

4 Domínguez, G.L., "Psicología del desarrollo: adolescencia y juventud", en *Selección de lectura*, La Habana, Cuba, Editorial Félix Varela, 2003, citado por Meléndez Ruiz, Reinaldo, Óp. Cit. 175

5 Meléndez Ruiz, Reinaldo, Óp. Cit., p. 175.

6 Ibidem, p. 4.

Este —*proyecto de vida*— tiene carácter anticipatorio, modelador y organizador de las actividades y comportamiento del individuo, que contribuye a delinear los rasgos de su estilo de vida personal y los modos de existencia característicos de su vida cotidiana en la sociedad, pues esta no es estática, tiene una tendencia al crecimiento, al desarrollo; que se traduce como una voluntad de vivir, actuar y hacer algo con los objetos del mundo (elegir, preferir, valorar, convivir, transformar, crear y superarse)[7].

De esta manera, la función del proyecto de vida es el fin de la *personalidad*, es decir, el logro de la autonomía[8], o bien, la transformación del individuo sometido a influencias externas basada en aquellos objetivos y decisiones conscientemente planteados; pues es la etapa de la juventud donde ese sentido de vida comienza a organizarse de manera más clara, una vez que la persona debe definir sus intereses profesionales, así como su participación y responsabilidades de la vida adulta[9].

1. Límites del proyecto de vida

Al hablar del proyecto de vida, resulta relevante cuestionarse si este ¿Puede ejercerse de manera libre por las personas?

La respuesta es: Sí, pero sólo en un ámbito interno de manera plena; pues su materialización queda sujeta a otros factores, entre ellos, los valores democráticos del Estado.

---

7 D´Angelo, H., O., *El desarrollo profesional creador (DPC) como dimensión del Proyecto de Vida en el ámbito Profesional*, Buenos Aires, Argentina, Biblioteca Virtual, Consejo Latinoamericano de Ciencias Sociales (CLACSO), 2000, citado por Meléndez Ruiz, Reinaldo, Óp. Cit. 176.

8 Obujov Ski, K., "Algunos problemas de la personalidad desarrollable", en *Psicología en el Socialismo*, La Habana, Editorial Ciencias Sociales, 1987, citado por Meléndez Ruiz, Reynaldo, Óp. Cit, p. 177.

9 Bozhovich, L. I., *La personalidad y su formación en la edad infantil*, La Habana, Cuba, Editorial Pueblo y Educación, 1976, citado por Meléndez Ruiz, Reynaldo, Óp. Cit, p. 177-178.

De ello, que pueda observarse a esta figura —proyecto de vida— desde dos enfoques:

a. Interno, es decir, en la cosmovisión del individuo, su pensamiento y sentir dentro de una esfera personal; y,

b. Externo, cuando busca materializarse este proyecto de vida en la vida democrática de la sociedad en la que se desenvuelve este.

Este proyecto de vida desde luego goza de libertades, pero también tiene límites como el respeto a los derechos humanos de los demás y las garantías que el Estado prevé.

2. Consideraciones de la Corte Interamericana de Derechos Humanos en torno al proyecto de vida

La Corte Interamericana de Derechos Humanos, ha sostenido que el denominado *proyecto de vida* atiende a la realización integral de la persona; considerando su vocación, aptitudes, circunstancias, potencialidades y aspiraciones, que le permiten fijarse razonablemente determinadas expectativas y acceder a ellas[10].

Sobre el tema, sostuvo que:

> "El "proyecto de vida" se asocia al concepto de realización personal, que a su vez se sustenta en las opciones que el sujeto puede tener para conducir su vida y alcanzar el destino que se propone. En rigor, las opciones son la expresión y garantía de la libertad. Difícilmente se podría decir que una persona es verdaderamente libre si carece de opciones para encaminar su existencia y llevarla a su natural culminación. Esas opciones poseen, en sí mismas, un alto valor existencial"[11].

---

[10] Corte Interamericana de Derechos Humanos, *Caso Loayza Tamayo vs. Perú*, Sentencia de 27 de noviembre de 1998. Reparaciones y Costas, disponible https://www.corteidh.or.cr/docs/casos/articulos/seriec_42_esp.pdf

[11] Ídem, párr. 148

El proyecto de vida se expresa en las expectativas de desarrollo personal, profesional y familiar posibles en condiciones *normales*[12].

3. Criterios de la Suprema Corte de Justicia de la Nación sobre proyecto de vida

En la acción de inconstitucionalidad 148/2017, el Pleno de la Suprema Corte de Justicia de la Nación señaló que, dentro de la narrativa de la dignidad humana, tienen un rol protagónico la autonomía personal, el libre desarrollo de la personalidad y la protección del ámbito íntimo de las personas, pues consisten en la capacidad de elegir y materializar libremente *planes de vida* e ideales de excelencia humana, sin la intervención injustificada de terceros o del propio poder estatal[13].

El Tribunal Pleno ha sostenido que la persona tiene derecho a elegir en forma libre y autónoma su *proyecto de vida*, así como la manera en que logrará sus metas y objetivos que, para ella, son relevantes, de acuerdo con sus valores, ideas, expectativas, gustos, etcétera[14].

La Primera Sala de la Suprema Corte de Justicia de la Nación, al resolver el amparo directo en revisión 3937/2020, en un apartado de la sentencia, abordó el tópico referente al libre desarrollo integral de la personalidad y dijo:

---

12 Corte Interamericana de Derechos Humanos, *Caso Tibi Vs. Ecuador*. Excepciones Preliminares, Fondo, Reparaciones y Costas. Sentencia de 7 de septiembre de 2004. Serie C No. 114, párr. 245, *y Caso Mendoza y otros Vs. Argentina*. Excepciones Preliminares, Fondo y Reparaciones. Sentencia de 14 de mayo de 2013. Serie C No. 260, párr. 314.

13 Primera Sala de la Suprema Corte de Justicia de la Nación, *Amparo en Revisión 76/2023*, 30 de agosto de 2023.

14 Ídem, refiriendo a la Tesis Aislada con registro digital: 165822, Instancia: Pleno, Novena Época, Materias(s): Civil, Constitucional, Tesis: P. LXVI/2009, Tipo: Aislada. DERECHO AL LIBRE DESARROLLO DE LA PERSONALIDAD. ASPECTOS QUE COMPRENDE.

> "...se traduce en que toda persona, sea quien sea, tiene derecho a elegir de forma libre y autónoma su proyecto de vida, es decir, la manera en que logrará sus metas y objetivos que para ella son relevantes. Por lo tanto, el desarrollo de la personalidad implica la libertad de autodeterminación, y debe entenderse como la realización del proyecto de vida que toda persona como ente autónomo, ha delineado para sí. En ese sentido, el Estado reconoce la facultad de todo individuo a ser como quiere ser sin coacción, impedimentos o controles injustificados por parte del propio Estado o de otras personas. Es decir, es la propia persona la que decide el sentido de su propia existencia de acuerdo a sus valores, ideas y expectativas"[15].

En tal sentido, el desarrollo de la personalidad implica la libertad de autodeterminación, que debe entenderse como la realización del proyecto de vida, y, por tanto, el Estado reconoce la facultad de todo individuo a ser como quiere ser, sin coacción, impedimentos o controles injustificados por parte del mismo Estado o de otras personas; es el propio individuo el que decide el sentido de su propia existencia de acuerdo con sus valores, ideas y expectativas[16].

II. LIBRE DESARROLLO DE LA PERSONALIDAD. FUNDAMENTOS, ALCANCES Y LÍMITES

El primer intento para definir el libre desarrollo de la personalidad aconteció en Alemania, cuando el Tribunal Constitucional Alemán, el 16 de enero de 1957, resolvió el caso *Elfes,* que definió jurisprudencialmente el derecho al libre desarrollo de la personalidad como:

---

15 Primera Sala de la Suprema Corte de Justicia de la Nación, *Amparo Directo en Revisión 3937/2020*, 2 de febrero de 2022.

16 Suprema Corte de Justicia de la Nación, Registro digital: 165822, Instancia: Pleno, Novena Época, Materias(s): Civil, Constitucional, Tesis: P. LXVI/2009, Tipo: Aislada. DERECHO AL LIBRE DESARROLLO DE LA PERSONALIDAD. ASPECTOS QUE COMPRENDE.

> "(...) libertad principal o "libertad general de acción" estableciendo que este derecho es el "ámbito último intangible de la libertad humana" y que "la garantía de la libertad general de acción se presenta como una extensión de la protección más allá de este ámbito"[17].

El concepto de *personalidad* abarca los rasgos o características relativamente permanentes que diferencian a las personas entre sí, es decir, los comportamientos que hacen únicos a cada uno de los seres humanos[18].

El derecho al libre desarrollo de la personalidad proporciona el substrato necesario para que cada sujeto despliegue su individualidad, sus características singulares, teniendo como límite el derecho que tienen los otros de hacer lo mismo[19].

Por su parte, sobre este aspecto, la Primera Sala de la Suprema Corte de Justicia de la Nación, se pronunció en cuanto a que, el libre desarrollo de la personalidad constituye la expresión jurídica del principio liberal de "autonomía de la persona", de acuerdo con el cual al ser valiosa en sí misma la libre elección individual de planes de vida, el Estado tiene prohibido interferir en la elección de éstos, debiéndose limitar a diseñar instituciones que faciliten la persecución individual de esos planes de vida y la satisfacción de los ideales de virtud que cada uno elija, así como a impedir la interferencia de otras personas en su persecución[20].

---

17 Tribunal Constitucional de Alemania, Caso Elfes, Sentencia de 16 de enero de 1957.

18 Del Moral Ferrer, Anabella, "El libre desarrollo de la personalidad en la jurisprudencia constitucional colombiana" en *Cuestiones Jurídicas*, vol. VI, núm. 2, julio-diciembre, 2012, p. 63-96, p. 70, disponible para consulta en https://www.redalyc.org/pdf/1275/127526266005.pdf

19 Ídem.

20 Suprema Corte de Justicia de la Nación, Registro digital: 2009591, Instancia: Primera Sala, Décima Época, Materias(s): Constitucional, Civil, Tesis: 1a./J. 28/2015 (10a.). DIVORCIO NECESARIO. EL RÉGIMEN DE DISOLUCIÓN DEL MATRIMONIO QUE EXIGE LA ACREDITACIÓN DE CAUSALES, VULNERA EL DERECHO AL LIBRE DESA-

Pero no sólo eso, sino que el derecho al libre desarrollo de la personalidad se encuentra constituido de dos dimensiones[21]:

a. *Dimensión externa,* que se refiere a la libertad de acción que permite a la persona, realizar cualquier actividad que considere necesaria para el desarrollo de su personalidad; y,

b. *Dimensión interna,* que engloba una especie de "esfera de privacidad" del individuo, en contra de las incursiones externas que limiten su capacidad para tomar ciertas decisiones a través de las cuales ejerce su autonomía personal.

Así, el derecho al libre desarrollo de la personalidad abarca cuestiones que van desde la apariencia física[22] hasta ideológicas, como la forma de pensar, de cómo vivir[23], así como de conducir su actuar ante la sociedad[24], o bien, de relacionarse con el resto de los integrantes de ésta.

Ante tales alcances, el libre desarrollo de la personalidad comprende, entre otras, expresiones[25]:

a. La libertad de contraer matrimonio o no hacerlo;

RROLLO DE LA PERSONALIDAD (CÓDIGOS DE MORELOS, VERACRUZ Y LEGISLACIONES ANÁLOGOS).

21 Suprema Corte de Justicia de la Nación, Registro digital: 2019357, Instancia: Primera Sala, Décima Época, Materias(s): Constitucional, Tesis: 1a./J. 4/2019 (10a.). DERECHO AL LIBRE DESARROLLO DE LA PERSONALIDAD. SU DIMENSIÓN EXTERNA E INTERNA.

22 Primera Sala de la Suprema Corte de Justicia de la Nación, *Amparo en Revisión 4865/2018.*

23 *Véase* Amparo Directo 6/2008 y Contradicción de Tesis 346/2019 sobre adecuación de documentación de acuerdo con la identidad de género, así como Amparo en Revisión 237/2014 y 1163/2017 sobre consumo personal de marihuana con fines recreativos

24 *Véase* Amparo Directo en Revisión 183/2017 y 1364/2017, Acciones de Inconstitucionalidad 22/2016 y 113/2018 sobre requisitos e impedimentos del matrimonio, así como Acción de Inconstitucionalidad 28/2015 sobre matrimonio entre personas del mismo sexo.

25 Primera Sala de la Suprema Corte de Justicia de la Nación, *Amparo en Revisión 76/2023,* Óp. Cit.

b. De procrear hijos y cuántos, o bien, decidir no tenerlos; y,

c. De escoger su apariencia personal; su profesión o actividad laboral, así como la libre opción sexual.

Esos aspectos son parte de la forma en que una persona puede proyectar y, vivir su vida; por tanto, sólo a ella corresponde decidir autónomamente[26].

En el ordenamiento mexicano, el libre desarrollo de la personalidad[27] es un derecho fundamental que permite a los individuos elegir y materializar los *planes de vida* que estimen convenientes, cuyos límites externos son exclusivamente:

a. El orden público; y,

b. Los derechos de terceros[28].

III. DEMOCRACIA, ASOCIACIONES Y PARTIDOS POLÍTICOS

El Estado de Derecho, es un tipo de Estado considerado como un concepto de teoría política, jurídica y moral que defiende la premisa de que la autoridad del gobierno sólo puede ser llevada a cabo siguiendo leyes escritas, las cuales deben haber sido adoptadas mediante un procedimientos establecido; en resumen, es aquel Estado en el que las autoridades e individuos se rigen por el derecho, y éste incorpora los derechos y las libertades fundamentales, y es aplicado por instituciones imparciales y accesibles que generan certidumbre[29].

---

26 Primera Sala de la Suprema Corte de Justicia de la Nación, *Amparo en Revisión 76/2023,* ÓP. Cit.

27 Para más información sobre el libre desarrollo de la personalidad, *Véase* Acción de Inconstitucionalidad 2/2010

28 Ídem.

29 Haro Reyes, Dante Jaime, "Estado de Derecho, derechos humanos y democracia" en Díaz Müller, Luis Teodoro (Coordinador), *V Jornadas:*

También, entre los elementos necesarios para conformar un Estado de Derecho se puede señalar l*a división de poderes*, como base de la distribución del poder en diferentes funciones, que garantiza que el poder del Estado no se concentre en una sola institución, sino que se distribuyan permitiendo mayor eficiencia y los debidos controles evitando arbitrariedades[30].

Otro más, es el reconocimiento de los derechos y libertades fundamentales de las personas, así como el establecimiento de garantías que aseguren su tutela efectiva[31].

Por este motivo, existe un diseño institucional con el objeto de:

a. Proteger y garantizar los derechos fundamentales de las personas; y,

b. Intentar guiar, controlar y limitar el ejercicio del poder público.

A través de normas de carácter general que conformen un sistema claro y conocido por todos[32].

Todo pues en armonía con leyes generales, que contemplen a los derechos fundamentales del hombre[33].

Es conveniente mencionar que, a criterio de Haro Reyes, la democracia se conforma por cuatro dimensiones[34]:

Crisis y Derechos Humanos, Instituto de Investigaciones Jurídicas de la UNAM, 2010, p. 117-137, p. 124.

30 Ibidem, p. 126.

31 Ruiz Valerio, José Fabián, *¿Democracia o Constitución?, el debate actual sobre el Estado de Derecho,* México, Fontamara, 2009, p. 49, citado por Haro Reyes, Dante Jaime, Óp. Cit., p. 126

32 Haro Reyes, Dante Jaime, Óp. Cit., p. 126, citando el Preámbulo de la Declaración Francesa de los Derechos del Hombre y del Ciudadano, del 26 de agosto de 1789.

33 Ibidem., p. 127.

34 Ibidem., p. 128.

Figura 1. Dimensiones que conforman la democracia

Fuente: Elaboración propia a partir de Haro Reyes, Dante Jaime, "Estado de Derecho, derechos humanos y democracia" en Díaz Müller, Luis Teodoro (Coordinador), *V Jornadas: Crisis y Derechos Humanos*, Instituto de Investigaciones Jurídicas de la UNAM, 2010, p. 117-137, p. 128.

Los dos primeros derechos —*políticos y civiles*—, son llamados secundarios, formales o instrumentales que fundamentan la *legitimidad en la esfera de la política y de la economía, y, por lo tanto, la dimensión formal, política y civil de la democracia*[35].

Los otros dos —*libertad y sociales*— llamados primarios, sustanciales o finales, marcan lo que está prohibido hacer a la autonomía política y económica de las personas, fundamentando la legitimidad de la sustancia de las decisiones y, por lo tanto, la *dimensión sustancial de la democracia*[36].

Por ello, para poder hablar de *democracia constitucional*, se requiere de las cuatro dimensiones de forma conjunta, con base en la cual se sustrae a todo poder decisional, tanto público como

---

35 Ídem.

36 Ídem.

privado, la disponibilidad de los derechos fundamentales en su conjunto[37]. El concepto sustancial de la democracia propuesto por Ferrajoli coloca a la democracia en una esfera normativa[38].

Para lograr ese objetivo, según Molina Vega, se considera necesario la *participación política*, es decir, las actividades realizadas por los ciudadanos con el objeto de intervenir en la designación de sus gobernantes o de influir en la formación de la política estatal de lo cual, destacan cinco modos básicos de participación[39]:

Figura 2. Modos básicos de participación política

Fuente: Elaboración propia a partir de Molina Vega, José Enrique & Pérez Baralt, Carmen, "Participación política y derechos humanos", en *Revista Instituto Iberoamericano de Derechos Humanos*, vol. 34-35, San José, 1995, p. 16-17.

Cabe destacar que la libertad de asociación en general, como la asociación en partidos políticos en particular, son parte integrante y esencial de la participación política, que fungen como el medio por el cual los ciudadanos se organizan para[40]:

a. Presentar su opinión sobre la conducción de la sociedad;

b. Participar en los procesos electorales; e,

c. Influir en la acción gubernamental.

---

37 Ruiz Valerio, José Fabián, citado por Haro Reyes, Dante Jaime, Óp. Cit., p. 126

38 Haro Reyes, Dante Jaime, Óp. Cit., p. 129.

39 Molina Vega, José Enrique & Pérez Baralt, Carmen, "Participación política y derechos humanos", en *Revista Instituto Iberoamericano de Derechos Humanos*, vol. 34-35, San José, 1995, p. 15

40 Ibidem, p. 30.

Así, en la medida que los sectores de la sociedad tengan la posibilidad de asociarse en partidos o grupos políticos, y de participación mediante ellos, en los procesos electorales, sin restricciones es una de las variables importantes para determinar el grado en que se respeta el derecho a la participación política[41].

El derecho de asociación en partidos políticos implica también el derecho a la *democracia interna* dentro de estas organizaciones, y a que sus miembros participen directamente o mediante representantes electos en la toma de decisiones, especialmente en el proceso de selección de candidatos para cargos públicos.[42]

Por otro lado, la libertad de expresión tiene gran relevancia y, es válida como el acto a decidir; y justamente en la democracia debe ejercerse.

Bajo ese contexto, se trae a colación el artículo 9°, párrafo primero, de la Constitución Política de los Estados Unidos Mexicanos, en la parte que establece el derecho humano a la libertad de asociación, de asociarse o reunirse pacíficamente con cualquier objeto lícito, el cual no se podrá coartar; pero solamente los ciudadanos de la República podrán hacerlo para tomar parte en los asuntos políticos del país.

Por su parte, el artículo 41, Base I, de la Constitución federal, en lo que incumbe, establece que los partidos políticos son entidades de interés público, cuyo fin es promover la participación del pueblo en la vida democrática, contribuir a la integración de los órganos de representación política, y como organizaciones ciudadanas, hacer posible su acceso al ejercicio del poder público.

Mientras que el artículo 22, párrafo 1, del Pacto Internacional de Derechos Civiles y Políticos, dice que toda persona tiene derecho a asociarse libremente con otras, incluso el derecho a fundar sindicatos y afiliarse a ellos para la protección de sus intereses.

---

41 Ídem.

42 Ibidem., p. 31.

Asimismo, conforme con lo dispuesto en el artículo 25, párrafo primero, inciso a), de ese Pacto, los ciudadanos tendrán el derecho de participar en la dirección de los asuntos públicos y a tener acceso, en condiciones de igualdad, a las funciones públicas de su país.

Lo previsto en los numerales de la Ley Suprema Nacional y el Pacto Internacional, apuntan al derecho de los ciudadanos a asociarse, que esas asociaciones tienen como fin participar en la vida democrática del país.

IV. EL ESTADO MEXICANO. ¿CÓMO ABORDAR EL APRENDIZAJE DESDE UNA PERSPECTIVA DEMOCRÁTICA Y CÓMO HACER DE LA DEMOCRACIA UN PROYECTO DE VIDA, DESDE LA VISIÓN PEDAGÓGICA?

En este sentido, cobra relevancia la necesidad de una *formación ciudadana*, asociada con el sistema educativo nacional y a la población infantil escolarizada.

Este concepto, hace referencia a[43]:

a. La formación que reciben tanto los ciudadanos como los futuros ciudadanos;

b. La educación en el ámbito formal (escuela); y,

c. La educación que se desarrolla en los espacios informales.

Y que no se constriñe a una determinada temporalidad, ya que demanda una educación permanente a lo largo de la vida. Desde esta perspectiva, la educación en un hecho político que puede contribuir a la transformación social y que, como proceso dinámico, desborda los límites de los aprendizajes escolares para

---

43 Luna Corvera, Teresa González, *Democracia y formación ciudadana*, Colección "Cuadernos de Divulgación de la cultura democrática, Instituto Federal Electoral, 2010, México, p. 35.

vincularse prácticamente a la realidad social y política con intencionalidad democratizadora[44].

Por ello, la educación debe ser *democrática*, tanto por sus fines como por sus procedimientos, ya que el objetivo genérico de la formación ciudadana es "formar mejores ciudadanos" para el sistema democrático que, a diferencia de otros órdenes políticos, se define por la reivindicación del conjunto de *derechos ciudadanos* y desarrollar en éstos, las capacidades y competencias necesarias para ejercer esos derechos, así como las *responsabilidades* asociadas a ellos, en su calidad de miembros de una comunidad política determinada[45].

De esta manera, una de las apuestas democráticas es lograr una educación que[46]:

a. Promueva entre los ciudadanos y futuros ciudadanos la democracia como la mejor forma de gobierno posible y modo de convivencia; y,

b. Contribuya a recuperar la política como un asunto y capacidad propia de los ciudadanos para su propio beneficio.

Esta construcción de la democracia y de la ciudadanía a través de la educación es un asunto que compete a la sociedad en su conjunto y que no puede ser encomendada a un solo actor o institución; pero que corresponde de manera especial al Estado, que debe distribuir los recursos y priorizar entre los bienes públicos para garantizar a todos los individuos una adecuada educación para participar en los procesos políticos democráticos[47].

Es de resaltar que la democracia[48] se concibe como un derecho fundamental, cuyo goce es funcional a la garantía, promoción y

---

44 Ídem.

45 Ibidem., p. 35-36

46 Ibidem., p. 37.

47 Ibidem., p. 37-38

48 En este sentido, este concepto se nombra democracia integral, entendida como un derecho fundamental cuyo goce es funcional al logro

respeto de la dignidad humana mediante la realización de sus contenidos, entre ellos, la libre elección de un *proyecto de vida*[49], cuya garantía deriva de la conjunción de lo político, lo jurídico, lo ético como un límite al ejercicio del poder público[50].

Con ello, se puede sostener una relación entre los conceptos de *formación ciudadana* y *proyecto de vida*, pues, este último, se desarrolla a partir de las capacidades humanas centrales, entendidas como derechos básicos que con su praxis garantizan la dignidad humana y que se traducen como condiciones o posibilidades que tienen las personas y que les permitirá efectivamente ser o hacer, es decir, alcanzar florecimiento humano mediante el despliegue del goce de sus derechos[51] y que, como se mencionó con anterioridad, se desarrollan a través de esta educación democratizadora, que implica la formación ciudadana.

V. CONCLUSIONES

I. La educación debe centrarse en inculcar valores democráticos como la justicia, la igualdad, el respeto a los derechos humanos y la responsabilidad para permitir el desarrollo de un proyecto de vida y, a su vez, el libre desarrollo de la personalidad teniendo como base la dignidad humana.

---

del contenido de la dignidad humana mediante la realización de todos los derechos humanos, por todas las personas, mediante el desarrollo del proyecto de vida valiosa sin daños que, en condiciones de igualdad, cada cual decida libremente elegir en el marco del Estado social de derecho dotado de mecanismos jurídicos e institucionales para su protección. Caldera Ynfante, Jesús Enrrique, *La democracia integral: Un derecho fundamental. Hacia el logro de la dignidad humana, el proyecto de vida valioso y la felicidad social*, Elecciones Nueva Jurídica, Colombia, 2018, p. 184.

49 Caldera Ynfante, Jesús Enrrique, *La democracia integral: Un derecho fundamental. Hacia el logro de la dignidad humana, el proyecto de vida valioso y la felicidad social*, Elecciones Nueva Jurídica, Colombia, 2018, p 39.

50 Ibidem., p. 57

51 Ibidem., p. 147.

II. Los centros educativos y de formación, deben enfocarse en la importancia del pensamiento crítico y la participación en la democracia, para preparar a personas como ciudadanos informados que a la postre les abone en la toma de decisiones en su proyecto de vida.

III. La formación ciudadana —educación democrática—, al enseñar valores democráticos, se convierte en un pilar fundamental para la construcción de un proyecto de vida porque, al tener ese entendimiento, la ciudadanía pueda acogerlo como un deber y aplicarlo como parte de su proyecto.

IV. Los valores democráticos no pueden quedar excluidos del proyecto de vida, porque son parte de las garantías del Estado y, por tanto, los docentes deben incluirlos en su labor pedagógica para inculcarlos en los educandos.

VI. REFERENCIAS

Bibliográficas

Bozhovich, L. I., La personalidad y su formación en la edad infantil, La Habana, Cuba, Editorial Pueblo y Educación, 1976.

Caldera Ynfante, Jesús Enrrique, La democracia integral: Un derecho fundamental. Hacia el logro de la dignidad humana, el proyecto de vida valioso y la felicidad social, Elecciones Nueva Jurídica, Colombia, 2018.

D´Angelo, H., O., El desarrollo profesional creador (DPC) como dimensión del Proyecto de Vida en el ámbito Profesional, Buenos Aires, Argentina, Biblioteca Virtual, Consejo Latinoamericano de Ciencias Sociales (CLACSO), 2000.

Domínguez, G.L., “Psicología del desarrollo: adolescencia y juventud”, en Selección de lectura, La Habana, Cuba, Editorial Félix Varela, 2003.

Luna Corvera, Teresa González, Democracia y formación ciudadana, Colección “Cuadernos de Divulgación de la cultura democrática, Instituto Federal Electoral, 2010, México.

Molina Vega, José Enrique & Pérez Baralt, Carmen, “Participación política y derechos humanos”, en Revista Instituto Iberoamericano de Derechos Humanos, vol. 34-35, San José, 1995.

Ruiz Valerio, José Fabián, ¿Democracia o Constitución?, el debate actual sobre el Estado de Derecho, México, Fontamara, 2009.

Tribunal Constitucional de Alemania, Caso Elfes, Sentencia de 16 de enero de 1957.

Electrónicas.

Del Moral Ferrer, Anabella, "El libre desarrollo de la personalidad en la jurisprudencia constitucional colombiana" en Cuestiones Jurídicas, vol. VI, núm. 2, julio-diciembre, 2012, p. 63-96, p. 70, disponible para consulta en https://www.redalyc.org/pdf/1275/127526266005.pdf

Meléndez Ruiz, Reinaldo, "El proyecto de vida como categoría en la formación profesional", en Mendive. Revista de Educación, vol. 14, no. 2, Pinar del Río, abr.-jun., 2016, disponible para consulta en http://scielo.sld.cu/scielo.php?script=sci_arttext&pid=S1815-76962016000200006

Casos y criterios —Suprema Corte de Justicia de la Nación y Corte Interamericana de Derechos Humanos—.

Corte Interamericana de Derechos Humanos, Caso Loayza Tamayo vs. Perú, Sentencia de 27 de noviembre de 1998. Reparaciones y Costas, disponible https://www.corteidh.or.cr/docs/casos/articulos/seriec_42_esp.pdf

Corte Interamericana de Derechos Humanos, Caso Tibi Vs. Ecuador. Excepciones Preliminares, Fondo, Reparaciones y Costas. Sentencia de 7 de septiembre de 2004. Serie C No. 114, párr. 245, y Caso Mendoza y otros Vs. Argentina. Excepciones Preliminares, Fondo y Reparaciones. Sentencia de 14 de mayo de 2013. Serie C No. 260, párr. 314.

Primera Sala de la Suprema Corte de Justicia de la Nación, Amparo en Revisión 76/2023, 30 de agosto de 2023.

Primera Sala de la Suprema Corte de Justicia de la Nación, Amparo Directo en Revisión 3937/2020, 2 de febrero de 2022.

Primera Sala de la Suprema Corte de Justicia de la Nación, Amparo en Revisión 4865/2018, 30 de octubre de 2019.

Suprema Corte de Justicia de la Nación, Registro digital: 165822, Instancia: Pleno, Novena Época, Materias(s): Civil, Constitucional, Tesis: P. LXVI/2009, DERECHO AL LIBRE DESARROLLO DE LA PERSONALIDAD. ASPECTOS QUE COMPRENDE.

Suprema Corte de Justicia de la Nación, Registro digital: 2009591, Instancia: Primera Sala, Décima Época, Materias(s): Constitucional, Civil, Tesis: 1a./J. 28/2015 (10a.). DIVORCIO NECESARIO. EL RÉGIMEN DE DISOLUCIÓN DEL MATRIMONIO QUE EXIGE LA ACREDITACIÓN DE

CAUSALES, VULNERA EL DERECHO AL LIBRE DESARROLLO DE LA PERSONALIDAD (CÓDIGOS DE MORELOS, VERACRUZ Y LEGISLACIONES ANÁLOGOS).

Suprema Corte de Justicia de la Nación, Registro digital: 2019357, Instancia: Primera Sala, Décima Época, Materias(s): Constitucional, Tesis: 1a./J. 4/2019 (10a.). DERECHO AL LIBRE DESARROLLO DE LA PERSONALIDAD. SU DIMENSIÓN EXTERNA E INTERNA.